मोहन सिंह

प्रारंभ से ही समाजवादी आंदोलन के समर्पित कार्यकर्त्ता रहे। इलाहाबाद विश्वविद्यालय छात्र यूनियन के 1968-1969 में अध्यक्ष, समाजवादी पार्टी के उत्तर-प्रदेश के मंत्री रहे। आपातकाल के विरोध में लम्बे समय तक जेल में रहे। 1977 में उत्तर-प्रदेश सरकार में मंत्री, 1980-85 तक लोकदल की ओर से उत्तर-प्रदेश विधानसभा के सदस्य, 1991-96 तक लोकसभा के सदस्य रहे।

उनकी प्रकाशित पुस्तकें हैं—'यादें और बातें', 'संविधान निर्माण में पं. नेहरू का योगदान', 'समाजवादी आंदोलन का इतिहास' तथा 'संसदीय लोकतंत्र का संकट : नेहरू युगीन मान्यता', 'डॉ. भीमराव अम्बेदकर : व्यक्तित्व के कुछ पहलू'।

समय-समय पर हिन्दी पत्र-पत्रिकाओं में लेखन।

डॉ. भीमराव अम्बेदकर

व्यक्तित्व के कुछ पहलू

मोहन सिंह

लोकभारती पेपरबैक्स

लोकभारती पेपरबैक्स में
पहला संस्करण : 2006
आठवाँ संस्करण : 2024

लोकभारती पेपरबैक्स : उत्कृष्ट साहित्य के लोकप्रिय संस्करण

लोकभारती प्रकाशन
पहली मंजिल, दरबारी बिल्डिंग, महात्मा गांधी मार्ग,
प्रयागराज-211 001
द्वारा प्रकाशित

वेबसाइट : www.lokbhartiprakashan.com
ईमेल : info@lokbhartiprakashan.com

शाखाएँ : 1-बी, नेताजी सुभाष मार्ग, दरियागंज, नई दिल्ली-110 002
अशोक राजपथ, साइंस कॉलेज के सामने, पटना-800 006
1, अनमोल सोराबजी संतुक लेन, धोबी तलाव, मरीन लाइंस, मुम्बई-400 002

बी.के. ऑफसेट
नवीन शाहदरा, दिल्ली-110 032
द्वारा मुद्रित

मूल्य : ₹ 199

DR. BHIMRAO AMBEDKAR
Vyaktitva Ke Kuch Pahlu
by Mohan Singh

ISBN : 978-81-8031-237-3

समाजवादी आन्दोलन के महान योद्धा

श्री राजनारायण

जिन्होंने आजाद भारत में काशी के प्रसिद्ध विश्वनाथ मंदिर में
प्रथम हरिजन मंदिर प्रवेश आंदोलन को खड़ा किया,
उनकी स्मृति को यह पुस्तक समर्पित है।

—मोहन सिंह

भूमिका

डॉ० भीमराव अम्बेदकर आधुनिक भारत के थोड़े से नेताओं में से एक हैं जिन्होंने चिन्तन और संघर्ष के द्वारा हमारे देश को हर क्षेत्र में प्रभावित किया। वे अपने जीवनकाल में और उसके बाद भी बौद्धिक बहस व राजनैतिक वाद-विवाद के विषय बने रहे। उनकी जीवनी लिखने के बहाने कतिपय लेखकों ने संगठित प्रयास से यह बात सिद्ध करना चाहा कि डॉ० अम्बेदकर एक सामान्य व्यक्ति थे, उन्होंने भारतीय जीवन को सही दिशा नहीं दी। किन्हीं भ्रांत धारणाओं के वशीभूत इस समाज के एक वर्ग के लोग एक फर्जी भगवान की पूजा करते हैं। कतिपय लेखकों ने उनके कर्म और विचार से उन्हें देवदूत की कोटि में रखने की कोशिश की। ऐसी परिस्थिति में हमने प्रयास किया कि उनका जो भी पक्ष समाज को प्रेरणा देने वाला है, उसे पाठकों के समक्ष उजागर किया जाये। वे न तो भगवान या भगवान की ओर से भेजे गए कोई संदेश वाहक थे और न तो इतने निरीह निर्जीव जन जिनके योगदान की उपेक्षा की जाये। यह तो उनको भारतीय समाज का एक विशिष्ट व्यक्ति स्वीकार करने के बाद ही अपने को श्रेष्ठ, बुद्धिजीवी तथा लेखक घोषित करने वालों ने विशेष प्रयास करके उनके उचित पक्ष पर भी कालिख पोतने की कोशिश की। आखिर ऐसे लोगों के लिए यह विचारणीय प्रश्न अवश्य होना चाहिए कि कुछ वर्ग विशेष के लोगों द्वारा उन्हें बार-बार नीचा दिखाने की भावना से इतना कठिन श्रम क्यों करना पड़ता है? उनके सारे प्रयासों के बावजूद हिन्दू समाज अथवा भारतीय समाज के पाँचवें हिस्से में वे देवता का स्थान क्यों ग्रहण कर लिए हैं। एक तो यह कहना कि उनका सार्वजनिक जीवन 1924 से प्रारंभ होता है, यह सरासर गलत है। वे तो 5 वर्ष की उम्र से ही सामाजिक तिरस्कार झेलते हुए व्यवस्था से विद्रोही बनने लगे थे। प्रखर प्रतिभा होने के बावजूद एक अबोध बालक को जिसे सामाजिक छुआछूत अथवा अन्य सामाजिक व्यवस्थाओं के बारे में अल्प ज्ञान भी न हो, उसे वर्ण व्यवस्था के दुष्परिणामस्वरूप कक्षा में पठन-पाठन हेतु प्रवेश न मिले। उसे सारी कसौटियों पर खरा उतरने के बावजूद पढ़ाई कक्षा से बाहर बैठकर पढ़ने के लिए विवश किया जाये। ब्लैक बोर्ड पर प्रश्न हल करने का प्रयास करते समय कक्षा के सभी बाल सहपाठी अपना भोजन पैकेट एक अछूत बालक के हाथ से छू न लिया जाय, इसलिए अपना सामान लेकर भाग खड़े हों। अछूत परिवार में पैदा होने के दण्ड स्वरूप कोई बाल-सखा बनने को तैयार न हो तो क्या ऐसा बालक विद्रोही नहीं होगा?

उसे स्कूल का चपरासी भी दूर से ही जल पिलावे, जलपात्र स्पर्श न करने दे तो बालक मन विद्रोही न होगा। उनका पूरा पठन-पाठन ही व्यवस्था से विद्रोह था। ऐसे समय में जब अन्त्यज परिवार में पैदा होने मात्र से कोई शिक्षा का अधिकारी नहीं है, फिर भी वह अपने हठ से न केवल शिक्षा पूरी करता है, अपितु अपने सहपाठियों को पीछे छोड़ देता है। वह किसी संभ्रान्त व्यक्ति की मदद से उच्च शिक्षा हेतु विलायत प्रस्थान करता है और अमेरिका में ही छात्र जीवन के ही दौरान जाति व्यवस्था के विरुद्ध शैक्षिक कार्यों में लगे लोगों को इसके बदलने की माँग करते हुए उन्हें विद्रोह करने का आग्रह करता है। मेरी नजर में डॉ० अम्बेदकर ने अपने बाल्यकाल से ही, विद्यार्थी रूप में व उच्च शिक्षा अध्ययन करते

समय ही समाज को प्रभावित करने लगे थे। 1918-19 के सुधार के समय ही उन्होंने दलितों के लिए विशेष अवसर की माँग शुरू कर दी थी, इसलिए उनका सार्वजनिक जीवन कब से शुरू हुआ इसकी कोई एक निश्चित तिथि नहीं है। उन्होंने प्रारंभिक अवस्था से ही समाज के उपेक्षित वर्ग को प्रभावित किया।

जहाँ तक राष्ट्रीय आंदोलन से असहयोग का प्रश्न है, इस मुद्दे पर सम्यक् दृष्टि से समीक्षा करने की जरूरत है। हमारे राष्ट्रीय आंदोलन के प्रारंभिक दौर में छुआछूत मिटाओ, सामाजिक विषमता समाप्त करो यह कोई मुद्दा नहीं था। वास्तविक स्थिति तो यह है कि हम जिन्हें राष्ट्रीय आंदोलन का पितामह कहते हैं वे लोग घोर वर्णाश्रम व्यवस्था के पोषक थे। अंग्रेजों ने चेम्स फोर्ड के सुधार के जरिये जो संवैधानिक सुधार किए उसमें अल्पसंख्यक (धार्मिक) आधार पर आरक्षण की बात कही गई, लेकिन दलित आरक्षण का पूरा विरोध हुआ। उस सुधार के लिए काँग्रेस का पक्ष रखने वाले डॉ० राजेन्द्रप्रसाद और पं० जवाहरलाल नेहरू तक ने कहा कि वयस्क मताधिकार होने पर दलितों का प्रश्न स्वयमेव हल हो जाएगा। उनके लिए आरक्षण की कोई जरूरत नहीं, अपितु नामांकन मात्र से उनका वर्गों का प्रतिनिधित्व हो जाएगा। हिन्दू, मुसलमान, सिख आदि सभी धार्मिक वर्गों के लोग दलित प्रश्नों से अपनी आँख मूँदे लेते थे इतना ही नहीं दलितों के विरोध में एक हो जाते थे। इसलिए जब इन वर्गों के नेता अंग्रेजों के विरुद्ध आंदोलन खड़ा करते थे तो स्वाभाविक था कि उनके किसी प्रयास के बिना समाज के उपेक्षित वर्ग की साझेदारी कैसे संभव होती। यह इतिहास की सच्चाई है कि 1857 की क्रान्ति की शुरुआत मेरठ छावनी में सैनिक विद्रोह से हुई, जब सेना की बन्दूकों के कारतूस को दाँत से खोलने के लिए विवश किया गया। कतिपय सैनिकों ने चूँकि कारतूस में गाय की चर्बी मिली है, इसलिए धार्मिक कारणों से उन्हें खोलना संभव नहीं है। अंग्रेजों के विरुद्ध बगावत की चिनगारी में कई तत्त्वों के अलावा प्रमुख तत्त्व धार्मिक भी था। इसलिए राष्ट्रीय आंदोलन के एजेण्डा पर दलित उद्धार अथवा सामाजिक परिवर्तन नहीं था। उसकी शुरुआत तो गांधी के नेतृत्व के दौर में हुई। यह भी अलग से शोध का विषय है कि अछूतों के लिए अंग्रेज सरकार पर डॉ० अम्बेदकर की ओर से इतना बड़ा दबाव न पैदा होता तो प्रारंभ से ही वर्णाश्रम व्यवस्था में विश्वास रखने वाले गाँधी जी क्या अछूतोद्धार आंदोलन को भी आजादी के संग्राम के समानान्तर चलाते? क्या गाँधी जी के हरिजन उद्धार छुआ-छूत आंदोलन में सभी कांग्रेसजन की उन्हीं के बराबर भागीदारी अथवा सक्रियता थी। डॉ० अम्बेदकर ऐसा मानते थे कि स्वतंत्रता संग्राम के दबावों के कारण ही इस देश के अछूतों पर अंग्रेज सरकार कुछ कृपा प्रदान कर सकती है। उस समय के कुछ देशी रियासतों ने भी इस कार्य में डॉ० अम्बेदकर का साथ दिया तथा कुछ रियासतों ने कानून बनाकर अछूतों को अपनी रियासती सेवाओं में काम का अवसर दिया था। इसलिए अंग्रेजों के कृपाकांक्षी दल वर्ग के लोगों के लिए प्रथम वरीयता समाज परिवर्तन के काम को था, जिसमें हजारों वर्ष से शास्त्र सम्मत जन्मना जाति व्यवस्था के तिरस्कार से वे मुक्त हो सकें। राष्ट्रीय आंदोलन के निशाने पर अंग्रेजों की सैकड़ों वर्ष की गुलाम जिन्दगी से मुक्ति थी तो डॉ० अम्बेदकर के निशाने पर 5 हजार वर्ष पुरानी वर्ण व्यवस्था के गर्भ से उपजी तिरस्कार से मुक्ति थी। आखिर जो बुद्धिजीवी 1942 के संग्राम में डॉ० अम्बेदकर की पृथकता से खिन्न होकर एक वर्ग को इस बात के लिए तैयार करना चाहते हैं कि वे लोग एक फर्जी भगवान की पूजा न करें, वही बुद्धिजीवी क्यों नहीं 1942 के निर्णायक संग्राम से असहयोग करने के लिए दामोदर वीर सावरकर, माधवराव सदाशिव गोलवलकर (गुरुजी), डॉ० राधाकृष्णन्, डॉ० श्यामाप्रसाद मुखर्जी आदि को चर्चा

क्यों नहीं करते थे। आजाद भारत ने ऐसी तमाम विभूतियों को महत्त्वपूर्ण स्थान दिया, जिनका गांधी जी के नेतृत्व वाले आंदोलन से कुछ नहीं लेना-देना था। प्रारंभिक दौर में जिन्हें महान विद्रोही की संज्ञा दी गई ऐसे एम० एन० राय के बारे में तो कहा जाता है कि उन्हें 13 हजार रुपये माहवार अंग्रेज सरकार से मिलने लगा कि वे भारत के मजदूर आंदोलन को कांग्रेस के चंगुल से अलग कर दें। आखिरकार अंग्रेज वायसराय की इक्जिक्यूटिव कौन्सिल के मेम्बर तो सी० पी० रामास्वामी अय्यर, जे० पी० श्रीवास्तव और महान तिलकवादी माधवराव, श्री हरि पाण्डे भी थे, जिन्हें आजाद भारत की सरकार ने तमाम सम्मानजनक पदों पर स्थापित किया। यह केवल भारतीय स्वतंत्रता संग्राम की विडम्बना है कि अंग्रेजी हुकूमत का अंतिम वायसराय लार्ड माउण्टबेटन, आजाद भारत का भी प्रथम गवर्नर जनरल हुआ और उन्हें स्थापित करने में स्वतंत्रता संग्राम की दोनों महान विभूतियाँ नेहरू और पटेल साझीदार थे। ऐसा कोई व्यक्ति जिसके कर्म औं व्यक्तित्व ने किसी समाज को गहराई से प्रभावित किया हो उसका मूल्यांकन पूर्वाग्रह के आ । नहीं होना चाहिए। अम्बेदकर साहब के विद्रोह से आहत भारतीय समाज के कुछ वर्गों में जिन्होंने शास्त्र सम्मत व्यवस्था बनाकर हमारे सामाजिक स्वरूप को कुरूप कर दिया था उनके मन में आने वाले अनन्त काल तक एक टीस, गुस्सा बना रहेगा और वही गुस्सा, भड़ास बनकर 'वर्शिपिंग ए फाल्स गॉड' के रूप में निकलता रहेगा। इसमें कोई बहुत आश्चर्य की बात नहीं है।

डॉ० अम्बेदकर की राष्ट्रभक्ति बेजोड़ थी। भारत की एकता में उनका पूरा विश्वास था। भारत के संविधान का ढाँचा तैयार करते समय उन्होंने राष्ट्रीय एकता को ही महत्वपूर्ण माना और उसी के अनुरूप तंत्र के गठन पर जोर दिया। कांग्रेस से सभी विवादों को ताक पर रखकर उन्होंने नेहरू मंत्रिमंडल में सम्मिलित होना स्वीकार किया था। हिन्दू कोड बिल जैसे महत्त्वपूर्ण विधेयक पर प्रधानमंत्री के ढुलमुल रवैये के कारण उन्होंने बिना विलम्ब, किए मंत्रिमंडल से त्यागपत्र दे दिया था। वे सामाजिक परिवर्तन के प्रबल पक्षधर थे इसलिए उनके एजेण्डा पर यह विषय ही नम्बर एक का था। उन्होंने 10 अक्टूबर, 1951 को नेहरू मंत्रिमंडल से त्यागपत्र देते समय जो बात कही वह इस विषय पर रोशनी डालने के लिए पर्याप्त है। "आज से 4 वर्ष, 1 माह, 26 दिन पूर्व भारत के प्रधानमंत्री ने मुझे बुलाकर मंत्री पद देने की पेशकश की। मेरे लिए कानून मंत्री बनाने का निमंत्रण आश्चर्यजनक था, क्योंकि मैं तो विपक्ष में था। मुझे खुद ही संदेह था कि अब तक मैं जिनके विरोध में था उनके साथ कैसे काम कर सकूँगा। मुझे अपनी योग्यता के भी बारे में संदेह था कि क्या मैं अपने पूर्ववर्ती सुयोग्य कानून मंत्रियों जैसा हूँ? फिर भी मैंने अपने संदेह को ताक पर रखकर प्रधानमंत्री के प्रस्ताव को इसलिए स्वीकार कर लिया कि देश के नवनिर्माण हेतु मुझमें जितनी भी क्षमता है उसके अनुरूप असहयोग करना चाहिए।" यद्यपि उन्होंने गांधी जी के नेतृत्व वाले असहयोग आन्दोलन की खिल्ली उड़ाई थी। उन्होंने गोलमेज सम्मेलन में भी अंग्रेजों के प्रति नरम रुख अपनाया था। 1939 में कांग्रेसी मंत्रिमंडलों के त्यागपत्र देने के बाद मुस्लिम लीग ने खुशी दिवस मनाया था। उस अवसर भी कांग्रेस से दलितों के प्रति उस संस्था की सेवा के लिए जवाब-तलब किया था। उन्होंने 1942 के आंदोलन को भी गैर ईमानदारी के आंदोलन की संज्ञा दी थी। कांग्रेस के बारे में उनकी धारणा थी कि साम्प्रदायिक हिन्दुओं के बहुमत ने इस संगठन को खड़ा किया है जो सवर्ण हिन्दुओं के आधिपत्य में उनके हितों के लिए संघर्ष करने वाला एक संगठन है। उनकी राय थी कि ब्राह्मण हिन्दू दिमाग को गुलाम बनाता है और बनिया उसके शरीर को गुलाम बनाता है। इसलिए मुझे लगता है कांग्रेस से उनके विवाद के

मूल में कांग्रेस का वर्ग चरित्र था। कांग्रेस ने ब्रिटिश साम्राज्यशाही से मुक्ति संग्राम के साथ देश के हजारों वर्ष की सामाजिक बुराई के संग्राम को भी यदि समान महत्त्व दिया होता तो शायद कांग्रेस और डॉ० अम्बेदकर के बीच की खाई पाटने में आसानी हुई होती। फिर भी देश के नवनिर्माण में कांग्रेस उनके महत्त्व को जानती थी, इसलिए कांग्रेस ने अपनी सभी शिकायतों को ताक पर रख कर न केवल उन्हें मंत्रिमण्डल में रखा, अपितु बंगाल से वे संसद के सदस्य चुने गये। भारत का विभाज़न होने पर उनकी संसद की सदस्यता जब जाने लगी तब गृहमंत्री सरदार पटेल ने महाराष्ट्र के मुख्यमंत्री खेर से बात की। संविधान सभा के अध्यक्ष डॉ० राजेन्द्र प्रसाद ने उन्हें 30 जून, 1947 को पत्र लिखा और कांग्रेस के श्रेष्ठ नेताओं की पहल पर बम्बई से उन्हें पुनः भारतीय संसद का सदस्य बनाया गया। बाद के साक्ष्य इस बात को पुष्ट करते हैं कि कांग्रेस और गांधी जी से उनका विचार किसी निजी स्वार्थ के कारण नहीं था। उनके विवाद के मूल में दलित वर्ग के उत्थान का प्रश्न जुड़ा रहता था। राज्य सभा में 6 सितम्बर, 1954 को अनुसूचित जाति, जनजाति आयुक्त की रिपोर्ट पर उन्होंने जो भाषण किया वह महत्त्वपूर्ण है—"आप पुनः नमक के ऊपर टैक्स लगा दें। यह टैक्स बहुत मामूली था। उस समय जब इसे समाप्त किया गया तो इस मद से 10 करोड़ रुपये आते थे। अब यह 20 करोड़ पर पहुँच सकता है। चूँकि गांधी जी के नेतृत्व में इस टैक्स के खिलाफ लड़ाई लड़ी गई थी इसलिए उनकी याद में इसे समाप्त किया गया। मैं उनकी दिल से इज्जत करता हूँ। इसलिए मेरा सुझाव है कि इस टैक्स को फिर से लगावें और उनकी याद में उसी पैसे से गांधी ट्रस्ट फण्ड बनाकर दलितों के उद्धार और पुनर्वास पर इसे खर्च करें। आखिरकार हम सभी लोगों की राय में अछूत ही उनके सबसे प्रिय और नजदीकी जन थे, इसलिए ऐसा विश्वास करने का कोई कारण नहीं है कि ऐसे पवित्र कार्य को स्वर्ग से गांधी जी का आशीर्वाद प्राप्त न हो। इस फण्ड को बजटी प्रावधानों से अलग रखा जा सकता है जो मान्य गांधी जी की स्मृति में होगा और जिन वर्गों की उन्नति और सुरक्षा के लिए वे संकल्पबद्ध थे उन्हीं वर्गों को राहत देने के लिए यह धन खर्च हो।" यह भाषण इस बात का सबसे बड़ा साक्ष्य है कि वे गांधी जी को किस दृष्टि से देखते थे। इस बात की समीक्षा होनी चाहिए कि गोलमेज सम्मेलन में जिस तरह कांग्रेस, लीग और सिख नेता आपस में मिल गए और अपने वर्गों के पक्ष में कम्युनल अवार्ड को स्वीकार कर लिया, उसे स्वीकार करने के लिए ब्रिटिश सरकार पर दबाव पैदा करने लगे। उसमें डॉ० अम्बेदकर अलग-थलग कर दिए गए थे, ऐसी परिस्थिति में क्या उनकी प्रतिक्रिया गैरवाजिब कही जा सकती है? किसी व्यक्ति के किसी कदम पर टीका करने के साथ परिस्थितियों का भी वस्तुनिष्ठ विश्लेषण आवश्यक होना चाहिए। इतिहास साक्षी है कि जब भी अवसर आया डॉ० अम्बेदकर के विरोध में कांग्रेस और लीग साथ खड़े होते थे। कांग्रेस नेतृत्व ने 1946 के बाद जिस तरह अम्बेदकर को अपने साथ करने की कोशिश की यदि यह पहल 1931-32 में शुरू हुई होती तो शायद भारत के विभाजन का दुखान्त पटाक्षेप हमारे राष्ट्रीय आंदोलन का न होता। सम्पूर्ण दौर में कांग्रेस ने केवल लीग को पटाने में अपनी शक्ति का क्षय किया और उसका कोई लाभ देश को नहीं मिला।

डॉ० अम्बेदकर का मूल्यांकन केवल इस आधार पर नहीं किया जाना चाहिए कि स्वाधीनता संग्राम में उनका योगदान नगण्य था। इतिहास साक्षी है कि समय-समय पर कई महापुरुषों ने कांग्रेस के नेतृत्व में छिड़ने वाले आंदोलनों से अपना नाता नहीं रखा। 1920 के कलकत्ता अधिवेशन में गांधी जी ने असहयोग आंदोलन छोड़ने का प्रस्ताव किया था। इसके पूर्व 1919 में माण्टेग्यू चेम्स फोर्ड सुधारों की रिपोर्ट छपी और रोलेट एक्ट पास हुआ था। इस कानून का जबर्दस्त विरोध हुआ था जिसके कारण जलियाँवाला बाग का नृशंस हत्याकाण्ड

हुआ था। देश के इस भयानक परिदृश्य से मुक्ति हेतु शीघ्र संग्राम की जरूरत थी फिर भी पं० मदनमोहन मालवीय, देशबन्धु चितरंजनदास और श्रीमती एनी बेसेंट ने गांधी जी ने प्रस्ताव का विरोध किया था। किसी भी राष्ट्रनायक के जीवन के अनेक पहलू होते हैं, किसी का किसी क्षेत्र में उल्लेखनीय योगदान होता है और कृतज्ञ राष्ट्र उसके उस महत्त्वपूर्ण पक्ष को ही ध्यान में रखकर उस व्यक्ति को श्रद्धा और सम्मान के साथ याद करता है।

डॉ० अम्बेदकर विरोधियों ने संविधान निर्माण में भी उनके महत्त्वपूर्ण योगदान को नकारने की असफल कोशिश की है। 9 दिसम्बर, 1946 को संविधान सभा की पहली बैठक हुई थी। राजनैतिक कारणों से अम्बेदकर उस समय सभा में नहीं थे। संविधान का कारण और उद्देश्य का प्रस्ताव पं० जवाहरलाल नेहरू ने प्रस्तुत किया और उसके समर्थन में महत्वपूर्ण भाषण दिया। मूल अधिकारों के अध्याय को सरदार पटेल ने प्रस्तुत किया और उसके पक्ष में शानदार तर्क दिए, लेकिन क्या यह दोनों चीजें केवल इन दो व्यक्तियों की थीं। इसके पीछे संघर्ष का लम्बा इतिहास था। 1916 में ही कांग्रेस, लीग ने मिलकर बम्बई में भारतीय संविधान के लिए कुछ सुझाव दिये थे। 1927 में लखनऊ में कांग्रेस की पहल पर पं० मोतीलाल नेहरू की अध्यक्षता में एक सर्वदलीय सम्मेलन हुआ जिसमें मूल अधिकारों के संबंध में कुछ प्रस्ताव पास हुए थे। वास्तव में संविधान का प्राकदर्शन इसके नीतिनिदेशक तत्त्व और मूल अधिकारों का अध्याय हमारे देश के राष्ट्रीय मुक्ति संग्राम के दौर में विकसित हुआ और उसे आगे बढ़ाने में नाम और अनाम सैकड़ों लोगों के बलिदान, लाखों के त्याग और न्यौछावर की भावना ने इन अध्यायों को आगे बढ़ाया। पं० नेहरू, सरदार पटेल तो उनके प्रवक्ता मात्र थे। वैसे बलिदानियों में उनकी भी श्रेष्ठतम व्यक्तियों में गिनती होगी। उसी तरह डॉ० अम्बेदकर का सम्पूर्ण जीवन ही अनन्त काल से वंचित लोगों को मानवाधिकार दिलाने के संघर्ष की अन्तहीन कहानी है। उदाहरण के लिए समाजवादी आंदोलन के लोग अपने राजनैतिक विरोध के कारण संविधान सभा के सदस्य नहीं बने, किन्तु इसी आधार पर यह कह दिया जाएगा कि संविधान में वर्णित प्राक्दर्शन, नीतिनिदेशक तत्व, मूल अधिकार और संविधान के अन्य तत्त्वों के विकास में उनका कोई योगदान नहीं। ऐसा केवल पूर्वाग्रह से ग्रस्त लोग ही कह सकते हैं। संविधान सभा में आने से पूर्व सभा के लिए डॉ० अम्बेदकर द्वारा तैयार जो ज्ञापन है, उसमें उनके संवैधानिक दृष्टिकोण का सार है। उसे देखकर उनके बारे में बनाई धारणा का खण्डन होता है। इसलिए संविधान सभा के समापन अवसर पर अधिकांश सदस्यों ने उनके संविधान निर्माण के योगदान की सराहना की। 6 दिसंबर, 1956 को डॉ० अम्बेदकर के देहांत के बाद प्रधानमंत्री श्री नेहरू ने राज्यसभा में जो भाषण दिया, उसका उल्लेख जरूरी है। पं० नेहरू ने कहा, "वे तो बहुत वर्षों तक एक भारतीय सार्वजनिक जीवन के विवादास्पद व्यक्ति के रूप में याद किए जायेंगे। लेकिन निःसंदेह उनमें अद्वितीय क्वालिटी थी उनमें अतुलनीय विद्वत्ता थीं। वे अपने विचारधारा को जरूरत से अधिक स्वीकार कराने के लिए जबर्दस्त दबाव पैदा करते थे, जिसमें कभी-कभी उस पर प्रतिक्रिया भी होती थी। उनके किसी भी अन्य गतिविधि के मुकाबले संविधान तैयार करने में उनकी जो महत्त्वपूर्ण भूमिका थी वह ज्यादा समय तक याद की जाएगी।" उन्होंने लोकसभा में कहा, "उनके बारे में अक्सर कहा जाता है कि वह हमारे संविधान निर्माताओं में से एक थे। इस बात में कोई संदेह नहीं कि इस संविधान को बनाने में उन्होंने जितना कष्ट उठाया और ध्यान दिया उतना किसी और ने नहीं दिया। वे हिन्दू समाज के सभी दमनात्मक संकेतों के विरुद्ध विद्रोह के प्रतीक थे। वे जबर्दस्त विवादास्पद हो जाते थे, क्योंकि वे मधुरभाषी नहीं थे। मुझे इस बात में संदेह नहीं कि हम बहुत मामलों में सहमत हों या न हों। बहुत मामलों में उनके जबर्दस्त दबाव बनाने

से तथा मजबूत विरोध खड़ा करने से जो बातें छूट सकती थीं या उन पर से ध्यान हटाया जा सकता था। हम मजबूरन उन चीजों के प्रति जागरूक और सावधान हो जाते थे तथा सदियों से सताए वर्ग की उन्नति के लिए तैयार हो जाते थे। वे मंत्री रूप में मेरे साथ थे, उनका रुख विरोधी था, लेकिन उनका आचरण रचनात्मक और सहयोगपूर्ण था।'' संसद के वरिष्ठ सदस्य नरहरि विष्णु गाडगिल ने बहुत महत्त्वपूर्ण बात कही ''वे प्रगतिशील ढंग से सोचते थे। वे अब कहने लगे थे कि अनुसूचित जातियों को अब और अधिक सुविधा की जरूरत नहीं है। अब वे स्वयं आगे आयें तथा अन्याय के खिलाफ संघर्ष करें। इस संघर्ष में पूरे देश के अन्य समुदायों को भी साथ रखें।'' इस तरह डॉ० अम्बेदकर समय के रफ्तार के साथ अपने विचारों में परिवर्तन के लिए भी तैयार थे। उनकी राय विकसित हो रही थी कि दलित वर्ग के लोग अनन्तकाल तक आरक्षण की बैसाखी पर जिन्दा नहीं रह सकते। वे समाज की दौड़ में इन वर्गों की स्वस्थ भागीदारी के पक्षधर थे, इसलिए उनके खिलाफ लगने वाले अधिकांश आरोप मिथ्या प्रचार और निराधार तथ्यों को प्रस्तुत करने के कारण हैं। आज आवश्यकता है उनके सकारात्मक पक्ष को आगे कर समाज के उपेक्षित वर्ग को मुख्य धारा से जोड़ने की जिसे पूर्वाग्रह ग्रस्त लेखक और विद्वान नहीं कर सकते। उनके नाम का राजनैतिक उपयोग करने वाले भी उनको पीछे ढकेलने में कम सहयोगी नहीं हैं। आज जरूरत है उनके बारे में सन्तुलित ढंग से विचार करने की।

डॉ० अम्बेदकर चाहते तो हिन्दू वर्ण व्यवस्था से त्रस्त होकर ईसाई, इस्लाम आदि धर्मों में से कोई धर्म स्वीकार कर लेते, किन्तु उन्होंने भारतीय मिट्टी से जन्मे वर्ण आधारित व्यवस्था के विरोधी बौद्ध धर्म को ही स्वीकार किया। वे उस धर्म की करुणा, दया, प्रेम, मानवता के संदेश से ही प्रभावित हुए। यह अपने आप में प्रमाण है कि इस देश की मिट्टी से उनको कितना अटूट स्नेह था। भारत विभाजन के वे कभी समर्थक नहीं थे। वे तो हिन्दू समाज को चेतावनी के लहजे में कहते थे कि हिन्दू समाज में अनुदार पंथ के दबाव में इस समाज का विघटन और बँटवारा एक स्वाभाविक परिणति है। उन्होंने बार-बार चेतावनी दी कि यदि हिन्दू समाज में सुधार नहीं हुआ तो इस समाज में बँटवारे की निरन्तरता बनी रहेगी। इसलिए हिन्दू मन कर्म और विचार से एकतावादी बनें। पाकिस्तान का निर्माण इस समाज की ऐतिहासिक कमजोरियों का अवश्यम्भावी परिणाम है। उनके इस ऐतिहासिक विश्लेषण में एक गंभीर चेतावनी है, उसे अनसुनी कर उन्हें पाकिस्तान का समर्थक घोषित करना उसके साथ महान अपराध है।

मैंने इस पुस्तक में उनके वास्तविक पक्ष को उजागर करने की कोशिश की है। मेरे जैसे राजनीति के पूर्णकालिक कार्यकर्त्ता के लिए यह एक कठिन कार्य था। फिर भी उनके विरुद्ध कतिपय संकीर्णतावादी बुद्धिजीवियों द्वारा संगठित आक्रमण ने मुझे यह छोटी पुस्तक लिखने के लिए विवश किया। इस हेतु मुझे सामग्री उपलब्ध कराने में जवाहरलाल नेहरू म्यूजियम लाइब्रेरी के डॉ० हरिदेव शर्मा, संसदीय पुस्तकालय, उत्तर प्रदेश विधान मंडल पुस्तकालय के साथियों ने पूरी मदद की, उसके लिए उनका अभारी हूँ। लोकभारती प्रकाशन के साथियों ने इसे प्रकाशित कर मेरा उत्साहवर्धन किया, उसके लिए उनका कृतज्ञ हूँ। पाठकों तक मेरी बात किस सीमा तक प्रवेश करती है यह भविष्य के आकलन के लिए छोड़ता हूँ। डॉ० सुहैल अहमद, डॉ० जी० के० राय, डॉ० अशोक कुमार सिंह, श्री विजय कुमार सिन्हा, भाई केशव यादव का आभारी हूँ जिन्होंने इस पुस्तक के प्रकाशन हेतु अनेक कष्ट झेले।

—मोहन सिंह

अनुक्रमणिका

डॉ० भीमराव अम्बेदकर

व्यक्तित्व के कुछ पहलू

डॉ० अम्बेदकर : एक जीवन दर्शन

डॉ० भीमराव अम्बेदकर का नाम भारत के परिवर्तनवादी आन्दोलनों के इतिहास में सदैव स्मरणीय रहेगा। वे भारत के दलित समाज के उद्धारक तथा पुरुषार्थ के प्रतीक थे। भारतीय समाज, जो अनन्तकाल से जाति, वर्ण विभाजन के कारण हजारों भागों में विभक्त था, उसके स्वीकरण का जो सराहनीय प्रयास डॉ० अम्बेदकर ने किया वह भारतीय इतिहास का सुनहरा अध्याय है। जाति प्रथा पर आधारित भारतीय समाज में जन्म-आधारित विषमता थी, रोजी रोजगार में भयंकर अन्तराल था, प्रगति के अवसर जन्मना जाति के आधार पर कुछ हिस्सों के लिए विशेष अवसर प्रदान करते थे और बहुसंख्यक वर्ग के लिए आगे बढ़ने के दरवाजे बन्द थे, द्विजवादी उच्चता के शिकार, अनन्तकाल से जन्म के अभिशाप से अभिशप्त एक बहुसंख्यक वर्ग को डॉ० अम्बेदकर ने अपने साहसिक नेतृत्व से आगे बढ़ने की अदम्य शक्ति दी। धर्म, आस्था और विश्वास का आश्रय लेकर समाज के एक सीमित हिस्से के लोगों द्वारा बहुसंख्यक वर्ग को अछूत घोषित कर सम्पत्ति और रोजगार के सारे रास्ते पर अपना अधिकार सुरक्षित कर लिया गया था।

भारतीय इतिहास के मध्यकाल में इस्लाम का प्रवेश हुआ। विदेशी आक्रमणकारी इस्लाम समर्थक सम्राट भी भारत समाज के दलित, पिछड़े और अभिशप्त शूद्र समाज में समता के इस्लामी संदेश को नहीं पहुँचा सके। जाति प्रथा के कारण उपजी अशिक्षा, सामाजिक परतंत्रता और कंगाली का कोई कारगर उपाय इनके भी राज्यकाल में नहीं हुआ। उनके भी दरबारी और परामर्शदाता उच्च समाज से ही होते थे। उन्हें बँटे हुए समाज पर अपनी सत्ता की पकड़ मजबूत कर पाना एक आसान काम दिखाई पड़ता था। उनके लिए भारतीय समाज के द्विज समुदाय द्वारा मिलने वाला अपेक्षित सहयोग शायद इस मार्ग में बहुत बड़ी बाधा थी। यद्यपि मराठा साम्राज्य के उत्कर्ष के पीछे महारों (दलितों) की जबर्दस्त ताकत का उत्स होना भी एक कारण था फिर भी मराठा नरेशों ने भी छुआछूत विनाश के क्षेत्र में कोई कारगर कदम नहीं उठाया। छठी शताब्दी ईसा पूर्व में गौतम बुद्ध के नेतृत्व में जाति प्रथा के खिलाफ प्रथम व्यापक विद्रोह हुआ था। आध्यात्मिक स्तर पर गौतम बुद्ध ने वैचारिक, व्यावहारिक और आन्तरिक समानता पर जोर दिया था। जैन मतावलम्बियों ने भी इस धारा को आगे बढ़ाया, लेकिन ये सभी आन्दोलन जाति और वर्ण की राक्षसी काया में समा गये। भक्ति आन्दोलन के द्वारा रामानन्द, स्वामी चैतन्य, कबीरदास, रैदास आदि संतों ने मानवीय एकता पर जोर दिया और बहुत हिस्सों में विभक्त भारतीय समाज के एकीकरण की दिशा में स्तुत्य प्रयास भी किए।

सत्रहवीं-अठारहवीं शताब्दी में यूरोपीय देशों के आक्रमणकारी व्यापारी के वेष में भारत आये। पश्चिम एशिया और पूर्वी यूरोप के देशों में सत्ता संग्राम के साथ-साथ धार्मिक जंग भी चल रही थी। इन क्षेत्रों में ईसाई, यहूदी प्रभावों को रोकने और अपने धार्मिक साम्राज्य के प्रचार में इस्लामी धर्मावलम्बी शासकों ने भयंकर जंग की। इस्लामी प्रचारकों का पीछा करते हुए ईसाई कार्य प्रचारकों की दृष्टि भारत की ओर मुड़ी और वे भी एक के बाद एक पुर्तगाली,

फ्रांसीसी और अंततः अंग्रेज भारत में आये। उनका मन्तव्य जहाँ भारत पर राज्य करना था, वहीं यहाँ अपने ईसाई साम्राज्य का भी विस्तार करना था। जैसे इस्लामी धर्म प्रचारक राजसत्ता के साथ ही भारत आये वैसे ही ईसाई मिशनरी ने भी भारत में प्रवेश किया किन्तु दोनों धर्मों के सामाजिक समानता के संदेश उत्कट जिजीविषायुक्त भारतीय जन्मवर्ण समाज के घोर कोलाहल में दब गये। इस्लामी और ईसाई राजसत्ता में विभक्त भारतीय समाज को शासित कर सकना ज्यादा आसान नजर आ रहा था इसलिए उनकी रुचि भारतीय समाज की एकता में नहीं रही।

अठारहवीं-उन्नीसवीं शताब्दी में इतिहास ने करवट ली। यूरोपीय समाज से सम्पर्क में आने के बाद भारतीय समाज में भी आधुनिक शिक्षा, विज्ञान और तकनीक के बारे में एक नई रुझान पैदा हुई। भारत में यूरोपीय संस्कारों के कारण वहाँ उत्पन्न व्यक्तिगत आजादी के विचार, समानता की धारणा, उपनिवेश के माध्यम से अविकसित राष्ट्रों की लूट के विरोध के भाव आदि पैदा हुए जिसके फलस्वरूप भारत में भी सुधारवादी आन्दोलनों की शुरुआत हुई। इन सुधारकों की धारणा थी कि जब तक जन्म पर आधारित सामाजिक विषमता रहेगी तब तक राजनीति में भी न्याय नहीं मिलेगा। भारतीय राष्ट्रवाद की जब भी आधुनिक अर्थों में विवेचना होगी, उसमें बौद्धिक पुनर्जागरणवाद का अतुलनीय योगदान सामने आयेगा। यद्यपि यह आन्दोलन मूलतः नैतिक और आध्यात्मिक प्रेरणा से जाग्रत हुआ लेकिन इस आन्दोलन ने भारतीय समाज में एकता और समता का चैतन्य भाव गहरे रूप में पैदा किया। इस आन्दोलन का अगुआ ब्रह्म समाज था जिसके नेता राजाराम मोहन राय (1772-1833), देवेन्द्रनाथ ठाकुर (1817-1905), केशवचन्द्र सेन (1838-1884) आदि थे। यह आन्दोलन ईसाइयत की भक्ति समर्पण भावना, उपनिषदों का बौद्धिक अद्वैतवाद तथा सामाजिक समन्वयवाद के विचार को लेकर चल रहा था। इसलिए कुछ लोग कहते हैं कि हिन्दुओं का अध्यात्म और ईसाइयों के भक्तिभाव का समन्वित रूप ब्रह्मसमाज आन्दोलन के रूप में था।

इस विचार के अनुसार जाति के आधार पर मानव का अलगाव नहीं हो सकता। मानव में भ्रातृभाव पैदा करना इनका उद्देश्य था। महाराष्ट्र में प्रार्थना समाज की स्थापना हुई जिसने जाति प्रथा के विनाश का संकल्प किया। स्वामी दयानन्द सरस्वती ने आर्य समाज की स्थापना कर पूर्ण वैदिक समाज की स्थापना का संकल्प लिया जहाँ जाति और वर्ण आधारित विषमता नहीं थी। रामकृष्ण मिशन की स्थापना कर स्वामी विवेकानन्द ने दलितों के उद्धार का धार्मिक आन्दोलन छेड़ा। ऐसे आन्दोलनों की पृष्ठभूमि में सम्पूर्ण भारत ब्रिटिश सत्ता के अधीन था। हाँ अंग्रेजों ने अपने देश में पालन होने वाले सिद्धान्त कानून के समक्ष समानता का प्रथम प्रवेश भारत में भी किया।

उन्नीसवीं शदी के उत्तरार्द्ध में शासन के लिए जो अंग्रेजी कानून आये वे जाति के आधार पर किसी के साथ भेद करने वाले नहीं थे। उसी समय समाज सुधारकों की दो धाराएँ उत्पन्न हुईं। राना डे, आगरकर और डॉ० भण्डारकर आदि इस राय के थे कि समाज सुधार का काम केवल धार्मिक और सामाजिक स्तर पर ही पूरा किया जा सकता है। किन्तु बाल गंगाधर तिलक की राय थी कि इस पर सामाजिक और राजनैतिक दोनों स्तर पर कार्य होने चाहिए। अंग्रेजी सत्ता राजनैतिक कारणों से इस सामाजिक बँटवारे को जिन्दा रखना चाहती है. इसलिए इसे राजनैतिक चुनौती के रूप में भी कबूल किया जाना चाहिए। लार्ड मैकाले की शिक्षा नीति के अनुसरण से भारत में नये बौद्धिक राजनैतिक चहल कदमी की शुरुआत हुई। तिलक, आगरकर, गोखले के नेतृत्व में महाराष्ट्र के इलाके में, रवीन्द्रनाथ टैगोर, अरविन्द घोष, स्वामी

विवेकानन्द, जगदीश चन्द्र बोस आदि बंगाल में, विजय राघवाचारी, पन्तूलू, रंगैय्या नायडू, जी० सुब्रह्मण्यम अय्यर आदि ने दक्षिण भारत के क्षेत्र में और लाला लाजपत राय, स्वामी श्रद्धानन्द, हंसराज गुप्त आदि ने उत्तरी हिन्दुस्तान में इस तरह के शैक्षिक सामाजिक एकता के आन्दोलन में अपने को उतारा। 1973 में सत्यशोधक समाज की स्थापना करके ज्योतिबा फुले ने सामाजिक एकता के संग्राम को तेज किया। उन्होंने जाति प्रथा के खिलाफ विद्रोह खड़ा कर दिया। इन सम्पूर्ण आन्दोलनों के प्रभाव के कारण भारतीय समाज में नई जागृति आई जिससे अंग्रेजी सत्ता के खिलाफ आन्दोलनों को भी गति मिली। बाल गंगाधर तिलक के बाद मोहनदास करमचन्द गांधी दासता विरोधी आन्दोलन के सर्वश्रेष्ठ नेता हो गये। अगस्त, 1920 को तिलक जी का देहावसान हुआ और उसी दिन से गांधी जी के नेतृत्व में प्रथम सविनय अवज्ञा आन्दोलन की शुरुआत हुई। तिलक जी द्वारा चलाये गये राजनैतिक और सामाजिक स्वतंत्रता के दोहरे संघर्ष की बागडोर गांधी जी ने सँभाला, इसलिए आन्दोलन की शुरुआत करते हुए गांधी ने कहा, "अपने कार्यक्रमों में 'छुआछूत मिटाओ' को दूसरा स्थान नहीं दिया जा सकता। सामाजिक भेद के राक्षस को मारे बिना स्वराज्य का सपना अधूरा है।" कांग्रेस के कलकत्ता सम्मेलन में प्रथम बार दलितों के उद्धार के लिए प्रस्ताव पारित किया गया।

इस तरह भारतीय समाज में बहिष्कृत एक जाति महार (दलित) के परिवार में 14 अप्रैल, 1891 को अम्बेदकर का जन्म इन्दौर के निकट महू कस्बे में हुआ। इनके पिता कबीरदास की भक्ति आन्दोलन की क्रान्तिकारी धारा से जुड़े हुए व्यक्ति थे। अंग्रेजों ने अपनी सेना में महारों को अन्त्यज होने के कारण भर्ती पर पाबन्दी लगाई थी। राम जी अम्बेदकर ने अंग्रेजी हुकूमत के इस आदेश के खिलाफ संघर्ष किया और प्रथम विश्वयुद्ध के समय 1914 में एक महार बटालियन की स्थापना हुई। राम जी अम्बेदकर स्वयं सेना में काम कर चुके व्यक्ति थे। वे सेना में सूबेदार, मेजर और 14 वर्षों तक महू के सैनिक स्कूल में प्रशिक्षक के पद पर काम कर चुके थे। उनके सेवा निवृत्ति वर्ष में 14वीं संतान के रूप में भीमराव अम्बेदकर का जन्म हुआ। उन्हें 189५ में रत्नागिरि जिले के लोक निर्माण विभाग में स्टोरकीपर के रूप में पुनः सेवा में नियुक्त किया गया जहाँ वे बाद में सतारा स्थानांतरित कर दिये गये। 1900 में भीमराव अम्बेदकर सरकारी स्कूल सतारा में पहली कक्षा में भर्ती हुए। जहाँ से उनका नाम भीवा रामजी अम्बावाडेकर रखा गया। चूँकि रत्नागिरि जिले के खेड़ा तालुके में अम्बावाडे नामक गाँव के इनके दादे-परदादे थे इसलिए इन लोगों के नाम के साथ अम्बावाडेकर नाम जुड़ा करता था। किन्तु स्कूल में इन्हें पुत्रवत प्यार करने वाले शिक्षक ने उच्चारण की दुरूहता के चलते अम्बेदकर कहना शुरू कर दिया जो अन्त तक प्रचलित रहा।

बाल्यावस्था में ही अम्बेदकर को अछूत होने का अभिशाप सताने लगा था। कोई भी नाई इन लोगों का बाल काटने को तैयार नहीं था। इनके सहित इनके भाइयों का बाल माता श्री काटा करती थीं। कहानी है कि बाल्यावस्था में अम्बेदकर अपने भाई के साथ बैलगाड़ी में बैठकर गोरे गाँव रेलवे स्टेशन जा रहे थे। बैलगाड़ी चालक को पैसा का भुगतान हो गया था रास्ते में गाड़ीवान को जब पता चला कि दोनों बालक अन्त्यज जाति के हैं तो वह बैलगाड़ी पर से उतर गया। उसने कहा कि दोनों बालकों के शरीर छूने से मेरा शरीर अपवित्र हो जायेगा। इससे तंग आकर बैलगाड़ी अम्बेदकर के भाई ने चलाई और गाड़ीवान जमीन पर पैदल चलता रहा। इस तरह के जन्म पर आधारित विषमता के शिकार होने वाले अम्बेदकर के मन में आरम्भ से ही इस प्रथा के खिलाफ आक्रोश पैदा होने लगा। स्कूल में अद्विज बच्चों को

अध्यापक से प्रश्न पूछने की मनाही थी। कक्षा में अन्त्यज बच्चे सामूहिक रूप से नहीं बैठ सकते थे। सामूहिक रूप से बच्चों के खेलकूद पर भी पाबन्दी थी। कोई भी बालक अछूत बच्चों को गेंद तक नहीं देता था। प्यास लगने पर पानी पीने पर भी पाबन्दी थी। यदि किसी अछूत बच्चे को प्यास लगे तो उसे किसी अध्यापक अथवा स्कूल के कर्मचारी से कहना पड़ता था फिर अछूत बच्चा मुँह खोलकर खड़ा होता था और ऊपर से कोई द्विज गिलास से पानी गिरा देता था। यह जल आधा मुँह में और आधा उस बच्चे के कपड़ों पर गिर जाता था। संस्कृत की शिक्षा अछूत बच्चे को नहीं दी जा सकती थी। संस्कृत के अध्यापक की हठधर्मी के कारण अम्बेदकर को हाईस्कूल में अपनी द्वितीय भाषा फारसी लेनी पड़ी जब कि अंग्रेजी प्रथम भाषा थी।

1904 में सतारा से इनके पिता जी सेवा निवृत्त होकर बम्बई चले आये, वहाँ एलफिन्स्टन हाईस्कूल में, जो एक सरकारी संस्था थी, अम्बेदकर ने प्रवेश लिया। चूँकि बम्बई शहर था इसलिए वहाँ स्कूल में जाति-पाँति के बंधन उतने कठोर नहीं थे जितने सतारा में थे। यहाँ सामूहिक रूप से खेलकूद में बच्चे हिस्सा ले सकते थे, लेकिन भाव यहाँ भी कठोर थे। एक बार एक शिक्षक ने अम्बेदकर से ब्लैकबोर्ड पर कुछ लिखने को कहा। ब्लैकबोर्ड के पीछे सभी बच्चे अपना खाने-पीने का बक्श रखा करते थे ज्यों ही अम्बेदकर ब्लैकबोर्ड की ओर कुछ लिखने को चले, कक्षा के सभी बच्चे उनके पहले बोर्ड की ओर दौड़ पड़े। उनका ख्याल था कि यदि अम्बेदकर ने ब्लैकबोर्ड को हाथ लगाया तो उससे सटकर रखा हम लोगों का खाना अपवित्र हो जायेगा और सभी बच्चों ने बोर्ड के पीछे रखे टिफिन कैरियर उठा लिये। यह घटना सम्पूर्ण जीवन अम्बेदकर को याद रही किन्तु इस तिरस्कारपूर्ण जिन्दगी के बावजूद हाईस्कूल की परीक्षा में 1907 में अम्बेदकर को प्रथम श्रेणी मिली। यह किसी भी अछूतवंश में उत्पन्न बालक का एक चमत्कार था। सत्यशोधक आन्दोलन के लोगों ने उनके सम्मान में एक आयोजन किया जहाँ उन्हें गौतम बुद्ध के जीवन पर आधारित एक पुस्तक भेंट की। उनके बाल्यकाल में उनके जीवन के संस्कारों को ढालने में इस पुस्तक का बहुत बड़ा योगदान है।

यद्यपि महारों के अत्यंत पिछड़े परिवार में पैदा होने के बावजूद इनके परिवार के संस्कार कुछ ठीक थे। इनके पिता जी को सेवाकाल में 50 रुपये माहवार वेतन मिलते थे जो उस जमाने में काफी बड़ी रकम थी। पूरा परिवार पढ़ा-लिखा था किन्तु जो अंधविश्वासी संस्कार थे, अभी वे लोग भी उससे अलग नहीं हो सके थे। वे अपने पिता जी की सबसे छोटी और चौदहवीं संतान थे इसलिए पिता इन्हें अन्य बच्चों से अधिक स्नेह भी करते थे। लालन-पालन में संतानों की संख्या अधिक होने के नाते आर्थिक तंगी तो सामने आती ही थी इसी बीच जब वे केवल 14 वर्ष के थे तो एक 9 वर्ष की अबोध कन्या रामाबाई के साथ उनका विवाह रच दिया गया। उस समय अम्बेदकर भी प्राइमरी की कक्षाएँ मुश्किल से पास किये थे। आर्थिक तंगी और अबोध अवस्था का विवाह इन दोनों ने उनकी शिक्षा को कुप्रभावित किया फिर भी वे बाल्यावस्था से ही पढ़ने में अगली कतार के रहे।

बड़ौदा के महाराज समाज सुधार आन्दोलनों में गहरी रुचि लेते थे। उन्होंने अपनी तरफ से दलित और शूद्रों की शिक्षा में महत्त्वपूर्ण योगदान किया। महाराज शिवाजी राव ने घोषणा की थी कि वे किसी पढ़ने-लिखने वाले अछूत बालक को छात्रवृत्ति देंगे। उन्होंने 25 रुपये माहवार अम्बेदकर के लिए बतौर छात्रवृत्ति देना शुरू किया। कई शिक्षकों ने उनकी प्रखर प्रतिभा को देखकर कपड़े और पुस्तकें दीं। स्कूलों में उस समय द्विज वर्ग के ही लोग स्कूल

की कैण्टीन चलाते थे जिसमें अछूतों को चाय और भोजन नहीं मिलता था। बावजूद इसके उन्होंने अच्छे अंकों से बी०ए० की परीक्षा पास करने के बाद बड़ौदा राज्य की सेवा में नियुक्ति ले ली। बड़ौदा के महाराज तो समाज सुधार आन्दोलनों से जुड़े हुए थे लेकिन उनका तंत्र पूरा का पूरा द्विजतंत्र था। अम्बेदकर के नीचे काम करने वाला चपरासी भी सीधे उनके हाथ में पत्रावलियाँ न देकर ऊपर से फेंक देता था। उन्हें रहने के लिए मुख्य आवासीय इलाके में घर नहीं मिलता था। वे एक आर्यसमाजी विचार वाले पंडित के साथ रहने लगे थे। उन्हें सेवा में छुआछूत के भाव ने इस तरह प्रताड़ित किया कि वे अपने पद से एक वर्ष के भीतर ही त्यागपत्र देकर अलग हो गये।

महाराज बड़ौदा ने कुछ छात्रों को पठन-पाठन हेतु अमेरिका भेजने की घोषणा की। वहाँ सम्पूर्ण खर्च उनके राज्य को वहन करना था। अम्बेदकर ने भी इस छात्रवृत्ति के लिए आवेदन किया और महाराज की ही सहायता से 1913 में अमेरिका के कोलम्बिया विश्वविद्यालय में उच्च शिक्षा के लिए प्रवेश ले लिया। किसी विदेशी विश्वविद्यालय में महार विद्यार्थी को गायकवाड स्कालर के रूप में शिक्षा ग्रहण करने का यह प्रथम अवसर था। दो वर्षों में उन्हें एम० ए० की उपाधि प्राप्त हो गई। उन्होंने प्राचीन भारतीय वाणिज्य के ऊपर शोध प्रबंध लिखा। उसी समय उन्होंने प्राचीन भारतीय जाति प्रथा पर भी एक आलेख पढ़ा जो उनके प्राचीन भारतीय समाज की गहरी जानकारी का दस्तावेज है। उसी दौरान उनका लाला लाजपत राय से साक्षात्कार हुआ। लाला जी अपने समय के श्रेष्ठ समाज सुधारक और महान स्वतंत्रता संग्राम सेनानी थे। वे अमेरिका में उन दिनों निर्वासित जीवन बिता रहे थे। उन्हें अक्सर पुस्तकालयों में जाना रहता था। वहाँ महार जाति में पैदा एक युवक की प्रतिभा मेधा को देखकर बड़ी प्रसन्नता हुई। वे प्रायः अम्बेदकर से भारतीय स्वतंत्रता आंदोलन और समाज सुधार आन्दोलनों की चर्चा करते रहते थे। 1916 में उन्होंने विश्वविद्यालय में अपनी पी-एच०डी० डिग्री के लिए थीसिस प्रस्तुत की; विषय था 'ब्रिटिश भारत में प्रांतीय वित्त का विकास'। इस पुस्तक को उन्होंने महाराज शिवाजी राव बड़ौदा को समर्पित किया था। इस थीसिस की विश्वविद्यालय के समस्त अध्यापकों ने काफी सराहना की। उसी वर्ष उन्होंने लन्दन स्कूल ऑफ इकोनामिक्स में शिक्षा ग्रहण करने के लिए अमेरिका से विदा ले ली।

वे एम० एस-सी० (अर्थशास्त्र) की शिक्षा पूरी कर ही रहे थे कि उनकी छात्रवृत्ति समाप्त कर दी गई। उन्होंने महाराज बड़ौदा से छात्रवृत्ति का समय बढ़ाने की काफी कोशिश की लेकिन व्यर्थ चला गया और उन्हें वापस आकर करार के मुताबिक बड़ौदा राज्य में अपनी नौकरी फिर से शुरू करनी पड़ी। उन्हें महाराज का मिलिट्री सिक्रेट्री बनाया गया। महाराज का प्रयास था कि बाद में वे राज्य के वित्त मंत्री होंगे। बड़ौदा की नौकरी में फिर उन्हें वही पुरानी जलालत झेलनी पड़ रही थी। उन्हें रहने के लिए कहीं घर नहीं मिल रहा था कोई चपरासी उनकी सेवा को तैयार नहीं था, फाइलों को दूर से ही फेंक कर चले जाने का पुराना ढर्रा, मजबूरी में उन्हें एक पारसी होटल में ठहरना पड़ा। उन्होंने अपने ऊपर होने वाले जुल्म से मुक्ति के लिए राज्य के हेड दीवान को भी लिखा लेकिन उन्होंने भी किसी तरह की मदद से इन्कार किया। लम्बे समय तक अमेरिका, इंग्लैण्ड के प्रवास में रहने वाले एक प्रखर चिन्तक के लिए जाति पर आधारित इस अपमान को झेल सकना एक कठिन कार्य था। इसलिए उनका मन अब सेवा में नहीं लगा और वे अपने पद से त्यागपत्र देकर बम्बई वापस चले आए, जहाँ

उनके पिता का चार वर्ष पहले ही देहान्त हो चुका था। वे अपने पुत्र को विदेश में पढ़कर डिग्री प्राप्त करने के बाद बड़ौदा राज्य के इतने बड़े पद पर आसीन होते न देख सके।

बम्बई में दलित समाज का आन्दोलन तीव्र हो रहा था। नवम्बर, 1917 में बम्बई में दलितों के दो सम्मेलन हुए जिसमें प्रस्ताव पास कर सरकार से दलितों के अधिकार की हिफाजत करने की अपील की गई। सरकार से यह भी आग्रह किया गया कि वह दलितों को यह अधिकार दे कि वे अपने में से अपने प्रतिनिधियों का चुनाव कर सकें, जिसका हिस्सा उनकी आबादी के अनुपात में हो। उसी वर्ष कांग्रेस लीग समझौता हुआ था जिसमें हिन्दुओं की उच्च जातियों से अपील की गई थी कि वे दलितों के अधिकार उन्हें उदारतापूर्वक दे दें। पंडित मोतीलाल नेहरू ने भारत में जो ब्रिटिश सरकार थी उससे जाति धर्म से ऊपर उठकर सभी के लिए समान मानवीय अधिकार देने की माँग की थी और इस सिलसिले में उन्होंने सभी दलों का एक सम्मेलन बुलाया था जिसमें यह प्रस्ताव पास हुआ था। दलित सम्मेलन ने भी उस माँग का समर्थन किया था। मार्च 1918 में बम्बई में अखिल भारतीय दलित सम्मेलन हुआ था। इसकी अध्यक्षता बड़ौदा के महाराज शिवाजी राव ने की थी। इस सम्मेलन ने देश की चेतना से अपील की कि वे छुआछूत को त्याग दें, यह हमारे समाज का अभिशाप है। इस समय बाल गंगाधर तिलक ने कहा कि यदि भगवान् भी छूआछूत को देता है तो हम उसकी सत्ता को नहीं स्वीकार करेंगे। महाराष्ट्र में प्रारम्भ में ऊँची जाति में पैदा हुए नेताओं ने छुआछूत विरोधी आन्दोलनों का नेतृत्व किया। किन्तु डॉ० अम्बेदकर इन द्विज नेताओं के नेतृत्व को नहीं स्वीकार करते थे। उन्हें द्विज नेतृत्व की मंशा पर अविश्वास था। डॉ० अम्बेदकर बच्चों का ट्यूशन करके अपना समय काटते थे। उन्होंने अपनी आजीविका के लिए एक व्यापारिक प्रतिष्ठान भी प्रारम्भ किया किन्तु जातिगत द्वेष के कारण उनका प्रतिष्ठान नहीं चल सका। तब वे उसे स्थायी रूप से बंद कर दिए। अंत में मजबूरी में उन्हें बम्बई के एक विद्यालय में अध्यापक के रूप में 1918 में 'पोलिटिकल इकोनामी' पढ़ाने के लिए नौकरी शुरू करनी पड़ी। वे यद्यपि विद्यालय के सर्वाधिक मेधावी प्रोफेसर थे। उनकी कक्षा में विद्यार्थियों की भीड़ लग जाती थी, लेकिन वे स्टाफ रूम में रखे हुए घड़े का पानी नहीं पी सकते थे। उच्च वर्णीय विद्यार्थी उन्हें नमस्कार अथवा सम्मान नहीं देते थे पुनः उन्हें तिरस्कृत होकर अध्यापन छोड़ना पड़ा और 1920 में अपनी पढ़ाई पूरी करने लन्दन चले गए। कोल्हापुर के महाराज साहूजी छत्रपति ने उनकी पूरी आर्थिक मदद की।

मण्ट फोर्ड सुधार कमेटी की रपट आनी थी। इस सिलसिले में सभी वर्गों से राय ली जा रही थी। वी० आर० सिन्दे और बी० आर० अम्बेदकर को अपनी बात कहने के लिए कमीशन के समक्ष बुलाया। वहाँ उन्होंने प्रथम बार अछूतों के लिए अलग से मताधिकार की माँग की। उन्होंने दलितों को उनकी आबादी के अनुपात में सीटों के आरक्षण की जबर्दस्त वकालत की। होमरूल से पहले सामाजिक समानता होनी चाहिए। होमरूल केवल ब्राह्मणों का ही नहीं दलितों का भी जन्मसिद्ध अधिकार है। उन्होंने द्विज मानसिकता में क्रान्तिकारी बदलाव की अपेक्षा प्रकट की। 1920 में दलितों की भावनाओं को मुखरित करने के लिए उन्होंने 'मुखनायक' पत्रिका का सम्पादन शुरू किया। उनका आरोप था कि सभी समाचार पत्र केवल द्विजों के मुखपत्र हैं। उनकी राय थी कि ज्ञान और शक्ति के बिना अद्विज और दलित कोई तरक्की नहीं कर सकते। कोल्हापुर में 1920 में साहू महाराज की अध्यक्षता में दलित सम्मेलन हुआ जिसमें डॉ० अम्बेदकर ने हिस्सा लिया। उनकी यह दृढ़ राय थी कि कोई भी

संगठन दलितों का उद्धार नहीं कर सकता जब तक उनका संगठन और नेतृत्व दलितों के हाथ में न हो।

सितम्बर, 1920 में वे पुनः लन्दन स्कूल ऑफ इकोनामिक्स के विद्यार्थी बने। साथ ही साथ वैरिस्टर की भी पढ़ाई करने लगे। वे विद्यार्थियों के खेलकूद, मनोरंजन के नियम को तोड़कर पूरा समय अध्ययन में बिताते थे। उन्होंने 1921 में एम० एस-सी० की डिग्री प्राप्त करने हेतु 'प्राविन्सियल डी सेंट्रलाइजेशन ऑफ इम्पीरियल फाइनेन्स इन ब्रिटिश इण्डिया' विषय पर अपना शोध प्रबंध प्रस्तुत किया। 1923 में उन्होंने डी० एस-सी० डिग्री के लिए 'द प्राब्लम आफ रूमी इट्स प्रोरिजिन एण्ड सालूशन' विषय पर शोध प्रबंध प्रस्तुत किया। इनके शोध प्रबंधों की विशेष प्रशंसा हुई। उन्होंने थोड़ा समय निकाल कर जर्मनी के वान विश्वविद्यालय को भी देखा। वे एक साथ इतिहास, अर्थशास्त्र, राजनीतिशास्त्र, कानून और संविधान के उद्‌भट विद्वान् बन गए। उन्होंने विश्व के तीन महान अमेरिकी, अंग्रेजी विश्वविद्यालयों से डिग्री प्राप्त की। डॉ० अम्बेदकर में अध्ययन की गहरी रुचि थी, वे अपनी दैनिक आवश्यकताओं को त्याग कर पुस्तकें खरीदते थे। विद्यार्थी जीवन में अमेरिका से दो हजार पुस्तकें खरीदीं। 1930 के गोलमेज सम्मेलन में उन्होंने 32 बक्से किताबें खरीदकर लन्दन से अपने लिए लाये। उनके सभी ग्रन्थों को पं० मदनमोहन मालवीय अपने विश्वविद्यालय के ग्रन्थागार के लिए तीन लाख में खरीदना चाहते थे लेकिन उन्होंने मना कर दिया।

डॉ० अम्बेदकर ने इस बात को सदैव दुहराया कि उनके ऊपर गौतमबुद्ध, कबीरदास और ज्योतिबा फुले का प्रभाव था। कबीर ने उन्हें भक्तिमार्ग दिखलाया। ज्योतिबा फुले से उन्हें संघर्ष की प्रेरणा मिली। जो कुछ भी द्विजवाद के विरुद्ध उनका सक्रिय संघर्ष है उसकी प्रेरणा महात्मा फुले थे। बुद्ध ने उन्हें मानसिक व कायिक शांति का आदेश दिया। उन्हीं के आदर्शों पर चलकर उन्होंने सामूहिक धर्म परिवर्तन का काम किया। उनके आदर्शों का ही अनुकरण करके दलित उद्धार का कार्य किया जा सकता है। वे अमेरिका के चौदहवें संविधान संशोधन से काफी प्रसन्न हुए थे जिसके द्वारा वहाँ के काले नीग्रो को स्वाधीनता के अधिकार मिले थे। वे अपने छात्रजीवन के अमेरिकी प्रवास में नीग्रो आन्दोलनों को गहराई और निकट से देखे। उनका भाव अछूतों के प्रति हमारे देश में सवर्ण हिन्दू लोगों का है इसलिए पश्चिम का लोकतंत्र, समानता और स्वाधीनता का सिद्धांत ही हमारे देश के अछूतों का उद्धार कर सकता है। उन्होंने अपने सम्पूर्ण जीवन में दलित समाज के उत्थान का जो संग्राम किया तथा उसके जो उपाय बताए उसके लिए उनके मन पर छात्रजीवन में अमेरिकी अंग्रेजी समाज की अमिट छाप का विशेष योगदान था। वहाँ के लोकतंत्र तथा संवैधानिक तंत्र का गहन अध्ययन किया और उसे भारतीय परिवेश में उतारने की जबर्दस्त कोशिश की। डॉ० अम्बेदकर ने लिखा है—

"मेरे स्कूल में मराठा स्त्री नौकरी करती थी। वह अशिक्षित होते हुए भी छुआछूत को पूरी तरह मानती थी। वह मुझे स्पर्श करने से परहेज करती थी। मुझे एक दिन प्यास लगी मुझे पानी का चापाकल छूने की मनाही थी। मैंने अध्यापक से अपनी प्यास बुझाने के लिए पानी की अपेक्षा व्यक्त की। उन्होंने चपरासी को आदेश दिया तब उसने नल खोला और मुझे पानी पीने को मिला अन्यथा मेरी प्यास घर जाकर ही बुझती।"

■

सामाजिक संघर्षों की शुरुआत

तिलक और गांधी के नेतृत्व में ब्रिटिश साम्राज्यशाही के विरुद्ध छेड़ा गया संग्राम केवल उपनिवेशवाद के विरुद्ध संघर्ष नहीं था। इस संघर्ष के अगुआ भी अस्पृश्यता निवारण के कार्यक्रम से सहमत थे। किन्तु इन नेताओं का जितना आग्रह सामाजिक विषमता समाप्त करने के लिए होना चाहिए डॉ० अम्बेदकर के शब्दों में राष्ट्रीय आन्दोलन का सवर्ण नेतृत्व सामाजिक छुआछूत को समाप्त करने के लिए उनका आग्रहशील नहीं था। मार्च 23 और 24, 1918 को बड़ौदा के महाराज शिवाजी राव की अध्यक्षता में प्रथम अखिल भारतीय दलित सम्मेलन बम्बई में हुआ जिसमें तत्कालीन कई राष्ट्रीय नेताओं ने भाग लिया। इस सम्मेलन में प्रथम बार देश की अन्तरात्मा से अपील की गई कि वे अस्पृश्यता निवारण कार्यक्रम प्रारम्भ करें। बाल गंगाधर तिलक ने तो यहाँ तक कह दिया कि वे भगवान की सत्ता में विश्वास करना बन्द कर देंगे यदि वह छुआछूत को बर्दाश्त करता है। फिर भी डॉ० अम्बेदकर को सवर्ण नेतृत्व की सत्य निष्ठा पर सन्देह था कि वे सचमुच हिन्दू समाज से छुआछूत समाप्त करने के लिए मुक्त हृदय से प्रयत्नशील थे। इस प्रतिक्रियास्वरूप वे अछूतों के लिए पृथक् निर्वाचन के पक्ष में हो गये थे।

मण्ट फोर्ड सुधार 1919 की रिपोर्ट तैयार करने के लिए साउथ बोरो कमीशन नियुक्त हुआ था। यह कमीशन सुधार आयोग की रिपोर्ट (दि इवालूशन आफ प्रॉवीन्शियल फाइनेन्स इन ब्रिटिश इण्डिया, पेज 207) आने से पहले भारत के विभिन्न वर्ग समूहों का साक्ष्य संगृहीत कर रहा था। इस कमीशन की सहायता के लिए कांग्रेस की ओर से जवाहरलाल नेहरू और डॉ० राजेन्द्रप्रसाद भी थे। इस कमीशन ने मताधिकार के विषय में साक्ष्य देने के लिए दलित वर्ग से डॉ० अम्बेदकर और वी० आर० सिन्दे को भी बुलाया था। इस साक्ष्य में अम्बेदकर साहब ने दलितों के लिए आबादी के अनुपात में धारा सभाओं में सीट आरक्षित रखने और पृथक निर्वाचन के अधिकार की जोरदार वकालत की। उन्होंने होमरूल से पूर्व सामाजिक एकता स्थापित कराने की गुहार की। होमरूल केवल ब्राह्मणों का ही नहीं, महारों का भी जन्मसिद्ध अधिकार है। वे मानते थे कि स्वशासन हो जाने पर भी सवर्ण की गुलामी से दलितों को मुक्ति नहीं मिली तो ऐसे स्वशासन का कोई अर्थ नहीं रहेगा। उसी समय मुस्लिम लीग और कांग्रेस में बालिग मताधिकार तथा साम्प्रदायिक आधार पर मतदान के सम्बन्ध में समझौता हुआ था। डॉ० अम्बेदकर ने इसकी पुरजोर निन्दा की थी। वे कहते थे, ''हिन्दू और मुस्लिम दोनों वर्गों में से चुने हुए प्रतिनिधियों का शक्ति स्रोत उन वर्गों के समृद्ध और बड़े लोग हैं। इन दोनों संगठनों का अपने वर्ग के कमजोर हिस्सों से न तो लगाव है और न तो वे उनसे राजनैतिक शक्ति प्राप्त करते हैं। इसलिए उनका निरन्तर जोर था कि सवर्ण हिन्दू अपनी दलितों के प्रति मानसिकता में जबर्दस्त बदलाव लायें।'' किन्तु सुधार आयोग के सामने कांग्रेस नेतृत्व ने दलितों के पृथक् निर्वाचन का विरोध किया। कांग्रेस नेतृत्व का कथन था कि वयस्क मताधिकार प्राप्त होने पर दलितों की समस्या का स्वत: समाधान होगा। अभी दलितों में

निर्वाचित होने योग्य लोगों का अभाव है इसलिए इन्हें निर्वाचन की जगह मनोनयन की प्रक्रिया स्वीकार कर लेनी चाहिए। आयोग के समक्ष अम्बेदकर का आग्रह स्वीकार्य नहीं हुआ। सुधार आयोग ने कांग्रेस लीग की बात स्वीकार करते हुए मुसलमानों के लिए पृथक् निर्वाचन स्वीकार किया, लेकिन साथ-साथ दलितों के दो-दो प्रतिनिधियों को धारा सभाओं और केन्द्रीय सभा में मनोनीत करने की बात स्वीकार कर ली। यह डॉ० अम्बेदकर की राजनैतिक जीत का प्रथम सोपान है।

डॉ० अम्बेदकर दलितों की अचेतावस्था से काफी तंग थे। वे इनकी दुर्दशा के लिए जितना जिम्मेदार सवर्ण तत्त्वों को मानते थे वहीं उनकी मान्यता थी कि शूद्रों की मूर्च्छावस्था भी उनकी दुर्दशा का कारण है इसलिए इन वर्गों में वर्ग चेतना और अपने अधिकारों को प्राप्त करने के लिए संघर्ष की तीव्र भावना पैदा करना जरूरी है। अपने इसी मन्तव्य को साकार रूप देने के लिए उन्होंने 31 जनवरी, 1920 से 'मूक नायक' नामक साप्ताहिक पत्रिका का प्रकाशन प्रारम्भ किया जिसमें दलितों की समस्याओं और उनके उत्पीड़न की खबरों का प्रकाशन होता था। उन्होंने अपनी प्रथम सम्पादकीय टिप्पणी में इस बात को साफगोई के साथ स्वीकार किया कि "देश के वर्तमान सभी समाचार पत्र केवल कुछ कुलीन जातियों के हितों का संवर्द्धन कर रहे हैं। दलित वर्गों का उत्थान तब तक संभव नहीं है जब तक ये शिक्षित नहीं हो जाते तथा इनके हाथों में शक्ति नहीं आ पाती।"

कोल्हापुर में 1920 में साहूजी महाराज की अध्यक्षता में दलित वर्गों का सम्मेलन हुआ जिसमें डॉ० अम्बेदकर ने भी हिस्सा लिया। इस सम्मेलन में साहूजी महाराज ने अम्बेदकर के गुणों की भूरि-भूरि प्रशंसा की। उन्होंने कहा कि अम्बेदकर में अखिल भारतीय नेता होने के सारे गुण मौजूद हैं। इस सम्मेलन में अन्तर्जातीय भोज का भी आयोजन हुआ। इस सम्मेलन में अम्बेदकर साह ने दलित वर्गों के बुनियादी अधिकारों को संविधान में समाहित करने की वकालत की। वे इस बात से भयभीत लगते थे कि यदि ब्रिटिश सत्ता द्वारा दलितों को प्रदान की जाने वाली सुरक्षा हटा ली गई और उसी समय देश में स्वशासन आ गया तो शायद देश की सवर्ण मानसिकता दलितों के अधिकारों का ग्रास न कर ले। इसीलिए वे आग्रह करते थे कि केवल वे दल या संगठन ही दलितों के हितों का संवर्द्धन कर सकते हैं जिनका संगठन, नेतृत्व और शक्ति दलितों के हाथ में हो।

सामाजिक क्रान्ति का शंखनाद

डॉ० अम्बेदकर के नेतृत्व में छेड़ा गया सामाजिक युद्ध अछूतोद्धार का लम्बा सफर है। महाराष्ट्र की विधान परिषद् के एक सदस्य ने प्रस्ताव रखा कि "महाराष्ट्र के दलित सभी सार्वजनिक स्थानों के पेयजल का उपयोग कर सकते हैं, कुओं और धर्मशालाओं का इस्तेमाल कर सकते हैं जिनका नियंत्रण सार्वजनिक संस्थाओं के हाथ में है तथा जिनका रख रखाव जनता के पैसे से होता है, इसके साथ सार्वजनिक स्कूल, कोर्ट, कार्यालय और अस्पतालों में भी दलित समान रूप से जा सकते हैं।" 1923 में महाराष्ट्र की सरकार ने मि० एस० के० वोले के उक्त प्रस्ताव के अनुपालन में एक निर्देश सभी स्थानीय निकायों को भेजकर आदेशित किया कि दलित समाज को सार्वजनिक स्थल की सभी प्रकार की सुविधाओं से किसी हालत में वंचित न कराया जाये। किन्तु सरकार के उक्त आदेश का पालन नहीं होता था। फिर उन्हीं माननीय सदस्य ने 1926 में एक दूसरा प्रस्ताव रखा कि ऐसे किसी भी म्युनिसिपल बोर्ड अथवा जिला

परिषद् को कोई सरकारी सहायता न दी जाये जो सरकार के इस आदेश का पालन नहीं करते। ऐसी घोषणा होने पर महाड़ की नगरपालिका ने अपनी सार्वजनिक झील का दरवाजा सभी जातियों के लिए खोल दिया, किन्तु वहाँ के सवर्ण हिन्दुओं ने इसका जबर्दस्त विरोध किया। वे नगरपालिका के आदेशों के बावजूद दलितों को उक्त तालाब का पानी नहीं पीने देते थे। सरकारी आदेश के बावजूद दलितों को उक्त सुविधा प्राप्त न हो सकी क्योंकि वहाँ का स्थानीय तंत्र ऐसा नहीं कराना चाह रहा था।

डॉ० अम्बेदकर के मन में इस सामूहिक दुर्भावना के विरुद्ध गुस्सा पैदा हुआ। उन्होंने अपने सम्मान की रक्षा हेतु सम्पूर्ण दलितों से संघर्ष का आह्वान किया। 20 मार्च, 1927 को महाड़ में दलितों का विशाल सम्मेलन हुआ जिसमें लगभग 10 हजार प्रतिनिधि भाग लिये। अपने अध्यक्षीय भाषण में डॉ० अम्बेदकर ने दलित चेतना को झकझोर दिया। उन्होंने उच्चता और नीचता के भाव को खत्म करने का आह्वान किया। उन्होंने दलितों से अपने पैरों पर खड़ा होने व स्वयं चेतना से स्वाभिमान और स्वआदर पैदा करने की बात कही। उन्होंने अपने समर्थकों से पढ़ लिखकर सरकारी नौकरी में बढ़-चढ़कर भाग लेने की वकालत की। उन्होंने अपने शिष्यों को आदेश दिया कि अपना घर-बार त्यागो, जंगलों की तरफ भागो और जंगलों पर कब्जा कर उसे खेती लायक बनाकर अपना अधिकार जमाओ। वहाँ प्रस्ताव पास कर सवर्ण हिन्दुओं और महाराष्ट्र सरकार से अपील की गई कि दलितों को सम्मान देने के लिए सरकार अपने ही आदेश पर अमल कराये। उसके बाद सभी दलित वर्गों के प्रतिनिधि सम्मेलन स्थल से उठकर तालाब पर कब्जा जमाने के लिए चले किन्तु तभी साम्प्रदायिक तत्त्वों ने शहर में अफवाह फैला दी कि अछूतों ने वहाँ स्थित वीरेश्वर मंदिर पर कब्जा कर लिया, इतने में सभी सवर्ण हिन्दू लाठी-डण्डों से लैस अपने घरों से निकल पड़े। पुलिस की देख-रेख में दलितों पर हमला शुरू हो गया, सैकड़ों लोगों को मारकर जख्मी कर दिया गया। हजारों दलितों ने मुस्लिम घरों में शरण ली। डॉ० अम्बेदकर ने स्वयं एक पुलिस स्टेशन में शरण ली। महाड़ की घटना ने पूरे महाराष्ट्र में उग्र रूप धारण कर लिया। दलितों पर जुल्म तीव्र हुए। सवर्ण हिन्दू उनकी जमीनें छीनने लगे। सार्वजनिक स्थानों पर पकड़कर उनकी पिटाई शुरू हुई। डॉ० अम्बेदकर ने सत्याग्रह की धमकी दी। उन्होंने दलितों से अपने अधिकार प्राप्ति हेतु मर मिटने की अपील की। सार्वजनिक कुएँ, मंदिर, पेयजल स्थल पर उनके प्रवेश निर्बाध ढंग से हों इसके लिए सरकार ने कठोर पग उठाए। उन्होंने सवर्ण हिन्दुओं का गुस्सा शान्त करने के लिए कहा कि सभी सवर्ण हिन्दू दलितों के दुश्मन नहीं हैं। इनमें तमाम प्रगतिशील लोग हैं जो हमारे समर्थक हैं।

डॉ० अम्बेदकर के प्रथम महान् संग्राम के परिणामस्वरूप महाराष्ट्र में दलितों को सार्वजनिक स्थलों पर प्रवेश बाधा डालने वालों को दण्डित करने का कानून बना। फिर भी महाड़ के सवर्ण तालाब के जल का उपयोग दलितों को नहीं करने दे रहे थे। दिसम्बर, 1927 में महाड़ सत्याग्रही सम्मेलन बुलाया गया। इस सम्मेलन के लिए कोई स्थान देने को तैयार नहीं था। किसी मुसलमान भाई ने सम्मेलन के लिए स्थान दिया। स्थानीय व्यापारी सम्मेलन में आने वाले प्रतिनिधियों को खाने-पीने की सामग्री देने को तैयार नहीं थे। अम्बेदकर 3 हजार सत्याग्रहियों के साथ बम्बई से जाने को तैयार थे, किन्तु जिला मजिस्ट्रेट ने इतने लोगों के इकट्ठा होने पर पाबन्दी लगा दी। अपने भाषण में अम्बेदकर ने कहा कि वर्ण व्यवस्था ही विषमता का मूल कारण है। हिन्दू समाज को दो सिद्धान्तों पर संगठित होना चाहिए, प्रथम

समानता और दूसरा जातीयता का विनाश। इस सम्मेलन में मनुस्मृति की प्रतियाँ जलाई गईं। डॉ० अम्बेदकर का विचार था कि मनुस्मृति से पूर्व भी जाति प्रथा थी, मनुस्मृति ने तो केवल इसे संहिताबद्ध किया। उनके अनुसार इस ग्रंथ ने दलितों पर सामाजिक, आर्थिक, धार्मिक और राजनैतिक दासता लाद दी। इस तरह महाराष्ट्र में पेयजल आन्दोलन के कुछ सार्थक परिणाम आये।

उनका कहना था कि केवल पूजा पाठ के आन्दोलनों से दलितों का कोई उद्धार नहीं होने वाला है। मंदिरों में प्रवेश के आन्दोलन सवर्ण हिन्दू मानसिकता को झकझोरने और दलित आन्दोलन को अपने पैरों पर खड़ा करने के लिए है। मई, 1930 में उन्होंने नासिक के कला राम मंदिर में अछूत प्रवेश का आन्दोलन खड़ा किया। 15,000 पुरुष और 500 महिला सत्याग्रहियों ने इस आन्दोलन में हिस्सा लिया। डॉ० अम्बेदकर ने स्वयं इस सत्याग्रह की अगुआई की। उनके नेतृत्व में एक कि० मी० लम्बा जुलूस निकला, उस समय मंदिर के फाटक बन्द कर दिए गए। सवर्ण हिन्दुओं ने उनके ऊपर सड़े अण्डे, टमाटर और पुराने जूते फेंके फिर भी उक्त सत्याग्रह शान्तिपूर्ण था। चूँकि मंदिर का फाटक बन्द था इसलिए सत्याग्रही गोदावरी नदी तक जाते और घाट पर स्नान कर मंदिर के बाहर से चले जाते थे। महीनों के संघर्ष के बाद सवर्ण और दलित हिन्दुओं में समझौता हुआ जिसके द्वारा रामनवमी (रामजन्म की तिथि) दलित और सवर्ण दोनों मिलकर राम का रथ खींचेंगे, दोनों में राम पूजा के समय एकता रहेगी। इसके बाद मंदिरों के कपाट खुल गये। दलित-सवर्ण एकता स्थापित हो गई, आन्दोलन स्थगित हो गया किन्तु जब रामनवमी की तिथि आई तो पुनः सवर्ण लोगों ने समझौता तोड़ दिया। रामरथ निकालने में दलितों की हिस्सेदारी नहीं हुई, पुनः आन्दोलन प्रारम्भ हो गया और प्रशासन ने दंगे की स्थिति को देखते हुए मंदिर के कपाट पुनः बन्द करा दिया। यह आन्दोलन 1935 तक चला। इन आन्दोलनों की बाढ़ को देखकर दक्षिण भारत के एक सदस्य डॉ० सुब्बाराय ने एक विधेयक केन्द्रीय धारा सभा में प्रस्तुत किया। उनका कहना था कि देश का जनमत मंदिरों के दरवाजे हरिजनों के लिए खोल देने के पक्ष में है इसलिए उनके लिए मंदिरों के दरवाजे खुले रहें।

महाराष्ट्र में वंशानुगत वेतन परम्परा थी इसके अनुसार महार जाति के लोग 24 घण्टे सरकारी सेवा, सफाई और चौकीदारी में बहाल रहते थे। चौबीस घण्टे सेवा बारी-बारी से एक परिवार के लोग करते थे और इसके एवज में सरकार उन्हें बसने के लिए एक सीमित भूखण्ड देती थी और कुछ आना अथवा एक दो रुपये महीने में देती थी। यह एक जाति विशेष पर घोर जुल्म था जिसमें डॉ० अम्बेदकर स्वयं पैदा थे। उन्होंने 1928 में महाराष्ट्र की विधान परिषद् में इस काले कानून को बदल डालने का एक संशोधन विधेयक पेश किया। उन्होंने कहा कि प्राचीन काल में इसी तरह बसने की थोड़ी जमीन दलितों को देकर राजे-महराजे चौबीस घण्टे काम लेते थे। उनका आग्रह था कि सभी खाली पड़ी जमीन दलितों में बाँटी जाये, वे इसमें मालिकाना हक को प्राप्त करें और उसे जोत बोकर खेती लायक बनायें। वेतनदारों के काम के घण्टे निर्धारित हों और उसके अनुपात में उन्हें मजदूरी दी जाये। उन्होंने कहा यदि मेरा विधेयक पास नहीं होता तो महारों को संगठित कर अर्से से चली आ रही इस शोषक व्यवस्था के खिलाफ उन्हें संघर्ष के लिए खड़ा करूँगा। किन्तु यह विधेयक प्रवर समिति के सुपुर्द हो गया जिसने मूल विधेयक में अनेक संशोधन कर दिये जिससे डॉ० अम्बेदकर सहमत नहीं हुए। उन्होंने उस विधेयक को वापस ले लिया, 1937 में कांग्रेस की

अन्तरिम सरकार आई। उसका विचार था कि इस तरह की व्यवस्था गलत है, महारों ने एक बड़ा सम्मेलन आयोजित किया तत्पश्चात् बम्बई के गवर्नर को एक ज्ञापन दिया गया। महाराष्ट्र सरकार ने डॉ० अम्बेदकर से इस प्रश्न पर मंत्रणा की। महारों ने माँग रखी कि महारों को वतन भूमि रैय्यतवादी (स्थायित्व) के रूप में बदल दी जाये, महारों को मासिक वेतन दिया जाये, उनसे केवल सरकारी काम लिये जाये। 1937 में डॉ० अम्बेदकर ने पुन: एक विधेयक कौन्सिल में प्रस्तुत किया। उसमें उन्हीं बातों को दुहराया गया किन्तु सरकार ने कहा कि इस समय वह युद्ध में फँसी है। देश में आपातकाल लागू है ऐसे में इस तरह के महार आन्दोलन पर जोर देने की जरूरत नहीं है। 1942 में डॉ० अम्बेदकर वायसराय की एक्जीक्यूटिव कौन्सिल के सदस्य हो गए। तब उन्होंने कहा कि वायसराय की कार्यवाही परिषद् का सदस्य होकर मैं दलितों की बेहतर सेवा कर सकता हूँ इसलिए मुझे अब आन्दोलन करने की जरूरत नहीं है। इस व्यवस्था के खिलाफ वे जीवन पर्यन्त लड़ते रहे किन्तु 1959 में यह व्यवस्था समाप्त हुई जब वे स्वयं जिन्दा नहीं रहे।

महाराष्ट्र की सरकार ने 1930 में दलितों की शैक्षिक, सामाजिक, आर्थिक दशा का अध्ययन करने के लिए एक कमेटी का गठन किया। इसमें ए० वी० ठक्कर, अम्बेदकर और डॉ० पी० जी० सोलंकी थे। कमेटी के दौरे के समय डॉ० अम्बेदकर को जगह-जगह अपमानित किया गया। एक स्कूल के हेड मास्टर ने उन्हें प्राइमरी पाठशाला के परिसर में जाने से रोका। चालीस गाँव में टाँगा ड्राइवर ने उन्हें ले जाने से मना किया। इस कमेटी ने दलित छात्रों के लिए अधिकाधिक छात्रवृत्ति देने और छात्रावासों के निर्माण पर बल दिया। रेलवे, कारखानों के वर्कशाप में दलितों के लिए प्रशिक्षण की सुविधा देने और अधिकाधिक छात्रों को विदेश में शैक्षिक छात्रवृत्ति देने की संस्तुति की गई। दलितों को सेना और पुलिस में भर्ती करने का आग्रह किया गया। जगह-जगह दलितों के लिए सांस्कृतिक व सामाजिक केन्द्र खोलने की संस्तुति हुई। गांधी जी के आग्रह पर दलित के स्थान पर हरिजन शब्द रखने की बात हुई। महाराष्ट्र की विधानसभा में 'हरिजन' शब्द को वैधानिक शक्ति देने का प्रस्ताव भी आया। डॉ० अम्बेदकर ने कहा 'हरिजन' शब्द अस्पृश्य की ही तरह है। यह अछूतों को मीठा शब्द देने का एक प्रयास है। गांधी जी के हरिजन फण्ड की भी उन्होंने मुखालफत की और कहा कि इससे अछूत सवर्ण के दास बने रहेंगे। उन्होंने गांधी जी से कहा कि आर्थिक, शैक्षिक, सामाजिक उत्थान के लिए वे काम करें। मंदिर प्रवेश और सामूहिक भोज का काम हम लोगों पर छोड़ें, मानव-अधिकार के लिए कैम्पेन करें। गांधी जी ने डिप्रेस्ड क्लास लीग का नाम बदलकर हरिजन सेवक संघ रख दिया। उन लोगों की राय में छुआछूत की समाप्ति एक प्लेटफार्म है प्रोग्राम नहीं। अम्बेदकर ने कहा, "यह कांग्रेस का प्लेटफार्म है अछूतों को अपने झण्डे तले लाने के लिए।" उनका कहना था अछूत हिन्दुओं के तत्त्व नहीं हैं, बल्कि भारत की राष्ट्रीय व्यवस्था में एक अलग तत्त्व हैं जैसे मुसलमान। वे अलग से कास्ट हिन्दूज के मुकाबले राजनैतिक अधिकार चाहते थे।

■

संविधान निर्माण का दौर और अम्बेदकर

फरवरी और मई, 1928 में कांग्रेस पार्टी ने सम्पूर्ण दलों का एक सम्मेलन किया जिस सम्मेलन में पं० मोतीलाल नेहरू की अध्यक्षता में संविधान का मसविदा तैयार करने के लिए एक कमेटी का गठन कर दिया गया। यह संविधान निर्माण की दिशा में प्रथम कदम था। संविधान निर्माण के इसी दौर में हिन्दू-मुस्लिम दरार को भी कम करने की कोशिश की गई किन्तु हिन्दू-मुस्लिम एकता-प्रयासों में दलितों के हितों का बलिदान कर दिया गया। मोतीलाल नेहरू कमेटी रिपोर्ट में धारा सभाओं में दलितों के आरक्षण सम्बन्धी कोई सुझाव नहीं थे। कमेटी ने दलितों के आरक्षण के प्रश्न पर कहा कि विशेष चुनाव क्षेत्र और सीटों के आरक्षण की बात अपरिपक्व और नुकसानदेह है इसीलिए दलितों के नामांकन का भी विरोध किया गया था। कमेटी की राय थी कि बालिग मताधिकार से दलितों का स्तर स्वतः बढ़ेगा और उनकी राजनैतिक हैसियत भी बढ़ेगी। रिपोर्ट के इस अंश से डॉ० अम्बेदकर उत्तेजित हुए।[1]

उन्होंने सायमन कमीशन के समक्ष दलितों के आरक्षण सम्बन्धी प्रकरण को उठाया। सायमन कमीशन ने भी जवाब में कहा कि नेहरू रिपोर्ट कोई सर्व स्वीकृति दस्तावेज नहीं है। अम्बेदकर साहब ने नेहरू रिपोर्ट की धज्जियाँ उड़ाते हुए कहा कि यह रिपोर्ट उच्च जाति के सामाजिक वर्चस्व को ताकतवर बनाने और ब्राह्मणवादी व्यवस्था को संजीवनी देने के लिए तैयार की गयी है। उन्होंने नेहरू रिपोर्ट द्वारा मुस्लिम बहुल क्षेत्रों में रहने वाले हिन्दुओं को मुस्लिम बहुमत की दया पर जीवन निर्वहन करने के लिए छोड़ने की प्रवृत्ति को देश के भविष्य के लिए खतरनाक बताया। उन्होंने उन क्षेत्रों के अल्पमत हिन्दुओं के लिए भी पृथक् निर्वाचन की माँग की। नेहरू रिपोर्ट में संघीय राज्यों को मुसलमानों को शक्तियाँ दिये जाने का भी उन्होंने खुलकर विरोध किया। नेहरू रिपोर्ट और सायमन कमीशन के बीच कोई समन्वय न होने पर अंग्रेज सरकार ने 1930 में भारतीय जनता की माँग के सन्दर्भ में एक नये संविधान का मसौदा तैयार करने के उद्देश्य से लन्दन में प्रथम गोलमेज सम्मेलन बुलाया। इस सम्मेलन में 89 सदस्य थे जिसमें से 16 ब्रिटेन के तीन मान्यता प्राप्त दलों के प्रतिनिधि थे, 53 भारतीय दल के प्रतिनिधि थे जो विभिन्न दलों और समूहों का प्रतिनिधित्व करते थे, 20 भारतीय राजाओं के प्रतिनिधि थे इसके साथ ही दलित समूहों का प्रतिनिधित्व करने के लिए रावबहादुर श्री निवास और डॉ० भीमराव अम्बेदकर गये हुए थे। उन्होंने सुझाव दिया कि अछूतों को गैर जातीय हिन्दू अथवा प्रोटेस्टेण्ट हिन्दू के रूप में मान्यता दी जाये। उन्होंने स्पष्ट किया कि अस्पृश्यों का हिन्दुओं से अलग अस्तित्व है। वे वस्तुतः गुलाम और दलित की दयनीय हालत में जीवन जी रहे हैं। हिन्दू लोग तो उनके अधिकारों का अपहरण करने के

---

1. नेहरू रिपोर्ट, पृष्ठ 59।

लिए ही उन्हें अपना अंग घोषित करते हैं। वे लीग ऑफ नेशन्स में अस्पृश्यों के सवाल को उठाना चाहते हैं। उन्होंने तीव्र स्वर में भारत में ब्रिटिश राज के तौर-तरीकों की भी निन्दा की। उनका प्रश्न था, ''क्या अंग्रेज साम्राज्यशाही ने छुआछूत को खत्म करने के लिए कोई पग बढ़ाया। ब्रिटिश राज के डेढ़ सौ वर्षों में दलितों के ऊपर होने वाले जोर जुल्म में कोई कमी नहीं आयी है।'' उन्होंने डोमोनियन स्टेट्स दिये जाने के लिए भारतीय जनता के स्वीकृति की शर्त दुहरायी। इस सम्मेलन ने अपने कार्य संचालन को अंजाम देने के लिए कुछ उप समितियाँ गठित कीं। इसमें अल्पसंख्यक उप समिति में डॉ० अम्बेदकर मनोनीत हुए। उन्होंने इस समिति में दलितों को वोट की राजनीति के हिसाब से एक अलग वर्ग के रूप में स्वीकार करने की पैरवी की। उन्होंने कहा, ''जब तक दलितों की माँगें न्यायोचित ढंग से स्वीकार नहीं कर ली जातीं तब तक हम किसी स्वशासन वाले संविधान के पक्ष में अपनी राय नहीं दे सकते।'' उन्होंने दलितों के समान अधिकार और स्वतंत्र रहन-सहन की गारण्टी चाही। दलितों का यथोचित प्रतिनिधित्व धारा सभा, कैबिनेट और सरकारी नौकरियों में माँगा।

इधर महात्मा गांधी और लार्ड इरविन के बीच 1931 में एक तात्कालिक समझौता हुआ। गांधी जी ने तत्काल सविनय अवज्ञा आन्दोलन स्थगित कर कांग्रेस के प्रतिनिधि रूप में इस सम्मेलन में जाने का फैसला किया। उनके साथ कांग्रेस के प्रतिनिधि रूप में श्रीमती सरोजनी नायडू और पं० मदनमोहन मालवीय भी लन्दन गये। सम्मेलन दुबारा 7 सितम्बर, 1931 को हुआ। इस सम्मेलन में अल्पसंख्यक उपसमिति और संघीय ढाँचा उपसमिति के दिये गये सुझावों की समीक्षा करनी थी। डॉ० अम्बेदकर ने दलित वर्गों की ओर से अल्पसंख्यक समिति को एक ज्ञापन दिया जिसमें इन वर्गों के लिए पृथक् मताधिकार की पैरवी की गयी थी तथा धारा सभाओं में उनके विशेष प्रतिनिधित्व का उल्लेख किया गया था, मुसलमानों के मुख्य प्रतिनिधियों, ईसाइयों के एक वर्ग तथा एंग्लोइण्डियन लोगों ने अम्बेदकर के इस ज्ञापन का समर्थन किया। गांधी जी को भड़काने के लिए यह ज्ञापन काफी था।

अगस्त, 1932 में रामसे मैकडोनल्ड ने अल्पसंख्यक प्रतिनिधित्व के लिए एक तात्कालिक योजना की घोषणा कर दी। इसे कम्युनल एवार्ड के नाम से जाना गया। उस समय के प्रांतीय विधान मण्डलों में अल्पसंख्यकों के लिए अलग से सीटें आरक्षित कर दी गयीं और उस समय मौजूद विधान परिषद् के सदस्यों की संख्या बढ़ाकर लगभग दूनी कर दी गयीं। बंगाल और पंजाब में मुसलमानों के पूर्ण बहुमत के बावजूद अल्पसंख्यकों के लिए वहाँ पृथक् निर्वाचन क्षेत्र रखे गये। मुसलमानों को, जिन प्रान्तों में वे अल्पसंख्यक थे वहाँ वरीयता की जगहें दी गयीं तथा पंजाब में वहाँ के अल्पसंख्यक सिख और हिन्दुओं को वरीयता का दर्जा दिया गया। इस एवार्ड में दलित वर्गों को पृथक् मताधिकार देकर प्रथम बार अल्पसंख्यक समुदाय के रूप में स्वीकार किया गया। 20 वर्षों बाद दलितों का आरक्षण स्वतः समाप्त होने का प्रावधान था, लेकिन उनके लिए प्रथम बार चुनाव लड़ने के लिए आरक्षित सीटें निर्धारित की गयीं, किन्तु उन्हें सामान्य सीटों पर भी चुनाव लड़ने के अधिकार दिये गये। देश के इतिहास में पहली बार दलितों को विशेष राजनैतिक अधिकार मिले जिससे वे मातृभूमि की सेवा दृढ़तापूर्वक कर सकें। यह डॉ० अम्बेदकर के अथक श्रम और संघर्ष का सुखकारी परिणाम था। अम्बेदकर के शब्दों में, ''इस एवार्ड से दलितों को दुहरा अधिकार मिला है। प्रथमतः, वे सुनिश्चित सीटों की आरक्षित व्यवस्था में अलग से चुनकर जाएँगे, दूसरे, दो वोट का अधिकार एक आरक्षित सीट के लिए दूसरा अनारक्षित सीट के लिए।'' इस एवार्ड से देश

के दलितों में डॉ० अम्बेदकर का कद काफी ऊँचा हो गया। वे एक इतिहास की उस ऊँचाई पर पहुँचे जहाँ हर कोई जंग जीतने वाला सेनापति पहुँच कर गर्व से अपना मस्तक ऊँचा कर लेता है। उन्होंने कहा, ''पृथक् निर्वाचन के अधिकार की माँग से हम हिन्दू समाज का कोई अहित नहीं करने वाले हैं। हम तो केवल उन सवर्ण हिन्दुओं के ऊपर अपने भाग्य निर्माण की निर्भरता से मुक्ति चाहते हैं। हमारे भाग्यनियंता कुलीन हिन्दू न रहें ऐसी हमारी माँग है।'' कांग्रेस पार्टी इस पृथक् साम्प्रदायिक एवार्ड पर अनिश्चय की स्थिति में थी किन्तु गांधी जी ने इसका कड़ा विरोध किया। उनके अनुसार, ''इस निर्वाचन पद्धति से इस देश का एक-एक गाँव आपस में विभाजित होकर बिखर जायेगा। इसे वे दलितों के हित में भी नहीं मानते थे। वे किसी भी तरह अस्पृश्य समाज को सवर्ण हिन्दू वर्ग से अलग नहीं होने देना चाहते थे। उनकी समझ थी कि पृथक् निर्वाचन से दलित समाज मुख्य समाज की धारा से पृथक् हो जायेगा।'' मार्च, 1932 में गांधी जी ने अंग्रेज सरकार के इस निर्णय के खिलाफ अनशन कर देने की चेतावनी लिख भेजी। अन्ततः उन्होंने सितम्बर, 1932 में यरवदा जेल में आमरण अनशन भी कर दिया जिसके चलते प्रसिद्ध पूना समझौता हुआ इस सम्बन्ध में विस्तृत चर्चा आगे के अध्यायों में की जायेगी। अन्त में इसी समझौते को 1935 के गवर्नमेंट आफ इण्डिया एक्ट में समाहित किया गया।

गवर्नमेंट आफ इण्डिया एक्ट 1935 के अन्तर्गत राज्यों के विधान मण्डलों के चुनाव 1937 में होने थे। इण्डियन नेशनल कांग्रेस उदारवादी लोगों का जमावड़ा था जिसका संगठन और प्रभाव देश के सभी हिस्सों में था। देश के सभी वर्गों तक इनका संगठन पहुँचा था। मुसलमानों का बहुमत मुस्लिम लीग के साथ था। डॉ० अम्बेदकर ऐसा मानते थे कि दलित समुदायों के लिए ऐसा कोई राजनैतिक संगठन नहीं है जो केवल दलित वर्गों की समस्याओं को उठाये और उनकी समस्याओं से जूझे। ऐसे में अपने वर्ग स्वरूप व विचार का प्रतिनिधित्व करने वाली एक राजनैतिक पार्टी होनी चाहिए। अभी तक व्यक्तिगत रूप में ब्रिटिश सरकार के सम्मेलनों और उसके द्वारा नियुक्त आयोगों के समक्ष साक्ष्य देने के लिए वे उपस्थित होते रहे। उनकी गतिविधियों का संचालन स्वयं चेता दलित संगठनों के माध्यम से होता था। इसलिए उन्होंने अगस्त, 1936 में इण्डिपेण्डेण्ट लेबर पार्टी का संगठन खड़ा करने की कोशिश की। चूँकि अभी दलितों में पूरी चेतना नहीं थी इसलिए प्रारम्भ में ही उनका दल इतना शीघ्र राष्ट्रव्यापी नहीं हो सकता था। इसीलिए उनके उक्त संगठन ने मात्र बाम्बे प्रेसीडेंसी में ही चुनाव में भाग लिया। परिगणित जातियों के लिए यहाँ के विधान मण्डल में 15 सीटें आरक्षित थीं उसमें से 13 सीटों पर इनकी पार्टी जीत गयी, साथ-ही-साथ 2 सीटें अनारक्षित क्षेत्रों में भी जीत गयी। वे स्वयं बम्बई नगर की आरक्षित सीट से लड़े, कांग्रेस ने इनके मुकाबले पी० बालू (चमार) जो उस जमाने के प्रसिद्ध क्रिकेट खिलाड़ी थे, को मैदान में उतारा था। कांग्रेस के सारे प्रभाव के बावजूद वहाँ कांग्रेस की करारी हार हुई। यद्यपि कांग्रेस ने घोषणा कर दी थी कि वह 1937 के चुनाव में इसलिए उतरी है कि वह अंग्रेजी कुशासन को अन्दर से तोड़ सके। किन्तु अम्बेदकर साहब पूरी निष्ठा के साथ प्रतिनिधि संस्थाओं को मजबूत बनाने के लिए चुनाव मैदान में उतरे थे। उनकी प्रारम्भिक राय केवल दलित वर्गों की ही एक पार्टी खड़ी करने की थी, किन्तु बाद में उन्होंने सभी वर्गों को एक साथ करने का प्रयास किया। उनकी राय में लेबर का मतलब था कि मुख्यतः श्रमिक वर्गों के हितों के लिए संघर्षरत रहने वाला दल इसलिए श्रमिक दल में दलित वर्ग स्वतः समाहित है।

1931 में कांग्रेस पार्टी ने कराची सम्मेलन में अपने मार्गदर्शन के लिए कुछ सिद्धान्त प्रतिपादित किये थे। कांग्रेस ने भी आम जनता के लिए कुछ बुनियादी सिद्धान्तों की वकालत की थी। डॉ० अम्बेदकर के श्रमिक दल के सिद्धान्तों में इन विचारों को स्थान दिया गया। उन्होंने अपने दल को समाजवादी विचारधारा का ध्वज वाहक दल बनाने की कोशिश की। उनका दल मुख्यत: श्रमिक आन्दोलनों को संगठित करने में अपनी शक्ति लगाता था। वे निजी स्वामित्व के सिद्धान्त के खिलाफ राज्य-आधारित अर्थव्यवस्था के हामी होने लगे। इस तरह सार्वजनिक स्वामित्व का समाजवादी क्रान्तिकारी सिद्धान्त उन्होंने अपनाया लेकिन संसदीय लोकतंत्रवादी सिद्धान्तों को अपना मूल आधार स्वीकार किया।

1937 के चुनावों में देश के 11 राज्यों में से 8 में कांग्रेस पार्टी की सरकारें बनीं। बम्बई प्रेसीडेंसी में डॉ० अम्बेदकर की आई० एल० पी० मुख्य विरोधी दल की भूमिका में थी। उस समय डॉ० अम्बेदकर के बम्बई विधान परिषद् में व्यक्त किये गये उनके सारगर्भित और उत्तेजक विचार सदैव स्मरणीय रहेंगे। उन्होंने, टेनेंसी बिल, एण्टी स्ट्राइक बिल, कोठी बिल पर सरकार की धज्जियाँ उड़ा दीं। उन्होंने वर्धा की शिक्षा स्कीम का पुरजोर विरोध किया और कहा कि यह सवर्ण हिन्दुओं की व्यवस्था की पोषक स्कीम है।

1 सितम्बर, 1939 को द्वितीय विश्व युद्ध प्रारम्भ हो गया था। अंग्रेजी सरकार ने इस युद्ध में भारत के भी साझीदार होने की घोषणा कर दी फिर भारत में नया राजनैतिक तूफान खड़ा हो गया, कांग्रेस पार्टी ने युद्ध में किसी भी तरह से मदद करने से इन्कार कर दिया, किन्तु मुहम्मद अली जिन्ना ने कुछ शर्तों के साथ अंग्रेज सरकार का साथ देने की पहल की। उन्होंने ब्रिटिश सरकार से अपील की कि देश में शांति और सुरक्षा का माहौल बनाने की कोशिश हो। अम्बेदकर की भी राय थी कि अंग्रेजों की इस मजबूरी का किसी को लाभ उठाने की कोशिश नहीं करनी चाहिए। भारत को ब्रिटिश कामन वेल्थ का हिस्सा बनकर रहना चाहिए और इस चुनौती का मुकाबला बराबर के हिस्सेदार की तरह करना चाहिए। कांग्रेस की राय थी कि ब्रिटिश सरकार इस युद्ध को अन्तर्राष्ट्रीय स्तर पर गुलामी के खिलाफ लोकतंत्र की स्थापना का युद्ध घोषित करे और उस घोषणा में इस बात का उल्लेख हो कि पूरे विश्व से तानाशाही खत्म कर लोकशाही आयेगी जिसका लाभ भारत को भी मिलेगा। इस गम्भीर स्थिति से निपटने के लिए वायसराय ने दिल्ली में भारत के सभी पक्षों के नेताओं से परामर्श किया। महात्मा गांधी, मुहम्मद अली जिन्ना, जवाहरलाल नेहरू, सावरकर, सरदार पटेल, राजेन्द्रप्रसाद, सुभाषचन्द्र बोस, अम्बेदकर आदि सभी वायसराय से मिले। सभी दलों के नेताओं ने अपने-अपने दल की राय को ही वायसराय से कहा। कांग्रेस पार्टी ने युद्ध प्रयासों में किसी तरह अंग्रेजों की मदद से इन्कार किया, डॉ० अम्बेदकर ने इस बात की शिकायत की कि पूना समझौते के अनुरूप संविधान काम नहीं कर रहा है। वायसराय ने इस बात की सार्वजनिक घोषणा की कि विश्वयुद्ध समाप्त होते ही ब्रिटिश सरकार संविधान के क्रियान्वयन की फिर से समीक्षा करेगी और उसके बाद इस संविधान में अपेक्षित संशोधन भी किये जायेंगे। किसी भी हालत में अल्पसंख्यकों के हितों की अनदेखी नहीं की जायेगी। ब्रिटिश सरकार कांग्रेस पार्टी के असहयोग नारे से घबरायी हुई थी। उसे हर हालत में लीग और भारतीय श्रमिक दल के सहयोग की जरूरत थी इसलिए जिन्ना अम्बेदकर को लुभाने के लिए सरकार को इस तरह के आश्वासन देने जरूरी थे। उन्होंने युद्ध में सहयोग के लिए सभी दलों की मिली-जुली सलाहकार कमेटी बनाने की भी घोषणा की।

कांग्रेस पार्टी ने वायसराय की इस घोषणा का जोरदार विरोध किया। कांग्रेस की राय में विश्व युद्ध में अंग्रेजी सरकार की किसी प्रकार की मदद से साम्राज्यवादी शक्तियों की ही मदद होगी। इसलिए कांग्रेस पार्टी ने अपनी सभी राज्य सरकारों से तत्काल त्यागपत्र देने का निर्देश किया। डॉ० अम्बेदकर को भी साथ करने के लिए कांग्रेस की ओर से जवाहरलाल नेहरू ने उनसे बात की। गांधी जी ने भी महादेव देसाई को अपने दूत के रूप में बम्बई भेजा। अम्बेदकर ने बम्बई विधानसभा में कांग्रेस के युद्ध सम्बन्धी प्रस्तावों का विरोध किया। वे कांग्रेस के बढ़ते राजनैतिक एकाधिकार के खिलाफ थे। उन्होंने आरोप लगाया कि एकता, समता और स्वतंत्रता के सिद्धान्तों को कांग्रेस द्वारा उल्लंघन किया जा रहा है। प्रशासनिक पदों पर गिनती के लिए भी दलित वर्गों के लोग नहीं हैं। मैं आजादी के संघर्ष के बजाय दलित वर्गों की उन्नति को विशेष महत्त्व देता हूँ। कांग्रेस मंत्रिमण्डल ने पार्टी के आदेश को मानकर नवम्बर, 1939 में त्यागपत्र दे दिया। मुस्लिम लीग ने इसकी खुशी में डेलीवरेन्स डे मनाने की घोषणा की। इस दिवस में अम्बेदकर ने भी अपने को साझीदार बनाया। इन लोगों ने अंग्रेजी सरकार से कांग्रेस मंत्रिमण्डलों द्वारा अपने शासित राज्यों में दमन और लूट के मामलों की जाँच के लिए एक कमीशन नियुक्त करने की माँग की।

1940 में भारत में क्रिप्स मिशन आया था, इस मिशन ने मुस्लिम लीग और कांग्रेस पार्टी को विशेष महत्त्व दिया था। गांधी जी ने अंग्रेजी सरकार के खिलाफ व्यक्तिगत सत्याग्रह प्रारम्भ कर दिया था। ब्रिटिश सरकार भारत में बढ़ रहे राष्ट्रीय आन्दोलनों के प्रभाव से काफी चिन्तित थी, इसी मंशा से उक्त मिशन भारत आया था। इसका उद्देश्य भारत में पैदा हुए गतिरोध को दूर करने का था। मिशन ने दलित वर्गों के प्रति जो रुख अपनाया उससे अम्बेदकर काफी नाराज हुए। उनके अनुसार क्रिप्स के प्रस्तावों से दलित वर्गों का काफी अहित होगा और ब्राह्मणवादी व्यवस्था मजबूत होगी। उनका आग्रह था कि दलितों को अल्पसंख्यक का दर्जा तो दिया गया किन्तु उन्हें वही राजनैतिक प्रशासकीय सुविधाएँ दी जायें जो अल्पसंख्यकों को प्राप्त हैं। उन्होंने बम्बई के गवर्नर से क्रिप्स मिशन के व्यवहार की तीव्र भर्त्सना की। अम्बेदकर के गुस्से को देखते हुए बम्बई के गवर्नर ने वायसराय से संस्तुति की कि अम्बेदकर को इक्जीक्यूटिव कौन्सिल में ले लिया जाये। गवर्नर ने अपनी संस्तुति में अम्बेदकर की आर्थिक कठिनाइयों का भी जिक्र किया था। इसके बाद ही 2 जुलाई, 1942 को वायसराय की एक्जीक्यूटिव कौन्सिल में डॉ० अम्बेदकर 14वें सदस्य के रूप में शामिल किये गये। इसमें से 5 सदस्य यूरोपीय मूल के थे। यह ब्रिटिश भारत का प्रथम अध्याय था कि एक दलित वर्ग के व्यक्ति को वायसराय की इक्जीक्यूटिव में शामिल किया गया। उन्हें दायित्व के रूप में श्रम मंत्रालय दिया गया। डॉ० अम्बेदकर ने दलितों के हाथ में सत्ता की साझेदारी के भाव से ब्रिटिश हुकूमत में श्रम मंत्रालय के प्रभार के साथ एक्जीक्यूटिव की मेम्बरी स्वीकार की। उनके लिए महत्त्व इस बात का नहीं था कि स्वराज मिले, उनकी राय में महत्त्वपूर्ण बात यह है कि स्वराज में स्वशासन किनके हाथों में हो। मजदूरों को मजदूरों के हाथ में सत्ता हस्तान्तरण की तैयारी करनी चाहिए। मजदूरों को अपने कार्य का निष्पादन निष्ठापूर्वक करना चाहिए। लेकिन अपने अधिकारों के लिए लामबन्द होना चाहिए। जब कभी भी मालिक-मजदूर संग्राम होगा वे मजदूरों की ओर होंगे। सभी कमजोर दलित मजदूर स्वीकार करें कि उनके हितों के संवर्द्धन के लिए अम्बेदकर ने वह जगह स्वीकार की है दलितों में यह हीनभाव खत्म हो और वह महसूस कर सकें कि ऊँचे ओहदे उनके लिए भी बने हैं। उन्होंने

1943 में त्रिपक्षीय मजदूर सम्मेलन आयोजित किया। लेबर स्टैंडिंग कमेटी की बैठकें होने लगीं। इसमें इस बात के निर्देश प्रसारित किये गये कि उद्योगों के प्रबन्ध तन्त्र तथा मजदूरों की सम्मिलित कमेटियाँ बनें। इन कमेटियों के माध्यम से ही मजदूरों की समस्याओं और कारखानों की प्रबन्धकीय व्यवस्था का निस्तारण हो।

इस तरह अम्बेदकर के मार्गदर्शन में एक नई औद्योगिक संस्कृति की शुरुआत तथा मजदूरों के हितों की सुरक्षा के अभियान की शुरुआत होती है। अप्रैल, 1944 में उन्होंने एक विधेयक प्रस्तुत किया जिसके अनुसार मजदूरों को वेतन सहित अवकाश देने का प्रावधान किया गया था। उन्होंने अनिवार्य रूप से पंचाट के सिद्धान्त का पालन करने का आग्रह किया, उनकी अध्यक्षता में 1945 में अखिल भारतीय श्रमिक सम्मेलन हुआ। उन्होंने मजदूरों से पूँजीपतियों पर इस बात के लिए भारी दबाव पैदा करने की अपील की कि वे मजदूरों के हित में, उनके स्तर को सुधारने के लिए काम करें। एक तरह से डॉ० अम्बेदकर ने ही भारत में मजदूर आन्दोलनों की आधारशिला रखी। उन्होंने न्यूनतम मजदूरी निर्धारण कानून बनाने पर प्रथम बार जोर दिया। वे हर स्तर पर मजदूरों की समस्याओं के समाधान हेतु संयुक्त कार्यवाही के पक्ष में थे। उनकी राय में कानून की ताकत से ही औद्योगिक शान्ति स्थापित की जा सकती है।

सन् १९४२ में अगस्त क्रांति के रूप में आजादी का बिगुल गांधी जी के नेतृत्व में बजा। गांधी जी ने करो या मरो का नारा दिया। डॉ० अम्बेदकर वायसराय की कौन्सिल के मेम्बर थे। उन्होंने कांग्रेस के इस निर्णायक संघर्ष की कटु आलोचना की। उन्होंने गाँधीजी के नेतृत्व को चुनौती दी। उनकी राय में 1942 का संग्राम बेवक्त का लिया गया एक गैर जिम्मेदाराना कार्य है। उनका दृढ़ मत था यदि विश्व युद्ध में लोकतंत्रवादी शक्तियों की विजय होती है तो भारत की आजादी को कोई रोक नहीं सकता। कांग्रेस ने अम्बेदकर द्वारा कांग्रेस की निन्दा के बारे में कहा, "चूँकि अम्बेदकर वायसराय कौन्सिल के लेबर मेम्बर हैं इसलिए उनकी राय उसके परिहार स्वरूप ऐसी है।" वायसराय कौन्सिल ने अपनी बैठक में अगस्त क्रान्ति को अंग्रेज सरकार के लिए चुनौती माना। मुस्लिम लीग और हिन्दू महासभा की ही तरह अम्बेदकर ने भी अपने को इस आन्दोलन से अलग रखा। इन लोगों की पूरी शक्ति अंग्रेज सरकार को उसके युद्ध तैयारियों में मदद करने में बीती। गांधी जी ने 1945 में 21 दिनों का लम्बा उपवास किया। उनके उपवास के प्रति वायसराय का जो बर्ताव था उसके विरोध में माधव राव, श्री हरि अणे, होमी मोदी और एन० आर० सरकार ने वायसराय कौन्सिल से त्यागपत्र दे दिया, किन्तु डॉ० अम्बेदकर अपने पद पर बने रहे। इस देश की युवा पीढ़ी 1942 के महासंग्राम के साथ थी। उधर नेताजी सुभाषचन्द्र बोस ने आजाद हिन्द फौज का गठन कर लिया। जापानियों की मदद से उन्होंने भी भारत पर आक्रमण कर दिया। देश का सम्पूर्ण जनमानस अंग्रेजी हुकूमत के दमनचक्र के खिलाफ था। गांधी जी और सुभाषचन्द्र बोस के पीछे पूरे देश की इच्छा शक्ति संगठित हो गई थी। ऐसे में डॉ० अम्बेदकर ने उस आन्दोलन का साथ न देकर युवा पीढ़ी से अपने को स्वतः काट लिया। हिन्दू महासभाई, साम्यवादी और मुस्लिम लीग के लोग इस आन्दोलन में शरीक नहीं हुए। डॉ० अम्बेदकर को लोगों का गुस्सा झेलना पड़ा। जब वे लेबर मेम्बर की हैसियत से अहमदाबाद नगरपालिका में गये तो उस गुस्से का उन्हें मुकाबला करना पड़ा। उन्होंने सिर्फ इतना कहकर छुट्टी पा ली कि यदि हम लोग अंग्रेजों का साथ नहीं देते तो जापान और जर्मनी की तानाशाह शक्तियाँ इस देश को रौंद डालतीं।

अगस्त, 1944 में अम्बेदकर ने वायसराय से अपील की कि वे हिन्दू मुस्लिम और दलित वर्गों की समस्याओं का समाधान करने के लिए त्रिपक्षीय वार्ता करायें। इसी तरह का मशविरा उन्होंने गांधी जी को भी दिया, किन्तु 1942 के अगस्त क्रांति में गांधी जी के नेतृत्व में छेड़े गये संग्राम के साथ डॉ० अम्बेदकर ने जो व्यवहार किया था उससे क्षुब्ध होने के कारण कांग्रेस उनके सुझावों पर बहुत गौर करने के लिए तैयार नहीं थी। कांग्रेसी नेतृत्व को लगने लगा था द्वितीय विश्व युद्ध के बाद ब्रिटेन की जो राजनैतिक हालत है उसमें अंग्रेज कांग्रेस के ही हाथ में सत्ता सौंप कर आजादी देने वाले हैं। 1944 में सप्रू कमेटी संविधान का नया मसविदा तैयार करने में व्यस्त थी। डॉ० अम्बेदकर को परिस्थितियों का पूरा आकलन था। वे बार-बार कहते थे, "जो भी दल दलितों की समस्याओं को अपने हाथ में लेगा वे उस दल का पूरा साथ देंगे।" मद्रास म्युनिसिपल कार्पोरेशन में भाषण करते हुए उन्होंने कहा, "केवल संसदीय लोकतांत्रिक सरकार, जो वयस्क मत से चुनी जायेगी उतने से ही हम लोगों की सभी समस्याओं का समाधान नहीं हो जायेगा। असल सवाल यह है क्या दलितों के भी हाथ में राजनैतिक शक्ति आती है या नहीं।" उन्होंने सप्रू कमेटी के साथ सहयोग भी करने से इन्कार कर दिया क्योंकि उनकी राय में उस कमेटी के कुछ सदस्य उनसे खुश नहीं रहते।

अम्बेदकर ने मई, 1945 में बम्बई में दलितों का एक सम्मेलन किया। इस सम्मेलन के माध्यम से नये संविधान के लिए कुछ सूत्र सुझाये गये—

(1) बहुमत का शासन सिद्धान्त में तो स्वीकार्य है लेकिन व्यवहार में न्यायोचित नहीं है।

(2) हिन्दुओं को अपने पूर्ण बहुमत के अभिमान के साथ प्रतिनिधित्व का दावा नहीं करना चाहिए।

(3) उन्हें अल्पमत वर्गों पर अपने बहुमत का एकाधिकारवादी शासन थोपने की कोशिश नहीं करनी चाहिए।

(4) उसी तरह अन्य अल्पसंख्यकों को भी इतना प्रतिनिधित्व न दे दिया जाये कि वे अपने को बहुमत का दावा करने लगे।

(5) बहुमत को चाहिए कि शासन और राजनैतिक शक्ति का हिस्सा अल्पसंख्यक और कमजोर वर्गों को उनकी संख्या के अनुपात में दे दें।

(6) सभी अल्पसंख्यक वर्ग आपसी सहमति से प्रतिनिधि सभाओं में अपने प्रतिनिधित्व का दावा पेश करें।

इस प्रस्ताव के आधार पर उनका सुझाव था—केन्द्रीय धारा सभा में 40 प्रतिशत प्रतिनिधित्व हिन्दुओं (सवर्णों) को दिया जाये, 32 प्रतिशत मुसलमानों को और 20 प्रतिशत परिगणित जातियों व 3 प्रतिशत ईसाई, 4 प्रतिशत सिख तथा एक प्रतिशत एंग्लो इण्डियन को दिया जाये। इसका अर्थ था कि राउण्ड टेबल कान्फ्रेंस के समय आगा खाँ की अध्यक्षता में अल्पसंख्यक वर्गों की बैठक के बाद जो सहमति हुई थी उसी फार्मूले को स्वीकार किया जाये। उन्होंने सम्मिलित भारत की पैरवी की। उनके अनुसार उनकी योजना से मुसलमानों को हिन्दुओं के प्रभुत्व से ज्यादा सुरक्षा मिलेगी। वे अनुसूचित जनजातियों को किसी तरह का प्रतिनिधित्व देने के पक्ष में नहीं थे। उनकी मान्यता थी कि इन वर्गों में कोई चेतना नहीं हो, अर्थात् इन वर्गों के बारे में इनके वही तर्क थे जो दलितों को अधिकार देने के बारे में 1919 में

कांग्रेस नेतृत्व के तर्क थे। वे संविधान निर्मात्री सभा के भी गठन के खिलाफ थे क्योंकि उनकी राय में ऐसा करने से देश में गृह युद्ध छिड़ने का अंदेशा रहेगा।

जून, 1945 में शिम्ला में वायसराय ने संविधान बनाने के सम्बन्ध में सभी पक्षों की जो बैठक बुलाई उसमें अम्बेदकर कौन्सिल का मेम्बर होने के नाते नहीं गये, लेकिन उन्होंने परिगणित जातियों के लिए विषय वस्तु अवश्य तैयार की। वायसराय ने 1946 के नए चुनावों के अनुसार नई सरकार के गठन की घोषणा की तब डॉ० अम्बेदकर ने वायसराय की कौन्सिल से मई 1946 में त्यागपत्र दे दिया क्योंकि शेड्यूल्ड कास्ट फेडरेशन 1946 के चुनावों में बुरी तरह पराजित हो गया। यह विशेष चिन्तन का विषय है कि क्या 1942 के आन्दोलन के साथ डॉ० अम्बेदकर का जो बर्ताव था उसके कारण तो ऐसा नहीं हुआ? यद्यपि इस चुनाव में उन्होंने सभी प्रान्तों का दौरा किया। वे अपनी सभाओं में कहते थे जो कोई भी संविधान उन लोगों की सहमति के बिना तैयार होगा उसे स्वीकार करना उनकी बाध्यता नहीं होगी। वे समान अधिकार चाहते थे, संरक्षण दिये जाने के खिलाफ थे। वे किसी निष्पक्ष अन्तर्राष्ट्रीय ट्रब्यूनल के पंचाट को भी मानने के लिए तैयार थे। कांग्रेस के नेता उनकी भावनाओं का स्वागत करते थे और उसे वांछनीय मानते थे, लेकिन वे लोग उनके तौर-तरीकों के विरोधी थे। इस तरह इस चुनाव के दलित संगठनों और कांग्रेस के बीच दूरी बनी रही, लेकिन डॉ० अम्बेदकर के एक बड़े अध्याय का समापन 1946 में हो गया।

ब्रिटिश संसद ने 15 जुलाई, 1947 को भारत को आजाद करने का विधेयक पास कर दिया। यह निश्चित हो गया कि जवाहरलाल नेहरू खण्डित भारत के प्रधानमंत्री बनेंगे। उन्होंने अगस्त के प्रथम सप्ताह में ही अपने मंत्रिपरिषद के सदस्यों की घोषणा करा दी। 15 अगस्त को भारत की आजादी के साथ ही डॉ० अम्बेदकर प्रथम कानून मंत्री बने। कांग्रेस पार्टी ने 10 वर्षों की गयी भूल का नये सिरे से मार्जन कर लिया। यदि अन्तरिम सरकार (1937) में ही बम्बई में डॉ० अम्बेदकर को कांग्रेस ने सम्मानित कर लिया होता तो शायद 1940-42 के स्वतंत्रता संग्राम में ज्यादा मजबूती दिखाई देती। देश के दलित समाज को भी बहुत पहले राष्ट्र की मुख्य धारा का मेरुदण्ड बना दिया गया होता और शायद भारत माता के एक महान सपूत डॉ० अम्बेदकर जिनके माथे पर यह कलंक लगा कि उन्होंने स्वतंत्रता आन्दोलन का साथ नहीं दिया, इस कलंक से वे बच जाते। देश के संविधान निर्माण की जो प्रक्रिया चल निकली थी उसे डॉ० अम्बेदकर के कारण एक महान् वैचारिक समर्थन मिलता। डॉ० अम्बेदकर की पार्टी ने 1946 के चुनाव में बुरी तरह पराजय का सामना किया, शायद ऐसी बात उनके साथ भी न होती। उन्होंने अंततः कांग्रेस और गांधी जी के प्रति अपने दुराग्रह को पूरी तरह त्याग दिया। ऐसी संधि होने में सरदार बल्लभभाई पटेल का विशेष योगदान था। उनकी पहल पर अम्बेदकर ने संविधान सभा की सदस्यता स्वीकार की। वे बंगाल से जीतकर संविधान सभा में आये। बाद में बंगाल, पाकिस्तान का हिस्सा बन गया इसलिए अम्बेदकर साहब की मेम्बरी भी जाती रही फिर वे बाम्बे कांग्रेस विधान मण्डल द्वारा चुने गये क्योंकि डॉ० एम० आर० जयकर के त्यागपत्र के कारण वह स्थान रिक्त पड़ा था। संविधान निर्मात्री सभा ने उन्हें ड्राफ्टिंग कमेटी का अध्यक्ष बना दिया। कानून मंत्री और मसविदा समिति के अध्यक्ष के रूप में तथा संविधान निर्माण में इनके सहयोग को सदैव सराहा जायेगा।

कानून मंत्री की हैसियत से वे हिन्दू कोडबिल पेश करना चाह रहे थे। हिन्दू विवाह और उत्तराधिकार सम्बन्धी कानून एक जैसे और सम्यक् नहीं थे। इनको संहिताबद्ध करना

जरूरी था। अम्बेदकर के शब्दों में, "व्यावहारिक रूप से एक सिविल संहिता तो है, किन्तु विवाह और उत्तराधिकार के मामलों में अप्रभावी और अपर्याप्त है।" उनकी मान्यता थी कि मुस्लिम पर्सनल कानून पूरे देश के लिए एक जैसा है। 1935 तक सरियत के कानून उत्तर पश्चिमी सीमा प्रान्तों में प्रचलित नहीं थे। उन इलाकों में हिन्दुओं का उत्तराधिकार कानून ही प्रचलन में था। यह तो 1939 में कानून बनाकर उन क्षेत्रों में लागू किया गया।

हिन्दू संहिता में कुछ नयी बातें जोड़ी गयीं—(1) जन्मना अधिकार की समाप्ति, (2) महिलाओं को भी सम्पत्ति पर पूरा अधिकार, (3) पुत्री को भी पिता की सम्पत्ति में एक हिस्सा, (4) तथा तलाक की व्यवस्था। ये सभी प्रावधान नये थे लेकिन धर्म विरोधी नहीं थे। हिन्दू धार्मिक संगठनों ने इसे जबर्दस्त विरोध का मुद्दा बनाया। सभी हिन्दू समुदाय के लिए एक जैसे हिन्दू कानून नहीं थे। इसलिए कानूनों को संहिताबद्ध करने की आवश्यकता थी। अम्बेदकर के शब्दों में, "भारतीय संविधान बन जाने के बाद ऐसा कानून बनाना उसकी आवश्यक परिणति है।" तथा "मौजूदा हिन्दू कानून बेतरतीब और संविधान के कानून के समक्ष समता के अधिकार के विपरीत है इसलिए मूल अधिकारों को अक्षुण्ण बनाये रखने के लिए ऐसे कानून की जरूरत है।" डॉ० अम्बेदकर ने स्पष्ट किया कि 1941 में बी० एन० राऊ की अध्यक्षता में हिन्दू कानूनों को संहिताबद्ध करने के लिए संसद की सेलेक्ट कमेटी ने मसविदा तैयार किया था। इस मसविदे को संसद में प्रस्तावित भी किया गया था किन्तु 1947 में नई संसद सरकार आने के बाद प्रस्तावित संशोधन स्वतः निरस्त हो गये थे। संविधान सभा ने इन कानूनों को संहिताबद्ध करने के लिए अम्बेदकर की अध्यक्षता में एक कमेटी बनाई थी। कमेटी ने काफी विचार के बाद एक मसविदा तैयार किया और अगस्त, 1948 में वांछित संशोधन के साथ सभा के समक्ष प्रस्तुत कर दिया। फिर अन्तरिम संसद में अक्तूबर, 1948 में इस विधेयक के प्रस्तुत करते ही देश के हिन्दू धार्मिक संगठनों ने इसके विरोध में तीव्र आक्रोश व्यक्त किया। पं० जवाहरलाल नेहरू ने इसे पास कराने के लिए प्रतिष्ठा का विषय बना लिया। गृहमंत्री सरदार पटेल अन्ध विश्वासी हिन्दू संगठनों के दबाव में आ गये। वे इस विधेयक के पक्ष में नहीं थे। जवाहरलाल ने त्यागपत्र देने की धमकी दे दी।

मंत्रिमण्डल के भीतर आपसी खींचतान के बावजूद 5 फरवरी, 1951 को अम्बेदकर ने इस विधेयक को संसद में पेश कर दिया। उन्होंने कहा, "हिन्दू संहिता पूरे देश में समान रूप से लागू होगी।" उन्होंने धर्मनिरपेक्षता की वकालत करते हुए कहा, "इसके माने नहीं है कि हम धर्मों का त्याग कर देंगे।" वे इस बिन्दु पर जनमत संग्रह कराये जाने के खिलाफ थे क्योंकि संसद देश की भावनाओं का प्रतिनिधित्व करती है। वह कानून बनाने में सार्वभौम है। संसद में 3 दिनों तक बहस हुई। पूरे देश में हिन्दू संगठन आन्दोलनरत थे। पार्टी के भीतर भी ऊहापोह था। डॉ० राजेन्द्रप्रसाद और सरदार पटेल का कहना था कि देश में प्रथम आम चुनाव निकट हैं, हिन्दुओं के कट्टरपंथी तत्त्वों को इस कानून के शीघ्रता में पास करने से प्रोत्साहन मिलेगा इसलिए कानून पर विचार सितम्बर, 1951 तक के लिए स्थगित हो गया। अम्बेदकर 1952 के चुनाव में इसे मुद्दा बनाकर लड़ने के पक्ष में थे किन्तु नेहरू जी पार्टी के अन्दरूनी दबाव में समक्ष दब गये और उन्होंने कहा कि तलाक और विवाह सम्बन्धी विषय को विधेयक से अलग कर अलग विधेयक के रूप में पेश किया जाये। इस सवाल पर नेहरू और अम्बेदकर में असहमति हो गई। अम्बेदकर का कहना था कि ऐसा करने से विधेयक की मंशा पूरी नहीं होगी। इससे नाखुश होकर उन्होंने सितम्बर 27, 1951 को मंत्रिपरिषद से त्यागपत्र

दे दिया तथा एक प्रेस सम्मेलन में कहा कि नेहरू ने मुझे हर कैबिनेट कमेटी से बाहर किया। उन्होंने मुझे योजना विभाग का मंत्री बनाने के लिए कहा था, लेकिन कानून मंत्री बनाकर सरकार ने अनुसूचित जातियों के सवालों पर कोई रुचि नहीं दिखाई। कश्मीर के भी मामले में हमारे सरकार से विरोध थे। अम्बेदकर ने कश्मीर के बँटवारे का सुझाव रखा था। उनका आग्रह था कि हिन्दू बहुल क्षेत्र भारत को और मुस्लिम बहुल क्षेत्र पाकिस्तान को दे दिया जाये। उनके शब्दों में वैदेशिक नीति दोषपूर्ण है जिसके कारण रक्षा व्यय बढ़ाना पड़ रहा है। सरकार की वैदेशिक नीति के कारण ही दुनिया में दुश्मन बढ़े हैं, दोस्त कम हुए हैं। इस तरह अम्बेदकर के त्यागपत्र से एक दूसरे अध्याय का पटाक्षेप हो गया।

केन्द्रीय मंत्रि परिषद् से अम्बेदकर के त्यागपत्र देने के बाद देश का प्रथम आम चुनाव निकट था। देश की आजादी का श्रेय कांग्रेस ले रही थी। आम जनता में भाव था कि कांग्रेस को महात्मा गांधी जैसे नेता ने बनाया था। जवाहरलाल नेहरू का चमत्कारिक नेतृत्व कांग्रेस के पास था, इसलिए अभी भी पूरे देश में राजनैतिक दल के रूप में कांग्रेस की हैसियत निर्विवाद थी। शिड्यूल्ड कास्ट फेडरेशन की 1946 के चुनाव में बड़ी हार हो चुकी थी। समाजवादियों ने कांग्रेस छोड़कर एक स्वतंत्र राजनैतिक संगठन खड़ा कर लिया था। 1942 की जन क्रान्ति के समय इनके युवा नेताओं का आम लोगों पर प्रभाव था। इस संगठन में वैचारिक व समर्पित नेता थे। महाराष्ट्र स्तर की एक पार्टी पीजेण्ट्स एण्ड वर्कर पार्टी पहले से काम कर रही थी। इस पार्टी की रुझान मार्क्सवादी थी। एस० सी० एफ० के साथियों की राय थी कि अकेले चुनाव के महासंग्राम में हमारा दल नहीं उतर सकता इसलिए पी० एण्ड डब्ल्यू० पार्टी से एक कारगर समझौता कर लेना चाहिए।

डॉ० अम्बेदकर पी० एण्ड डब्ल्यू० पार्टी के वर्ग, चरित्र को पसन्द नहीं करते थे। उनकी मान्यता थी कि यह दल वैचारिक रूप में मार्क्सवादी माले से कम्युनिस्ट पार्टी के साथ उसके रिश्ते अच्छे हो सकते हैं, किन्तु व्यावहारिक रूप में यह दल जातिवादी है। इसका पूरा नेतृत्व मराठाओं के हाथ में है। उसी तरह वे हिन्दू महासभा और जनसंघ को एक साम्प्रदायिक दल मानते थे। उनके पास केवल साम्प्रदायिक विषयों को उठाने के अलावा कोई विषय नहीं है। इसलिए उन्होंने जयप्रकाश नारायण और अशोक मेहता की पहल पर समाजवादी पार्टी के साथ समझौते को स्वीकार कर लिया। उन्होंने दावे के साथ कहा, "कुछ लोगों की कोशिश थी कि हम राजनैतिक स्तर पर भी अस्पृश्य बने रहे। समाजवादियों ने हमसे समझौता करके राजनैतिक तौर पर हमें अछूत होने से बचा लिया।" उन्होंने अपने दल के पहले घोषणा पत्र में सभी को भाषण, लेखन, कर्म और विचरण की पूरी आजादी देने का संकल्प किया। सभी हिन्दुस्तानियों के लिए भ्रातृत्व, एकता और समता का समाज बनाने का वचन दिया। मनुष्य द्वारा मनुष्य की लूट से मुक्ति, वर्ग की वर्गों द्वारा लूट, राष्ट्र का राष्ट्र लूट से मुक्ति दिलाने हेतु नीतियाँ बनाने तथा संसदीय पद्धति को किसी कीमत पर जिन्दा रखने का वचन दिया। अपने घोषणा पत्र में नशाबंदी पूरी तरह लागू करने और बीमा का राष्ट्रीयकरण करने की बात कही गयी। उनकी पार्टी ने फैसला किया कि स्वतंत्र उम्मीदवारों का कतई समर्थन नहीं किया जायेगा। किसी प्रतिक्रियावादी दल जैसे हिन्दू महासभा और राष्ट्रीय स्वयं सेवक संघ के साथ किसी तरह का समझौता नहीं होगा। साम्यवादी पार्टी के साथ कोई सहयोग नहीं होगा, लेकिन पिछड़ी जातियों का प्रतिनिधित्व करने वाले दलों के साथ सहयोग किया जायेगा। उनके दल में दो दलीय सिद्धान्त में आस्था व्यक्त की गयी तथा छोटे-छोटे दलों के परित्याग करने की

बात कहीं गयी। ऐसे दल जिनकी तानाशाही में निष्ठा है तथा जो केवल एकाधिकारवाद के प्रति वचनबद्ध हैं उनसे कोई सरोकार नहीं होगा।

बम्बई नगर के समाजवादी अशोक मेहता और डॉ० अम्बेदकर आरक्षित सीट से एक साथ लड़े। जवाहरलाल नेहरू ने अपने चुनाव अभियान में सपा और एस० सी० एफ० समझौते को अपवित्र गठबंधन की संज्ञा दी। बम्बई में मजदूर संगठनों पर समाजवादियों का विशेष प्रभाव था। दलित वर्गों में डॉ० अम्बेदकर का विशेष प्रभाव था फिर भी दोनों की हार हुई। उस समय के लोगों का आकलन है कि उस पराजय की खास जिम्मेदारी डाक्टर अम्बेदकर के चुनावी भाषणों पर थी। वे पूरे तौर पर कश्मीर के विभाजन के पक्षधर थे। उनका कहना था हमारे जीतने पर कश्मीर का बँटवारा होगा। मुस्लिम बहुल कश्मीर का क्षेत्र पाकिस्तान को सुपुर्द होगा और हिन्दू तथा बौद्ध बहुल कश्मीर भारत का अंग रहेगा। ऐसा भाषण बम्बई का कोई विषय नहीं था चूँकि बँटवारे का घाव तगड़ा था लोग देश के बँटवारे के घाव को अभी भूले नहीं थे तभी कश्मीर के बँटवारे के सवाल को छेड़ना समयोचित नहीं था। उन्होंने बार-बार इस बात पर जोर दिया कि मुसलमानों के लिए पृथक् निर्वाचन का अधिकार देने की कोई जरूरत नहीं है। उनके इन भाषणों से हिन्दू और मुसलमान दोनों ही नाराज होने लगे। अभी उनके दल के पूरे पाँव जमे नहीं थे तभी इस तरह के उत्तेजक भाषणों से सभी वर्गों की नाराजगी ही मिली और सपा, एस० सी० एफ० गठबंधन चुनाव में पराजित हो गया।

फिर मार्च, 1952 में वे राज्य सभा के लिए चुने गये। उन्होंने 1954 के एक उप चुनाव में लोकसभा का दुबारा चुनाव लड़ा लेकिन उसमें भी वह हार गये। वे 1937 से वायसराय एक्जीक्यूटिव कौन्सिल के मेम्बर होने तक बम्बई विधान परिषद् के सदस्य रहे। उधर 1942 से 1947 तक संविधान सभा, अन्तरिम संसद के सदस्य के रूप में उनके संसदीय कौशल की सभी ने सराहना की। राज्य सभा सदस्य के रूप में उन्होंने समय-समय पर जो विचार व्यक्त किये वह संसदीय बहस का स्वर्णिम अध्याय है। उनके संसदीय ज्ञान और अनुभव का लाभ भारत की भावी पीढ़ी सदैव उठाती रहेगी।

डॉ० अम्बेदकर का बौद्ध धर्म के प्रति विशेष आकर्षण था। जब वे 16 वर्ष के थे तभी उन्हें गौतम बुद्ध के जीवन से सम्बन्धित पुस्तक किसी व्यक्ति ने भेंट की। उन्हें अपने जीवन के प्रारम्भिक काल में हिन्दू धर्म के छुआछूत का कटु अनुभव था। उन्होंने जीवन के हर मोड़ पर जाति से उपजी विषमता के अपमान को झेला था इसलिए उनके मन में हिन्दू धर्म के प्रति कठोर भाव पैदा हो गया था। उन्होंने विश्व के सभी धर्मों के मूल तत्वों को बारीकी से पढ़ा और उसकी विवेचना की। उन्हें बौद्ध धर्म में प्रतिपादित ज्ञान, करुणा और समता के सिद्धान्त बहुत ही आकर्षक लगे। 1945 में उन्होंने एक बौद्ध सम्मेलन में हिस्सेदारी की तथा 1946 में सिद्धार्थ के नाम से एक शिक्षण संस्था का प्रारम्भ किया। उन्होंने 1948 में बौद्ध धर्म पर लिखी एक पुस्तक की समीक्षा लिखी। 1950 में उन्होंने दिल्ली के एक बौद्ध सम्मेलन में हिस्सा लिया। दिसम्बर, 1954 में तृतीय विश्व बौद्ध सम्मेलन में भाग लिया। बुद्ध जयन्ती के अवसर पर 1956 में उन्होंने सार्वजनिक रूप से बौद्ध धर्म स्वीकार करने की घोषणा कर दी। उन्होंने अक्टूबर, 1956 में दशहरे के दिन नागपुर में बौद्ध धर्म की विधिवत दीक्षा ग्रहण कर ली।

15, अक्टूबर, 1956 को नागपुर म्युनिसिपल कारपोरेशन ने उनका अभिनन्दन समारोह आयोजित किया। फिर 16 अक्टूबर को वे चाँदा चले गये जहाँ भारी संख्या में लोगों ने बौद्ध

धर्म स्वीकार किया। नवम्बर, 1956 में नेपाल की राजधानी काठमाण्डू में अखिल विश्व बौद्ध सम्मेलन हुआ था जिसका उद्घाटन वहाँ के राजा महेन्द्र ने किया था। अम्बेदकर साहब इस सम्मेलन में पधारे और अपने विद्वतापूर्ण भाषण से सम्मेलन को चमत्कृत कर दिया था। उन्होंने सम्पत्ति सम्बन्धी अवधारणा पर मार्क्स और बुद्ध के विचारों की तुलना की। उनके अनुसार, ''निजी सम्पत्ति के अधिकार को बुद्ध के बताए रास्ते से ही सुगमतापूर्वक समाप्त किया जा सकता है।'' काठमाण्डू सम्मेलन से वापस आकर दिल्ली में उन्होंने दलाईलामा जी के स्वागत में एक समारोह का आयोजन किया। उन्होंने 4 दिसम्बर को राज्य सभा की बैठक में हिस्सा लिया। महाराष्ट्र के प्रमुख नेता आचार्य अत्रे और श्री एस० एम० जोशी को अपनी रिपब्लिकन पार्टी में सम्मिलित होने का निमंत्रण भी भेजा, किन्तु अम्बेदकर साहब डायबिटीज, ब्लड प्रेशर के मरीज थे। अपनी अत्यधिक राजनैतिक व्यस्तताओं के चलते वे अपने खराब स्वास्थ्य की भी देख-रेख नहीं कर पाते थे। अचानक 6 दिसम्बर, 1956 की रात सोते समय वे चिरनिद्रा में विलीन हो गये। उनके मृत शरीर पर माल्यार्पण के लिए पं० जवाहरलाल नेहरू, गृहमंत्री गोविन्द बल्लभ पन्त, श्रम मंत्री बाबू जगजीवन राम आदि सभी पहुँचे। लोक सभा, राज्य सभा सचिवालय व सांसद, नागरिक भारी संख्या में उनके निवास पहुँचे। उनका पार्थिव शरीर विशेष विमान से बम्बई उनके निवास राजगृह पहुँचाया गया। लाखों नर-नारी उनके पार्थिव शरीर के दर्शनार्थ पहुँचे। दादर के श्मशान घाट पर बौद्ध धर्म के रीति-रिवाज से उनका दाह संस्कार हुआ। उनके बहुतेरे शिष्यों को उनकी मृत्यु के पश्चात् उनका पूरा शरीर काला नजर आया। उन लोगों ने उनकी मृत्यु के कारणों की जाँच के लिए एक कमीशन बनाने की माँग की। प्रधानमंत्री नेहरू ने संसद में इन अफवाहों का खण्डन किया और कहा कि उनकी मृत्यु स्वाभाविक ढंग से हृदयगति रुकने से हुई थी।

अम्बेदकर की मृत्यु से एक बहुत बड़े अध्याय का पटाक्षेप हुआ। एक ऐसा पुरुष जिसने हिम्मत और तेजस्विता के साथ इस देश की पीड़ित और दबी मानवता को साहसिक नेतृत्व दिया, जिसके देदीप्यमान विचार, व्यक्तित्व एवं कृतित्व युगों तक दलित मानवता को न्याय दिलाने हेतु त्याग और उत्सर्ग का संदेश देता रहेगा।

संविधान सभा में प्रवेश

24 जनवरी, 1947 को के० एम० मुंशी ने संविधान सभा में एक प्रस्ताव रखा कि सदस्यों की एक सलाहकार समिति बना दी जाये और जो 3 माह में सभा के समक्ष अपनी रिपोर्ट पेश करे और समय-समय पर अंतरिम रिपोर्ट दे।

16 मई, 1946 के कैबिनेट मिशन के वक्तव्य के अनुसरण में सभा ने 72 सदस्यों की सलाहकार समिति बनायी और इसे अधिकार दिया गया कि यह समिति उन्हें भी जोड़ सकती है जो सभा के सदस्य नहीं हैं। इसमें जगजीवन राम और अम्बेदकर दोनों चुने गये।

1 मई, 1947 को सरदार बल्लभभाई पटेल[1] ने सभा के समक्ष मूल अधिकारों की अंतरिम रपट पेश की। मूल अधिकारों का मसविदा तैयार करने की सलाहकार समिति में डॉ० अम्बेदकर भी थे। प्रस्ताव आया ''दबाव अथवा प्रभाव पैदा कर किये गये किसी भी धर्म परिवर्तन को कानूनी मान्यता नहीं होगी। इसमें श्री के० एम० मुंशी ने संशोधन रख दिया कि किसी दवाव में धर्म परिवर्तन अथवा 18 वर्ष से कम उम्र वालों का धर्म परिवर्तन कानूनी तौर पर स्वीकार नहीं होगा। इस पर पक्ष-विपक्ष में काफी तर्क दिये गये। अंत में डॉ० अम्बेदकर ने सलाहकार समिति का पक्ष रखते हुए कहा कि अल्पायु में धर्म परिवर्तन के कानूनी मान्यता पर हम लोगों के पास कोई सहज रास्ता नहीं मिला। माइनर बच्चों में एक तो अभिभावक वाले बच्चे, दूसरे अनाथ बच्चे। तो क्या अनाथ बच्चों का कोई धर्म नहीं होना चाहिए। अभिभावक वाले बच्चे भी दो तरह के हैं। एक वे अभिभावक जिन्होंने धर्म परिवर्तन कर लिया है और अपने बच्चों को भी धर्म परिवर्तन करा दिया है, दूसरे वे अभिभावक जिन्होंने अपने धर्म बदल लिये लेकिन बच्चों के नहीं बदले गये। ऐसी हालत में धर्म परिवर्तित अभिभावक यदि अपने बच्चों का संस्कार अपनी पुरानी धार्मिक मान्यताओं के अनुसार नहीं करते, नये धर्म के अनुसार करते हैं तो क्या ऐसे अभिभावक और उनके वार्ड दण्ड के पात्र समझे जाएँगे। इसलिए सभा में इस गम्भीर पहलू पर विचार करने और मुंशी के संशोधन को स्वीकार करने से पूर्व एक बार और इस धारा को सलाहकार समिति को भेज दिया जाये और वह फिर से इसके सभी पक्षों की राय पर विचार के बाद अपना मन्तव्य सभा को दे। डॉ० अम्बेदकर के सुझावों को मानते हुए सरदार बल्लभभाई पटेल ने अध्यक्ष की अनुमति से सुझाव दिया कि जिन बच्चों के वैधानिक अभिभावक हैं उनकी पूरी जानकारी और सहमति के बिना उनके बच्चों का धर्म परिवर्तन नहीं होना चाहिए। प्रस्ताव को सलाहकार समिति को वापस कर दिया।

सरदार बल्लभभाई पटेल ने प्रस्ताव[2] रखा कि अल्पसंख्यकों को उनकी भाषा, लिपि संस्कृति की सुरक्षा की गारण्टी होगी और कानून इसे भंग नहीं करेगा। किसी भी अल्पसंख्यक को भाषा, धर्म के भेद के आधार पर शिक्षण संस्थानों में दाखिले से रोका नहीं जा सकेगा। किसी भी अल्पसंख्यक को अपने धर्म, भाषा, संस्कृति की रक्षा हेतु, शिक्षा संस्था चलाने का

---

1. संविधान सभा वाइस बुक III 1, 5, 1947, पृष्ठ 480-495।
2. वही, पृष्ठ 497।

अधिकार होगा। राज्य किसी शिक्षण संस्थान को अनुदान देते समय अल्पसंख्यकों की भाषा और धर्म के आधार पर पक्षपात नहीं करेगा।

के० एम० मुंशी और महावीर त्यागी[1] ने इस प्रस्ताव को भी सलाहकार समिति को वापस करने का संशोधन रखा जिसका अम्बेदकर ने कड़ा विरोध किया। उनका कहना था कि अल्पसंख्यकों को उदारतापूर्वक उन्हें अधिकार देने के मामले में पाकिस्तान के संविधान में अल्पसंख्यकों को क्या अधिकार मिलते हैं, इसका इन्तजार न करें। अल्पसंख्यकों के अधिकार पूर्ण होने चाहिए। इसे दूसरे पक्ष के आधार पर नहीं तौलना चाहिए। हमारे अधिकार देने के बाद यदि अपने देश में पाकिस्तान अल्पसंख्यकों को वैसे ही अधिकार नहीं देता तो हम वार्ता द्वारा उनसे कूटनीतिक स्तर पर बात करके सुधार करने का दबाव डाल सकते हैं। हमें अपने विचार से जो न्याय संगत लगे, उसे करना है। उनके सुझाव को मानकर सभा ने अल्पसंख्यकों से संबंधित उक्त सुझाव को स्वीकार कर लिया।

भारत में नागरिकता की धारा[2] को सभा में के० एम० मुंशी ने पेश किया। के० संथानम ने इसमें संशोधन रखा। उसके पक्ष में बोलते हुए अम्बेदकर ने कहा, "प्रत्येक व्यक्ति जो भारत में पैदा हुआ जो भारतीय संघ में निवास कर रहे हैं अथवा भारतीय संघ की प्रजा हैं, सभी भारत के नागरिक हैं।" इस तरह इस धारा में संशोधन करने के लिए इसे सलाहकार समिति में वापस भेजा जाये। इस सुझाव को मानते हुए अध्यक्ष ने आगे विचार के लिए उक्त धारा को रोक लिया।

संविधान सभा में स्वतंत्र चुनाव आयोग गठित करने का अनुच्छेद एन० गोपाल स्वामी अयंगार ने प्रस्तुत किया, इसमें कुछ लोगों ने संशोधन रखे थे। परामर्शदात्री समिति की ओर से बहस का उत्तर देते हुए डॉ० अम्बेदकर ने कहा, "मूल अधिकार सम्बन्धी समिति की राय थी कि चुनाव न तो सही ढंग से हो सकते हैं और न तो अल्पसंख्यकों के अधिकार सुरक्षित रह सकते हैं, जब तक चुनाव का नियंत्रण वर्तमान नौकरशाही के हाथ में रहेगा। कुछ लोगों की उनमें राय थी कि चुनाव नियंत्रण अफसरशाही के हाथ में ही रहे, लेकिन ऐसा होने पर वे लोग हुकूमत में बैठी पार्टी की रुचि के अनुसार चुनाव नियंत्रित करने में अधिकारियों की पोस्टिंग करने लगेंगे। किन्तु मूल अधिकार विषय समिति ने सर्वसम्मत से निर्णय किया कि एक स्वतंत्र अधिकरण की ही देखरेख में चुनाव हो तभी चुनाव स्वतंत्र और निष्पक्ष ढंग से हो सकेगा। राष्ट्रपति द्वारा मनोनीत एक केन्द्रीय आयोग हो जिसकी देखरेख में पूरे देश का चुनाव हो। उसी के अधीन राज्यों और स्थानीय निकायों के चुनावों को देखने के लिए स्थानीय आयोग भी गठित हो। यह विकेन्द्रित हो, मेरी इच्छा केन्द्रीकरण की नहीं है। मेरी मूल भावना है कि आज के राजकीय नियंत्रण से सम्पूर्ण चुनावी प्रक्रिया मुक्त होनी चाहिए।"

14 अगस्त का दिन भारत की संविधान सभा के लिए महत्त्वपूर्ण है। श्रीमती सुचेता कृपलानी के वन्दे मातरम् गायन से सभा की बैठक प्रारम्भ हुई। रात में 10 बजे से बैठक पुनः शुरू हुई। उस दिन रात 12 बजे भारत को आजाद घोषित किया गया। सभा में महात्मा गांधी, पं० जवाहरलाल नेहरू और लार्ड माउण्ट बेटन की जयकार हुई और पुनः सुचेता जी ने 'सारे

---

1. संविधान सभा वाइस बुक III 1, 5, 1947, पृष्ठ 501।
2. वही, पृष्ठ 527।

जहाँ से अच्छा' और 'जन गण मन' का गान किया और बैठक समाप्त हुई। नये वातावरण में 20 अगस्त को भारत की आजादी के प्रथम दिन सभा की बैठक हुई जिसमें भारत की आजादी के कानून को नये संविधान के रूप में पिरोने पर विचार करने हेतु एक कमेटी का गठन किया गया। इस समिति में मावलंकार, हुसैन इमाम, पुरुषोत्तमदास टण्डन, डॉ० अम्बेदकर, अल्लादि कृष्णा स्वामी अइयर, गोपाला स्वामी अयंगार और वी० एल० मित्तर थे। इस कमेटी को अधिकार दिया गया कि गवर्नमेंट आफ इण्डिया एक्ट 1935 में आवश्यक परिवर्तन करे और आजाद भारत के लिए नये संविधान के मसविदे का सुझाव प्रस्तुत करे। इसी कारण प्रायः कहा जाता है कि वर्तमान भारतीय संविधान अपने आप में नया कुछ नहीं है अपितु गवर्नमेंट ऑफ इण्डिया एक्ट 1935 के प्रारूप में तैयार संवैधानिक ढाँचे में ही कुछ परिवर्तन कर तैयार किया हुआ एक दस्तावेज है।

संविधान सभा में दलित वर्गों को संसद में प्रतिनिधित्व देने का प्रस्ताव[1] मूल अधिकार समिति की ओर से सरदार बल्लभभाई पटेल ने रखा था। अनुसूचित जातियों की उनकी आबादी के अनुपात में सीटें सुरक्षित रहेंगी और उनकी स्वयं की बिरादरी के एक निश्चित अनुपात में वोट मिलने की बंदिश समाप्त रहेगी। सरदार बल्लभभाई को उम्मीद थी कि बिना बहस के यह धारा भी स्वीकार होगी। इसमें एस० नागप्पा ने संशोधन प्रस्तुत किया कि अनुसूचित जाति के वे ही उम्मीदवार विजयी घोषित हों जिन्हें अनुसूचित जातियों के पड़े मतों का कम से कम 35% वोट मिला हो। इस संशोधन को प्रस्तुत करने की नोटिस में एस० नागप्पा अकेले नहीं थे। सभा की कार्यवाही पढ़ने से लगता है कि संशोधन डॉ० अम्बेदकर की ओर से दिया गया था किन्तु मूल अधिकार समिति में सरदार बल्लभभाई पटेल के विशेष आग्रह पर अम्बेदकर साहब अपना संशोधन नहीं रखे। नागप्पा ने इस काम को किया। मद्रास से सभा में आई श्रीमती दक्ष्यानी ने नागप्पा के संशोधन के बहाने हरिजनों को आरक्षण दिये जाने अथवा किसी तरह के आरक्षण का विरोध किया जिसका सभा सदस्यों द्वारा प्रबल समर्थन किया गया। अध्यक्ष ने कहा, "इस विषय पर काफी लोगों ने भाषण का समय माँगा है।"[2] सरदार साहब ने कहा, "नागप्पा ने केवल भाषण करने के लिए यह संशोधन रखा है। वे अपना संशोधन वापस ले लेंगे। उन्हें अपने वर्ग को दिखाना था कि वे बिके नहीं हैं। यदि इसे गम्भीरता से लिया जायेगा तो भाव पैदा होगा कि इनकी बातों में कुछ दम है। अतः इस विषय पर बहस न कराई जाये।"[3] इस संशोधन पर सभा में एच० जे० खाण्डेकर ने जो भाषण किया है उससे ज्यादा तथ्य प्रकाश में आया है। उन्होंने कहा है कि इस संशोधन को प्रस्तुत करने में चार सदस्यों का योगदान था जिनमें अम्बेदकर का नाम प्रथम था। राउण्ड टेबल कान्फ्रेंस से और अब तक हम लोग अम्बेदकर को सुने और वे संयुक्त मतदान के नहीं अपितु पृथक् मताधिकार के पक्षधर थे। किन्तु उन्होंने अपने को इस संशोधन से अलग कर संयुक्त मताधिकार की बात स्वीकार कर देशहित में बड़ा काम किया है। सरदार साहब ने बहस का उत्तर देते हुए मुसलमानों के पृथक् मताधिकार की माँग पर उन्हें कड़ी डाँट लगाई। उन्होंने स्वीकार किया कि आज की परिस्थिति में अल्पसंख्यकों की हिफाजत करने में मुझे कितनी तकलीफ उठानी पड़ रही है,

---

1. संविधान सभा वाइस बुक III 1, 5, 1947, पृष्ठ 260, 28-8—1947।
2. वही, पृष्ठ 265।
3. वही, पृष्ठ 266।

साथ ही उन्होंने अनुसूचित जातियों के प्रतिनिधियों से भी अपील करते हुए कहा, "डॉ० अम्बेदकर और उनके ग्रुप ने पिछले दिनों में जो कुछ भी किया उसे भूल जाने की जरूरत है। उन्होंने बम्बई के पृथक् निर्वाचन की याद दिलायी कि उसमें दलितों को इसकी कितनी कीमत चुकानी पड़ी। उनके वर्ग का एक बड़ा आदमी जब भंगी बस्ती में टिकने गया तो महार जाति के ही लोगों ने उन पर पथराव किया। इसलिए उन्होंने अपील की कि अनुसूचित जाति के नेताओं को सभी का विश्वास अर्जित करने की जरूरत है। वे अपनी हीनभावना से मुक्त हों। हम लोगों के बीच में अपने को अछूत न समझें।" सरदार साहब के आह्वान पर नागप्पा ने अपना संशोधन वापस ले लिया।

29 अगस्त, 1947 को डॉ० अम्बेदकर ने संविधान सभा कार्यवाही समिति[1] की ओर से रिपोर्ट प्रस्तुत की। इसके अनुसार संविधान सभा ही, जब तक विधान के अनुसार नई धारा सभा गठित नहीं हो जाती तब तक, कानून निर्मात्री समिति का भी काम करेगी। संविधान बनाते समय संविधान सभा की अलग से बैठकें होंगी और कानून बनाते समय इसकी अलग से बैठकें होंगी। संविधान सभा के अध्यक्ष और कानून सभा के अध्यक्ष एक ही व्यक्ति होंगे। जो मंत्री संविधान सभा के सदस्य नहीं हैं वे भी संविधान बनाने सम्बन्धी कार्यों में मंत्री की हैसियत से सभा की बैठकों में भाग ले सकेंगे। इसी रिपोर्ट के आधार पर नियम बनाकर संविधान सभा ने अपनी आगे की कार्रवाई जारी रखी। इसी दिन पारित प्रस्तावों के आधार पर संविधान का एक मसविदा तैयार कर सभा के समक्ष प्रस्तुत करने के लिए एक ड्राफ्टिंग कमेटी गठित हुई जिसके अध्यक्ष डॉ० अम्बेदकर बनाये गये। उन्हें अध्यक्ष बनाये जाने का सुझाव सरदार बल्लभभाई पटेल ने दिया था। इस मसविदा समिति ने काफी प्रयत्नों के बाद 4 नवम्बर, 48 को सभा के विचारार्थ मसविदा पेश किया।

■

1. संविधान सभा वाइस बुक III 1, 5, 1947, पृष्ठ 310।

संवैधानिक सोच

डॉ० भीमराव अम्बेदकर की उच्च शिक्षा अमेरिका और तदनन्तर ब्रिटेन में हुई। उन्होंने कुछ दिनों के लिए जर्मनी में भी अध्ययन करने की कोशिश की। उनके ऊपर भारतीय सामाजिक ढाँचे का दबाव तो था ही उसी परिप्रेक्ष्य में उन्होंने अमेरिकी समाज को देखा। अमेरिका में विधानत: निग्रो समुदाय के साथ भेदभाव को समाप्त करने के निर्णय ने उन्हें विशेष मानसिक संतोष दिया। वहाँ की आन्तरिक क्रान्ति व गृहयुद्ध के मुद्दों का गम्भीर अध्ययन करने व निज की अनुभूति से उन्होंने भारत के भी दलित समाज के लिए नये रास्तों की खोज कर ली। इंगलिस्तान में वे मूलत: अर्थशास्त्र के उच्च अध्ययन के लिए दुबारा गये थे। भारत में मुद्रा पद्धति के विकास व उसके सुपरिणाम दुष्परिणाम पर उनका जो अमेरिका में लिखा शोध प्रबन्ध था उसे प्रकाशित कराने व उसकी सुयोग्य विद्वानों द्वारा भूमिका लिखाने में विशेष मदद मिली, लेकिन वे विशेष रूप से वहाँ की संसदीय व्यवस्था को निकट से देखे। कानून के समक्ष समता के सिद्धान्त को वे विशेष दिलचस्पी के साथ पढ़े। सदियों से विकसित न्याय प्रणाली को नजदीक से देखने और बैरिस्टरी की पढ़ाई पास करने के बाद वे आधुनिक न्याय व्यवस्था और संवैधानिक व्यवस्था में निष्णात हो गये। इसलिए आजाद भारत के संविधान निर्माण में वे महत्त्वपूर्ण योगदान कर सके। अमेरिका में छिट-पुट रूप से विभाजित राज्यों को जिस रूप में एकाकार किया गया और जिस तरह अपने कठिन संघर्ष से निग्रो समुदाय ने अपने ऊपर होने वाले सामाजिक अन्याय का संवैधानिक व कानूनी हल निकालने में सफलता प्राप्त की उसका विशेष प्रभाव उनके जीवन में दिखलाई पड़ता है।[1]

भारत में आजादी का समय निकट था। स्वतंत्र भारत की व्यवस्था संचालन के लिए संविधान निर्माण हेतु एक सभा का गठन हो चुका था। इस सभा में सभी वर्गों, दलों, सम्प्रदायों और विचारों को प्रतिनिधित्व देने की कोशिश की गई थी। जिन वर्गों का संविधान सभा में प्रतिनिधित्व नहीं था उनके संगठनों द्वारा भावी संविधान के प्रारूप में अपने-अपने पक्ष की बातों का समावेश कराने के लिए ज्ञापन दिये जा रहे थे। अखिल भारतीय अनुसूचित जाति संघ की कार्यसमिति ने संवैधानिक सभा को अपनी माँग प्रस्तुत करने के लिए संविधान का एक प्रारूप बनाने का जिम्मा डॉ० अम्बेदकर को सौंपा। उन्होंने एक मसविदा तैयार कर संविधान सभा के अध्यक्ष डॉ० राजेन्द्रप्रसाद को ज्ञापन के तौर पर दे भी दिया। बाद में वे स्वयं सरदार बल्लभभाई पटेल की पहल पर संविधान सभा की प्रारूप समिति के अध्यक्ष बना दिये गये। सम्पूर्ण सभा द्वारा तैयार किये गये संविधान पर उनके विचारों की एक विशेष छाप दिखाई पड़ती है। उन्होंने अनुसूचित जाति महासंघ की ओर से जो ज्ञापन दिया उसकी बहुत सी बातों

---

1. **''स्टेट्स एण्ड माइनारटीज —ह्वाट आर देयर राइट्स एण्ड हाउ टू सेक्योर देयर इन द कान्स्टीट्यूशन आफ फ्री इण्डिया।''**

का समावेश संविधान में है। इस ज्ञापन में मूलभूत अधिकारों, अल्पसंख्यकों के अधिकारों तथा अनुसूचित जातियों के हितों के सम्बन्ध में अनेक सुरक्षात्मक उपाय सुझाये गये हैं। उन्होंने अनुसूचित जातियों को भी अल्पसंख्यकों की कोटि में रखने की कोशिश की। उनके अनुसार उच्च कुलीन हिन्दुओं के समक्ष सदियों से आत्मसमर्पण के लिए मजबूर अनुसूचित और क्या कहे जा सकते हैं। उनके अनुसार अनुसूचित जातियाँ अल्पसंख्यकों से दो कदम आगे अल्पसंख्यक हैं। अल्पसंख्यकों को दी जाने वाली सुरक्षा की गारण्टी अनुसूचित जातियों के हिसाब से कम पड़ेगी। उनकी सामाजिक, आर्थिक और शैक्षिक स्थिति इतनी भयावह हालत में है कि बहुसंख्यक के आतंक, दमन और भेदभाव के समक्ष विशेष सुरक्षा की गारण्टी अल्पसंख्यकों की तुलना में अधिक देनी होगी। अनुसूचित जातियों को अल्पसंख्यक न मानने वाले व्यक्तियों को चुनौती देते हुए उन्होंने कहा कि हमें सुरक्षा न देने की बात करने वालों की बातों पर दलित वर्ग के लोग ध्यान न दें। हमें मूलभूत अधिकार, अल्पसंख्यकों को मिलने वाली सुरक्षा तथा इससे भी दो कदम आगे बढ़कर विशेष सुरक्षा मिलनी चाहिए।

उनके अनुसार संविधान सभा के सामने देशी रियासतों का प्रकरण व अल्पसंख्यकों की समस्या यह दो गम्भीर सवाल है। उनका दावा था कि उन्होंने देशी रियासतों के मामले में गम्भीर जानकारी रखी है। उनकी आशा थी कि संविधान सभा उन्हें राज्यों के मामले को सुलझाने वाली कमेटी के लिए मनोनीत करेगी इस कार्य के लिए एक विशेषज्ञ की जरूरत है। मैं उन लोगों में हूँ जो और अवांछित है। मुझे संविधान सभा से बाहर रहने का खेद नहीं है, मुझे केवल इस बात का पश्चाताप है कि जिस कमेटी के सामने अपने विचार प्रस्तुत करने की तैयारी कर रहा था उस विशेष अवसर से वंचित रह गया इसलिए संविधान की सुविधा के लिए जो मसविदा हमने तैयार किया है उसको धारावार अनुच्छेदबद्ध कर दिया है। इस तरह के ज्ञापन से संविधान सभा को आसानी होगी। ऐसा वे 15 मार्च, 1947 को अपने द्वारा तैयार संविधान के मसविदे की भूमिका में लिखते हैं। मेरा ऐसा अनुमान है कि इस ज्ञापन के प्रारूप इसमें वर्णित मूलभूत अधिकारों की चर्चा व देशी रियासतों के बारे में व्यक्त विचारों ने सरदार बल्लभभाई पटेल को विशेष रूप से प्रभावित किया होगा। इसीलिए उन्होंने डॉ० अम्बेदकर को ही प्रारूप समिति का अध्यक्ष मनोनीत किये जाने पर बल दिया जो अंततः स्वीकार भी हुआ।

अपने मसविदे में ही डॉ० अम्बेदकर लिखते हैं, ''हम ब्रिटिश भारत के लोग जो अलग-अलग राज्यों, केन्द्र शासित प्रदेशों और देशी रियासतों के प्रजाजन के रूप में विभाजित हैं वे स्वेच्छा से इन इलाकों की सम्पूर्ण संघबद्ध एकता स्थापित करते हैं। हम सभी मिलकर द यूनाइटेड स्टेट्स आफ इण्डिया की एकबद्ध राजनैतिक धारा में सामूहिक रूप से सम्मिलित होकर कानूनी, कार्यकारी व प्रशासकीय धारा को निम्न दिशा में संचालित करेंगे—

(अ) हम सम्पूर्ण यूनाइटेड स्टेट्स आफ इण्डिया में अपने और अपनी समृद्धि के लिए स्वशासन और अच्छे शासन की व्यवस्था करेंगे।

(ब) हम सभी नागरिकों के जीवन, स्वतन्त्रता और सुख समृद्धि की कामना के साथ धर्म की स्वतन्त्रता और वाणी के आजादी की हिफाजत करेंगे।

(स) दबे समाज को विशेष अवसर देकर उनकी सामाजिक, राजनैतिक व आर्थिक गैर बराबरी को समाप्त करेंगे।

(द) सभी नागरिकों को भयमुक्त बनाकर स्वतन्त्रता का आनन्द उठाने का अवसर देंगे।

(य) बाह्य आक्रमण और आन्तरिक अशान्ति के विरुद्ध सुरक्षा की गारण्टी देंगे और इसी मंशा से यूनाइटेड स्टेट्स आफ इण्डिया का संविधान मिल-जुलकर स्थापित करते हैं।

वे भारतीय संघ में कमजोर केन्द्र के हिमायती नहीं थे। वे चाहते थे कि देशी रियासतें भारतीय संघ में विलीन हों, किन्तु अपने अधिकारों के साथ नहीं। भारत की संविधान बनाने वाली सभा द्वारा पारित सभी अनुच्छेदों के पालन की गारण्टी विलीन होने वाले राज्यों में रहे। भारतीय संघ में विलीन होने वाले राज्यों का अपने आकार और आबादी के अनुपात में पुनर्गठन हो। दरम्यानी समय में जो जहाँ के राजा हैं वे भारत सरकार की कड़ी निगरानी में हुकूमत करते रहें, किन्तु हर हालत में ब्रिटिश इण्डिया के राज्य व देशी राजाओं द्वारा शासित भारत के एकमात्र और अविच्छिन्न अंग हैं। एक बार संघ में विलीन होने वाला राज्य हर हालत में संघ का हिस्सा है और उसका फिर से आंशिक विभाजन भी नहीं किया जा सकता। ऐसे समय में जब भारत का विभाजन सम्प्रदाय के आधार पर हो रहा था शेष भारत तीन हिस्सों में बँटा था। इसका एकीकरण आजाद भारत के लिए संविधान बनाने के साथ-साथ एक महान् कार्य था। उस हेतु डॉ० अम्बेदकर ने एक व्यावहारिक और स्थायी समाधान प्रस्तुत करने की कोशिश की। उस समय बहुत से राज्य भारतीय संघ में अपने को विलीन करने के विरुद्ध थे। डॉ० अम्बेदकर चाहते थे कि फिलहाल बिना जोर जबरदस्ती के ऐसे राज्यों से भारतीय संघ में ही विलीनीकरण की हामी भरा ली जाये और समयानुसार इनके प्रभुत्व को समाप्त कर भारतीय ऐक्यबद्ध प्रशासन का इन्हें हिस्सा बनाया जाये और इस हिसाब से वे क्वालिफायड और डिस्क्वालिफायड राज्यों के रूप में बँटवारा कर रहे थे। पहले कोटि में वे राज्य थे जिनमें प्राकृतिक सम्पदा भरपूर थी जो अपने प्रजाजन के लिए अच्छे रहन-सहन की व्यवस्था कर सकते थे जो बाह्य आक्रमण से सुरक्षा एवं आन्तरिक अशान्ति को दबाने की सैन्य शक्ति रखते थे, जो आधुनिक राज्यों की कसौटी पर खरे उतरकर अपने प्रजाजन के लिए सुख-सुविधा इकट्ठा कर सकने की सामर्थ्य रखते थे। दूसरे कोटि में राज्य जो पूरी तौर पर विलीन तो नहीं थे लेकिन भारत के ही हिस्सा थे उनके सम्बन्ध में वे भारतीय संघ को यह अधिकार दिलाना चाहते थे कि इस कोटि के राज्यों के हिस्से को एक किसी परिपक्व प्रशासकीय इकाई में विलीन करने, उसकी सीमा का पुनर्निर्धारण करने और पुनर्व्यवस्थित करने की सम्पूर्ण शक्ति भारतीय संघ में ही निहित हो। उनके अनुसार संघ अपने में, भारत के साथ जिन इलाकों का स्वाभाविक रिश्ता है या जो भारत की सीमा पर बसे हैं उन्हें, किसी भी समय सम्मिलित कर सकते हैं उन शर्तों के अधीन जो परस्पर सहमति से तैयार हों। लेकिन सहमति का बिन्दु भारतीय संविधान द्वारा तैयार मूलभूत भावनाओं से अलग का नहीं होगा।

भारत में पैदा हर नागरिक भारतीय संघ का नागरिक माना जायेगा। भारत में पैदा हर नागरिक को, जो भारतीय संघ का नागरिक होगा, उसे वंश की उच्चता, धर्म अथवा संस्कार के आधार पर इस अधिकार से वंचित नहीं किया जायेगा। जीवन, सम्पत्ति व स्वतन्त्रता का अपहरण कानून की विहित प्रक्रिया को पूरा किये बिना नहीं किया जा सकेगा तथा सभी को कानून की समान सुरक्षा मिलेगी। सभी के समान नागरिक अधिकार होंगे व कानून के समक्ष समता होगी। कोई भी ऐसा नागरिक जो दूसरे नागरिक को सार्वजनिक स्थलों का उपयोग करने में बाधा पहुँचायेगा जैसे सार्वजनिक जलाशयों व कुओं, सड़कें, गली, शैक्षिक संस्थाओं आदि, वह दण्ड का भागी होगा। सभी नागरिकों का सार्वजनिक संस्थाओं, वाहनों पर

समान अधिकार होगा। किसी को उसके धर्म, जाति, लिंग अथवा सामाजिक स्तर के आधार पर कोई पक्षपात नहीं किया जा सकेगा। हर नागरिक को देश के किसी हिस्से में बसने की आजादी होगी। केवल इसी आधार पर कोई राज्य किसी देश के नागरिक को बसने देने से मना कर सकता है यदि वह हैवीचुअल क्रिमिनल है, उस राज्य के साम्प्रदायिक सन्तुलन को बिगाड़ने की मंशा रखता है, व जनता के दया खाते पर स्थायी रूप से निर्भर हो। किसी व्यक्ति को कोई दूसरा धर्म स्वीकार करने अथवा दूसरे धर्म के रीति-रिवाजों को स्वीकार करने के लिए मजबूर नहीं किया जा सकता। 16 वर्षों तक बच्चे की धार्मिक शिक्षा का निर्धारण करने का अधिकार अभिभावकों को होगा। राज्य का कोई अपना धर्म नहीं होगा। देश के समस्त नागरिकों को अपने अधिकारों की सुरक्षा के लिए देश की सर्वोच्च अदालत तक सीधे जाने और उस नागरिक के हितों की रक्षा हेतु सर्वोच्च न्यायालय को हैवियस कार्पस, कोवारण्टो प्राहिविसन मैण्डमस जारी करने का अधिकार होगा। यह अधिकार केवल बाह्य आक्रमण और आन्तरिक अशान्ति के समय ही स्थगित किया जा सकता है। देश की जो भी सम्पत्ति होगी उसका स्वामित्व व संरक्षण राज्य द्वारा ही किया जायेगा। इंश्योरेन्स पर राज्य का स्वामित्व होगा और कृषि राज्य का उद्योग होगा। इस कोटि में आने वाले कृषि फार्मों और उद्योगों को शासन पुनर्वास मुआवजा देकर राज्य के हक में इनका राष्ट्रीयकरण कर सकेगा। बड़े कृषि फार्मों को राज्य गाँव के गरीब लोगों को हस्तान्तरित कर उनसे सहकारिता के आधार पर खेती करायेगा। उक्त जमीन ग्रामीणों को इस रूप में दी जायेगी कि कोई जाति और धर्म के आधार पर नहीं, कोई भूस्वामी नहीं होगा, कोई पट्टाधारी नहीं होगा और कोई भूमिहीन मजदूर नहीं होगा। राज्य कृषि सुधार हेतु खाद, पानी, पशु, औजार आदि व्यवस्था सामूहिक कृषि कार्यों के लिए करेगा और जो व्यक्ति इन शर्तों को तोड़ेगा उसके खिलाफ दण्डात्मक व्यवस्था होगी।

उन्होंने प्रधानमन्त्री का चुनाव सम्पूर्ण संसद द्वारा कराने की सलाह दी एवं अल्पसंख्यक व अनुसूचित जाति के मंत्रियों का चुनाव उनके सदस्यों द्वारा किया जायेगा। इन्हें अपने जाति की संख्या के अनुपात में कार्यपालिका और विधानपालिका में प्रतिनिधित्व दिया जायेगा।

डॉ० भीमराव अम्बेदकर द्वारा प्रस्तुत किया गया मसविदा भारत की विभिन्न समस्याओं का निदान करता है। वे राज्य को ही देश की आर्थिक दशा सुधारने का सम्पूर्ण दायित्व देना चाहते हैं। सम्पत्ति का समान बँटवारा करते हुए, निजी क्षेत्र के लिए दरवाजे बंद करते हुए मुल्क की आर्थिक तरक्की के गठन का सारा जिम्मा राज्य में निहित हो ऐसी उनकी मंशा थी। उक्त संविधान के मसविदे की व्याख्यात्मक टिप्पणी लिखते समय पृष्ठ 31 पर वे स्पष्ट करते हैं कि कृषि का सामूहिक पद्धति से उपयोग करते हुए राज्याधीन खेती और उद्योग एक तरह का राज्याधीन समाजवाद है। राज्य के सहयोग से ही कृषि और उद्योग उत्पादन युक्त हो सकता है। सरकारी क्षेत्र के बीमा अनुबन्धों में ही विशेष सुरक्षा की गारण्टी है। उनका मत था कि भारत के तीव्र आर्थिक विकास के लिए स्टेट सोशलिज्म आवश्यक है। निजी क्षेत्र कृषि में कोई समृद्धि नहीं ला सकते। 6 करोड़ अछूतों को, जो भूमिहीन मजदूर हैं, उनके जीवन में खुशी चकबन्दी और हदबन्दी कानूनों से नहीं आ सकती, केवल सहकारी खेती ही इसका समाधान है।

उनका आग्रह था कि देश की आर्थिक कंगाली बेरोजगारी का कारण है। किसी बेरोजगार व्यक्ति के लिए मूलभूत अधिकारों के क्या मायने हैं? किसी बेरोजगार से पूछा जाये कि उसे किसी काम में जिसमें कुछ वेतन मिलता हो, अवकाश और काम के घण्टे निर्धारित हों, संघ

बनाने व वाणी की आजादी भी हो तो बेकार व्यक्ति तत्काल उस कार्य को स्वीकार कर लेगा। वे स्वयं उत्तर देते हैं कि बेकार व्यक्ति के लिए भोजन चलाने वाली व्यवस्था ज्यादा महत्त्वपूर्ण है। वे संसदीय लोकतंत्र व निजी आजादी के साथ ही राज्याधीन समाजवाद के समर्थक थे। लोकतंत्र की आत्मा एक व्यक्ति एक आस्था में निवास करती है। वे लोकतंत्र के उन सिद्धान्तकारों की वैचारिक खिल्ली उड़ाने से नहीं थके जो केवल मताधिकार और व्यक्तिगत आजादी तथा संवैधानिक संसदीय लोकतंत्र को ले जाना चाहते थे। उनका आरोप था कि इस सिद्धान्त के मानने वालों ने देश की आर्थिक पुनर्रचना का कार्य राज्य के नियंत्रण से बाहर करके लोकतंत्र का नुकसान किया है। भारत जैसे नवोदित राष्ट्रों को इस तरह के संविधानों की हू-ब-हू नकल नहीं करनी चाहिए, अपितु संविधान हमारे भाग्य का निर्णायक है ऐसा मानकर अपना संविधान बनाना चाहिए।

उन्होंने अपने मसविदों में अछूतों की समस्या का व्यापक और स्थायी समाधान प्रस्तुत किया। वे समझते थे कि भारत का बड़ा अछूत समाज चारों तरफ से उच्चवर्णीय घेरे में है जो उन पर निरन्तर अत्याचार और जुर्म करने के बावजूद अपने कुकृत्यों के लिए शर्मिन्दा नहीं होते, ऐसी हालत में दलित समाज अपनी सुरक्षा हेतु राज्य और प्रशासन पर भी अपनी सुरक्षा के लिए भरोसा कर सकता है, लेकिन प्रशासन पर भी सवर्णों का दृष्टिकोण अछूतों के प्रति संवेदनशील नहीं है। वे अछूतों के साथ भेदभाव की नीति अपनाते हैं और उनके मौलिक अधिकारों से वंचित रखते हैं। इस तरह अछूत सवर्ण हिन्दू समाज उच्चवर्गीय अफसरशाही के दुहरी चक्की में पिस रहे हैं। ऐसी हालत में अछूतों के लिए स्वराज्य के क्या मायने हैं? यदि प्रशासन की ही तरह संवेदनाशून्य विधायिका हो जाये तो अछूतों का क्या होगा? स्वच्छन्द प्रशासन, विधायिका से नियंत्रणविहीन अछूतों के प्रति अपने भेदभाव जन्म नीति का ही अनुसरण करता रहेगा। उन्होंने स्वीकार किया कि हू-ब-हू ब्रिटिश कैबिनेट प्रणाली स्वीकार करने से मंत्रिमण्डलीय स्थायित्व तो आयेगा, भारत में जातियों, वर्णों के संघर्षों के कारण विभिन्न वर्गों के हितों हेतु बहुत से दल और गुट खड़े हो जायेंगे। इससे भारत में अस्थिरता का वातावरण रहेगा। उनके अपने व्याख्यात्मक नोट में पृष्ठ—38 पर, जिसमें भारत के भावी परिदृश्य का आकलन किया है वह, आज की राजनैतिक परिस्थिति में परिलक्षित हो रहा है। उन्होंने तभी भविष्यवाणी कर दी थी कि मुख्य दलों द्वारा लायी गयी यह स्थिरता बहुत दिनों तक नहीं रहेगी। किन्तु उन्होंने यह भी याद दिलाया कि बार-बार सरकारों का बदलना कोई अराजकता नहीं है। ज्यों-ज्यों गरीबों में जागरूकता आयेगी वे अपने आर्थिक हितों की सुरक्षा हेतु अलग-अलग किन्तु छोटे-छोटे दलों का गठन करेंगे और यही भारतीय लोकतंत्र में अस्थिरता की जड़ होगी। उन्होंने सम्पूर्ण मसविदे में अछूतों की दुर्दशा का वर्णन किया है। किस तरह भारतीय समाज छुआछूत में विभक्त होकर भारत के कमजोर वर्गों को कृषि करने का भी अधिकार देने को तैयार नहीं है। उसका निदान उन्होंने बताया। पूना पैक्ट से आगे जाकर अछूतों को उनकी आबादी के अनुपात में विधायिका और कार्यपालिका में उन्हें जगह मिले। अफसरशाही से ही अछूत वर्गों को संविधान में वर्णित उनके अधिकार सुरक्षित भाव से मिलेंगे ऐसी उनकी मान्यता थी।

यह मसविदा उनके समग्र वैचारिक चिन्तन की संक्षिप्त, कानूनी और संवैधानिक निचोड़ है। अब हमें आगे यह देखना है कि ड्राफ्टिंग कमेटी के अध्यक्ष के रूप में उन्होंने इन विचारों का किस सीमा तक भारतीय संविधान में समावेश कराया। ■

संविधान निर्माण में अग्रिम भूमिका

4 नवम्बर, 1948 को संविधान सभा में डॉ० अम्बेदकर ने संविधान का मसविदा पेश करते हुए कहा, "संविधान मसविदा समिति सभा के 29 अगस्त, 1947 के प्रस्ताव द्वारा गठित हुई थी। सभा ने विभिन्न कमेटियाँ बनाई थीं। उनकी रिपोर्ट और सभा की बहस को ध्यान में रखकर एक मसविदा तैयार किया गया। इसमें 315 धाराएँ तथा 8 अनुसूचियाँ हैं। दुनिया के किसी भी देश का संविधान आकार में इतना बृहद् नहीं है। जो इसका सांगोपांग अध्ययन नहीं किये हैं उनके लिए इसके विशेष और महत्त्वपूर्ण मुद्दों को समझ पाना कठिन है। इसे जनता की राय जानने के लिए 8 महीने तक परिचालित किया गया और उनके समय-समय पर आये सुझावों का भी समावेश किया गया है। कुछ लोगों ने इसके प्रावधानों की आलोचनाएँ की हैं। इसमें से कुछ आलोचना तो पूरी गैर जानकारी पर आधारित है। इन मसविदों को ठीक परिप्रेक्ष्य में समझा जा सके इसलिए मैं विभिन्न कमेटियों की रिपोर्ट भी सदन के अवलोकनार्थ प्रस्तुत करता हूँ।"

उन्होंने संवैधानिक कानून विशेषज्ञों के दो प्रश्नों[1]—किस पद्धति की सरकार और किस पद्धति का संविधान—का उत्तर देते हुए कहा, "अमेरिकी संविधान की तरह भारत में भी प्रेसीडेण्ट ही सर्वोच्च होगा लेकिन अमेरिकी और भारतीय पद्धति भिन्न होगी, वहाँ प्रेसीडेण्ट सर्वोच्च होता है। हम संसदीय सर्वोच्चता की पद्धति स्वीकार किये हैं।"

राष्ट्रपति पद्धति में कार्यपालक सारी शक्तियाँ राष्ट्रपति में होती हैं, हमारे मसविदों में ब्रिटेन के राजा की स्थिति राष्ट्रपति को दी गई है। यह राष्ट्र का प्रतिनिधित्व तो करता है, लेकिन देश पर शासन नहीं करता। उसके नाम से देश का शासन चलता है। यहाँ मंत्रिपरिषद् के नियंत्रण में कार्यकारी संस्थाएँ होंगी। यूनाइटेड स्टेट्स का राष्ट्रपति अपने मंत्रियों की राय मानने के लिए बाध्य नहीं है, लेकिन हमारे मसविदा में राष्ट्रपति को मंत्रिमण्डल की राय पर चलना है। अमेरिकी राष्ट्रपति किसी मंत्री को कभी भी हटा सकता है लेकिन भारतीय राष्ट्रपति तब तक किसी मंत्री को नहीं हटा सकता जब तक मंत्रिमण्डल संसद में अपना बहुमत रखता है।

अमेरिकी पद्धति कार्यपालिका और विधायिका के बँटवारे पर विकसित है इसीलिए अमेरिका का राष्ट्रपति और उसके मंत्री सीनेट के सदस्य नहीं हो सकते। हमारा मसविदा इस सिद्धान्त को नहीं मानता। हमारे मंत्री संसद के सदस्य ही होंगे। वे सदन की कार्यवाही में भाग लेंगे और वोट भी करेंगे। संसदीय पद्धति में स्थायी और जवाबदेह कार्यपालिका बनायी गयी है। दुर्भाग्य से अभी तक ऐसी कोई पद्धति विकसित नहीं हो पायी है जिसमें स्थायित्व और जवाबदेही समान रूप से परिपक्व हो। आपको ऐसी पद्धति मिलेगी जिसमें स्थायित्व ज्यादा और जवाबदेही कम होगी या ऐसी पद्धति जिसमें जवाबदेही ज्यादा किन्तु स्थायित्व

---

1. कन्स्टीटूएण्ट एसम्बली डिबेट बुक—2, पृष्ठ 31, 4-11-1948।

कम मिलेगा। अमेरिकी और स्विस पद्धति में स्थायित्व अधिक किन्तु जवाबदेही कम है। इसके ठीक विपरीत इसके ब्रिटिश पद्धति जिम्मेदार ज्यादा, स्थायी कम है, क्योंकि अमेरिकी कार्यपालिका गैरसंसदीय है। यदि वह कांग्रेस के बहुमत अथवा अल्पमत पर नहीं टिकी है जबकि ब्रिटिश कार्यपालिका का अस्तित्व संसदीय बहुमत अल्पमत के भरोसे है। अमेरिकी कांग्रेस सरकार को बर्खास्त नहीं कर सकती जबकि संसदीय अल्पमत के कारण ब्रिटेन में सरकार को त्याग पत्र देना होता है। जो लोग आज की स्थिति को देखते हुए राष्ट्रपति प्रणाली की वकालत कर रहे हैं उनके लिए डॉ० अम्बेदकर के इस भाषण को गम्भीरतापूर्वक पढ़ना चाहिए। वे कहते हैं, "गैर संसदीय पद्धति में जवाबदेही समयबद्ध है। अमेरिका में जनता द्वारा चार साल-दो साल बाद सरकार के कामकाज का लेखा-जोखा लिया जाता है जबकि ब्रिटिश संसदीय पद्धति में सरकार का लेखा-जोखा प्रश्नों, प्रस्तावों अविश्वास प्रस्तावों, कार्य स्थगन प्रस्तावों व प्रेसीडेंट के उद्‌बोधन पर हुई बहस द्वारा रोज-रोज लिया जाता है। हम लोगों ने नित्य प्रति जवाबदेह व्यवस्था को ही स्वीकार किया है। हमारे संविधान में ज्यादा स्थायित्व की जगह विशेष जवाबदेही के सिद्धान्त को स्वीकार किया गया है।"

जहाँ तक संविधान के स्वरूप के सिद्धान्त का सवाल है संविधान एकात्मक और संघात्मक होते हैं। प्रथम में केन्द्रीय सत्ता की सर्वोच्चता होती है और अधीनस्थ सर्वोच्चता के साथ अधीनस्थ इकाइयाँ भी सर्वोच्च होती हैं। अर्थात् संघात्मक व्यवस्था में दोहरी पोस्टिंग होती है। हमारे संविधान में संघात्मक व्यवस्था एकात्मक रूप में है...अमेरिका में दोहरी नागरिकता है। राज्यों को भी कुछ विशेष अधिकार प्राप्त हैं। हमने पूरे देश की एक ही नागरिकता स्वीकार की है। उन्होंने कहा, "हमारा संविधान संघात्मक और एकात्मक दोनों है। आपात स्थिति लागू होने पर अथवा राज्यों में विशिष्ट स्थिति आने पर राष्ट्रपति उद्‌घोषणा द्वारा राज्यों की हुकूमत अपने हाथ में ले सकते हैं। किन्तु उसी तरह राज्यों को कुछ विशेष अधिकार मिले हैं जिनमें केन्द्र हस्तक्षेप नहीं कर सकता। इसलिए संवैधानिक व्यवस्था के मामले में हमारा संविधान विश्व का अनोखा व अद्वितीय विधान है। कानून बनाने की शक्ति के मामले में आस्ट्रेलिया के विधान की तरह संसद और राज्यों के विधान मण्डलों के कार्यों का बँटवारा भी है और समवर्ती सूची के विषय तैयार कर दोनों को कानून बनाने के अधिकार दिये गये हैं।

हमारी संघीय व्यवस्था दुनिया में अनूठी इसलिए भी है कि हमने कार्यपालिका, न्यायपालिका व विधायिका के क्षेत्रों का विधिवत बँटवारा किया है। राष्ट्र की एकता के लिए हमने मूलभूत मामलों में समानता दर्शाया है—(1) एक न्यायपालिका, (2) मूलभूत सिविल फौजदारी कानूनों की एकता, (3) एक अखिल भारतीय सिविल सेवा।

जो लोग पूछते हैं कि क्या इस संविधान में विश्व के संविधानों से अनोखी कोई चीज है? उत्तर देते हुए कहा, "सैकड़ों साल पहले केवल एक लिखित संविधान बना था। अनेक देशों ने उसकी नकल पर अपना-अपना लिखित संविधान बनाया। हमने अपने विधान में परिवर्तन की गुंजाइश दी है जिसके अनुसार समय-समय पर पुरानी बातों को छोड़कर समय की आवश्यकतानुसार नयी चीजें अपनायी जा सकती हैं।" उन्होंने गवर्नमेंट आफ इण्डिया एक्ट, 1935 के प्रशासकीय पहलुओं की नकल करने की बात को स्वीकार किया। उन्होंने महान् संविधान-शास्त्रियों का उद्धरण देते हुए कहा कि संविधान के प्रति श्रद्धा और आदर से ही बहुमत का दबदबा और अल्पमत की निराशा में संतुलन कायम हो सकता है। शान्तिपूर्ण ढंग से संवैधानिक लोकतंत्र संवैधानिक नैतिकता से संचालित किया जा सकता है। प्रशासन और

संविधान दोनों का ढाँचा उपयुक्त होना चाहिए। यह सम्भव है कि केवल प्रशासन के स्वरूप को बदलकर संविधान का संचालन रोक सकते हैं और इसे संविधान के ढाँचे के प्रतिकूल खड़ा कर सकते हैं। इसी स्थिति में जनता से संवैधानिक नैतिकता की अपेक्षा होती है। संवैधानिक नैतिकता प्राकृतिक देन नहीं है, इसे विकसित करना होता है। हमारे नागरिकों को इसे सीखना होगा। भारतीय भूभाग में लोकतंत्र महत्त्वपूर्ण आभूषण है क्योंकि यहाँ की मिट्टी मूलत: लोकतंत्र के प्रतिकूल है। इन परिस्थितियों में प्रशासकीय ढाँचे को विधायिका के हवाले करने की जरूरत नहीं, हम लोगों ने इसके भी स्वरूप का समावेश संविधान में कर दिया है।

कहा जाता है कि इस संविधान में प्राचीन भारतीय व्यवस्था को तिलांजलि दे दी गई है। प्राचीन हिन्दू राज संगठनों को नमस्कार कर लिया गया है। पाश्चात्य पद्धति अपना कर गाँव और जिलों के संगठन को त्याग दिया गया है। भारतीय ग्रामीण व्यवस्था के प्रति अनुरागी दया के पात्र न सही पर ग्राम पंचायतें दीर्घजीवी हैं। हमारे देश के इतिहास में इनका योगदान मेटकाफ के शब्दों में, "एक के बाद एक सल्तनतें बर्बाद हुईं। क्रान्ति के बाद क्रान्ति हुई। हिन्दू, पठान, मुगल, मराठा, सिख, अंग्रेज सभी हुकूमत में आये लेकिन गाँव वैसे के वैसे हैं। संकट काल में वे संगठित और किलावाद होते गये। आक्रामक सेना आयी और गयी गाँव के लोग अपनी चहारदीवारी में पशु चराते रहे और शत्रु बिना प्रतिरोध के जाते रहे।" उन्होंने आरोपित किया कि गाँव अपने में ही सिमटे रहे इसलिए वे जिन्दा हैं। मेरी धारणा है कि ग्राम्य व्यवस्था भारत के विनाश की जड़ में है। जो लोग प्रान्तीयता और साम्प्रदायिकता के विरोध में बोलते हैं वे लोग ही ग्राम्य व्यवस्था के चैम्पियन बनकर सामने आते हैं। गाँव क्या हैं? स्थानीयवाद का बड़ा तालाब, अज्ञानता का केन्द्र, अल्पज्ञता तथा साम्प्रदायिकता का केन्द्र? मुझे खुशी है कि संविधान के मसविदे में ग्राम की उपेक्षा करके व्यक्ति को इकाई माना है।

हमारे संविधान की निन्दा इसलिए भी की जाती है कि इसमें अल्पसंख्यकों को सुरक्षा दी गई है। इसमें मसविदा समिति को दोषी नहीं बनाया जा सकता। संविधान सभा जिम्मेदार है। संविधान सभा ने ऐसा करके अच्छा काम किया है। इस देश में अल्पसंख्यक और बहुसंख्यक दोनों ने महत्त्वपूर्ण रोल अदा किया है। बहुसंख्यकों के लिए अल्पसंख्यक के अस्तित्व से इन्कार करना गलत है। उसी तरह अल्पसंख्यकों का बार-बार दबाव उत्पन्न करना भी गलत है। दोनों स्थिति में समाधान निकालना जरूरी है। अल्पसंख्यक के अस्तित्व को स्वीकारते हुए ऐसी परिस्थिति का निर्माण करना जरूरी है कि दोनों एक धरातल पर हो सकें। संविधान सभा ने समाधान ढूँढ़ा है। जिन लोगों के मन में अल्पसंख्यकों के प्रति घृणा है उनसे मैं कहना चाहता हूँ कि अल्संख्यक शक्ति यदि विस्फोटक हुई तो राज्य के ढाँचे को तोड़ सकती है। यूरोप का इतिहास इसका साक्षी है। आयरलैण्ड के बँटवारे के विवाद में जब हम संयुक्त आयरलैण्ड चाहते हैं आप अल्पसंख्यक प्रोटेस्टेण्ट जितनी सुरक्षा चाहते हैं तो हम देने को तैयार हैं। प्रोटेस्टेण्ट ने कहा, "सुरक्षा ले जाओ हम तुम बहुसंख्यकों द्वारा शासित नहीं होना चाहते हैं।" भारत के किसी अल्पसंख्यक ने अभी तक ऐसी बात नहीं कही है। उन्होंने सहर्ष अल्पसंख्यक हुकूमत स्वीकार की है यद्यपि वह राजनैतिक बहुमत नहीं साम्प्रदायिक बहुमत है। यह बहुमत का बुनियादी दायित्व है कि अल्पसंख्यक के प्रति भेदभाव त्यागे। यह बहुसंख्यक के आचरण पर निर्भर है कि अल्पसंख्यक अस्तित्व में रहें या न रहें। जिस दिन बहुसंख्यक अपने से अल्पसंख्यक के प्रति भेदभावपूर्ण व्यवहार को समाप्त कर देंगे, अल्पसंख्यकों के अस्तित्व के आधार समाप्त हो जायेंगे और वे भी विशाल बहुसंख्या में

अस्तित्वहीन हो जाएँगे।

उन्होंने संविधान के मूल अधिकारों की कुछ बंदिशों की शिकायत के जवाब में न्यूयार्क में अपराधों की वृद्धि के समय रोक लगने पर वहाँ के सर्वोच्च न्यायालय के एक निर्णय का उद्धरण दिया, ''यह बुनियादी सिद्धान्त बहुत पहले निर्धारित हुआ था कि संविधान द्वारा प्रदत्त प्रेस की आजादी और अभिव्यक्ति की स्वतन्त्रता के मायने कभी ऐसा नहीं होता कि जब आप चाहें गैर जिम्मेदाराना तरीके से अनियंत्रित बात बोलें और प्रकाशित करें। इस आजादी का दुरुपयोग करने का किसी को अधिकार नहीं है। जो लोग स्वच्छन्द और निर्बाध गति से इसका दुरुपयोग करें उन्हें दण्डित करने से कहीं रोक नहीं है।'' इस तरह अमेरिकी संविधान में प्रदत्त मूल अधिकार निर्बाध नहीं है। उसी तरह की व्यवस्था हम लोगों ने अपने विधान में की है।

उन्होंने नीति निर्देशक तत्त्वों को संविधान में समाविष्ट किये जाने को अद्भुत उदाहरण बताते हुए कहा कि केवल आयरिश संविधान में इस तरह की बात है। उन्होंने इस अन्याय के समावेश का बचाव करते हुए कहा कि इसमें कानूनी बंदिशें भले न हों, लेकिन यह इन्स्ट्रूमेण्ट आफ इन्स्ट्रक्शन है यह विधायिका और कार्यपालिका को इन्स्ट्रक्शन है जिसका स्वागत होना चाहिए। जहाँ कहीं भी सामान्यत: अच्छी सरकार, शान्ति और व्यवस्था धारक सरकार की बात हो वहाँ जरूरी है कि उसके सुचारु रूप से संचालन के लिए एक दिशा-निर्देश भी हो। इसमें लोकतांत्रिक व्यवस्था के अनुरूप एक निर्देश तैयार किया गया है। इन निर्देशों की उपेक्षा नहीं की जा सकती। ऐसा करने पर न्यायपालिका के समक्ष जवाबदेही होगी। वे शक्तियाँ जो संविधान के अनुसार सत्ता में होंगी इन निर्देशों की उपेक्षा करने पर जनता के प्रति जवाबदेही होगी। इसमें केन्द्रीय सरकार और राज्य सरकारों के अधिकारों के बीच एक संतुलन स्थापित किया गया है। इस संविधान के देशी रियासतों और केन्द्र के बीच सम्बन्धों को लेकर होने वाली आलोचना का उत्तर देते हुए उन्होंने कहा, ''हमने इन्हें अपनी सभा बनाने की छूट दी है। वे अपना संविधान बना लें, यद्यपि यह दुर्भाग्यपूर्ण है। इसके लिए मेरे पास कोई बचाव नहीं है।'' यह स्थिति भारत के भविष्य के लिए चुनौती है और खतरनाक है। जब तक राज्यों के अधिकार के मामले में दोहरी व्यवस्था रहेगी यह राज्य के लिए ठीक नहीं है। कभी युद्ध वगैरह की स्थिति में राज्य की हालत खराब हो जायेगी। मौजूदा संविधान में इन देशी रियासतों को अपनी सेना भी रखने के अधिकार दिये गये हैं। इस प्रावधान से तो भारतीय संघ की एकता नष्ट हो सकती है और केन्द्रीय सत्ता ध्वस्त की जा सकती है। ड्राफ्टिंग कमेटी इस स्थिति से प्रसन्न नहीं थी। इस सन्दर्भ में संविधान सभा ही निर्णय करेगी क्योंकि सभा भी इन रियासतों से बात करने के लिए समझौता समिति बना रखी है और बहुत कुछ उनके समझौते पर निर्भर है।

उन्होंने जर्मनी का उदाहरण देते हुए कहा, ''1870 में विस्मार्क ने 25 रियासतों को मिलाया और अब वे एक देश, जाति और एक संविधान में बने। उन्होंने देशी रियासतों से पुरजोर अपील की कि वे भारतीय संघ में मिलकर संघ के राज्य जैसे बन जायें और भारतीय संघ को शक्तिशाली बनायें। वे मेरी अपील पर ध्यान देते हुए अपनी संविधान सभा बनाने के झंझट से मुक्त हों। हम किसी राज्य को संघ से अलग होने का अधिकार नहीं दिये हैं। यद्यपि देश और लोग विभिन्न राज्यों और हिस्सों में बँट रहेंगे। ऐसा प्रशासकीय सुविधा के लिए किया जा रहा है किन्तु देश एक ही संगठित इकाई है। देश के सभी लोग एक ही छतरी में

रहने वाले एक इकाई हैं। इस काम को करने के लिए अमेरिका को गृह युद्ध के दौर से गुजरना पड़ा। हम ड्राफ्टिंग कमेटी की ओर से इस बात को सदा के लिए दफन कर दिये कि इस संघ में विलीन होने वाली कोई इकाई कभी भी अलग नहीं हो सकती।''

डॉ० अम्बेदकर का उक्त भाषण भारत की एकता के लिए उनकी तड़प को दर्शाने के लिए काफी है। बाद में सभी सदस्यों ने डॉ० अम्बेदकर द्वारा प्रस्तुत मसविदे की भूरि-भूरि प्रशंसा की। अन्त में लगभग इसी रूप में इस मसविदे को स्वीकार किया गया केवल स्थानीय निकायों व ग्राम पंचायतों के बारे में जो उनकी दृष्टि थी उसकी लोगों ने निन्दा की, किन्तु उनके प्रबल आलोचकों को भी उनके संवैधानिक ज्ञान तथा मसविदे की कौशलपूर्वक प्रस्तुति को स्वीकार करना पड़ा। डॉ० सन्थानम[1] ने एक संशोधन रखा, ''राज्य गाँव पंचायतों को संगठित करने के लिए कदम उठायेगा और समय-समय पर स्वशासन की दृष्टि से उन्हें शक्ति और अधिकार देगा।'' इसके पक्ष में अनन्त शयनम् अयंगार, सेठ गोविन्ददास, टी प्रकाशक, स्वयं अध्यक्ष डॉ० राजेन्द्रप्रसाद और कार्यवाही से ऐसा लगता है कि एन० जी० रंगा आदि सभी ने गांधी जी को उद्धृत करते हुए इस संशोधन को स्वीकार करने के लिए काफी दबाव पैदा किये तब जाकर डॉ० अम्बेदकर ने बिना किसी टिप्पणी के इस संशोधन को स्वीकार कर लिया। यह घटना संविधान सभा के लिए महत्त्वपूर्ण है। डॉ० अम्बेदकर बहुमत के आगे झुककर अपने विचारों और व्यक्त राय के खिलाफ पंचायती राज व्यवस्था से सम्बन्धित प्रावधान को स्वीकार कर लिये।

इसी तरह संविधान लागू होने के तीन वर्ष के भीतर[2] न्यायपालिका और कार्यपालिका का बँटवारा हो जायेगा इस विषय को उन्होंने नीति निर्देशक तत्त्वों में रखा और कहा कि बहुत समय से कांग्रेस पार्टी ऐसा माँग कर रही थी किन्तु जान-बूझकर ब्रिटिश सरकार कांग्रेस के प्रस्ताव पर अमल नहीं करती थी। हम लोग भी इसे तुरन्त करने की हालत में नहीं हैं। इसलिए नीति निर्देशकों में यह प्रावधान संविधान लागू होने के तीन वर्ष बाद करने की व्यवस्था की गयी।

■

1. कन्स्टीटूएण्ट एसम्बली डिबेट बुक—2, पृष्ठ 520, 22-11-1948।
2. वही, पृष्ठ 582।

संविधान के कतिपय प्रासंगिक प्रावधान

डॉ० अम्बेदकर द्वारा संविधान का मसविदा प्रस्तुत किये जाने के ढंग की तारीफ तो उनके सबसे बड़े आलोचक मौलाना हसरत मोहानी तक ने की। उन्होंने कहा, "डॉ० अम्बेदकर की वैधानिक दक्षता सराहनीय है। यदि वे चाहें तो अपनी तर्कसंगत शैली से दिन को रात और रात को दिन सिद्ध कर सकते हैं।[1] उन्होंने आर्म्स एक्ट को समाप्त कर आम नागरिक को अस्त्र-शस्त्र रखने की छूट देने की माँग की। इसके जवाब में डॉ० अम्बेदकर ने कहा, "अंग्रेजों ने भारतीयों को शस्त्र रखने के अधिकार से इसलिए वंचित नहीं किया था कि इससे कानून व्यवस्था कमजोर होगी बल्कि उनकी सोच थी कि यदि हर हिन्दुस्तानी के पास शस्त्र रखने की छूट होगी तो वह एक दिन संगठित होकर शस्त्र से सरकार का तख्ता पलट देंगे। मैं भी नहीं समझता कि यदि सभी को शस्त्र रखने की छूट मिल गई और लोग सुगमता के साथ इसे बाजार से खरीदने लगे तो राज्य सत्ता को बचाये रखना कठिन होगा। किसी भी व्यक्ति को शस्त्र रखने का अधिकार मिलने से समस्या खड़ी होगी। हम शस्त्र रखने के अधिकार से लोगों को वंचित नहीं कर रहे हैं, अपितु इस अधिकार को व्यवस्थित करना चाहते हैं।" उन्होंने एच० वी० कामथ के इस संशोधन का कि सभी नागरिक के लिए शस्त्र रखना उसका बुनियादी अधिकार है, विरोध करते हुए कहा कि यदि अभ्यस्त अपराधी और अपराधी किस्म की जनजातियों को भी यही अधिकार मिल गया तो राज्य की शक्ति खतरे में पड़ जायेगी। मसविदा समिति के लिए इस तरह का निर्बाध अधिकार देना सम्भव नहीं है। शस्त्र रखना तभी लाजिम है जब व्यक्ति का अस्तित्व खतरे में हो, तब राज्य सभी नागरिकों से अस्त्र रखने और राज्य की रक्षा करने की गुहार कर सकता है।

उन्होंने निजी कानूनों की चर्चा करते हुए हसरत मोहानी की इस बात का उल्लेख किया कि मुसलमानों के निजी कानून खत्म नहीं किये जा सकते। हमारे देश में धर्म का दायरा इतना विस्तृत है कि वह जन्म से मृत्यु तक आदमी को घेरे हुए है। यहाँ कोई चीज ऐसी नहीं है जो धर्म न कही जाये। उनके शब्दों में यदि हम निजी कानूनों की रक्षा करते हैं तो सामाजिक परिवर्तन के मामलों में हमें यथास्थितिवादी बनकर रहना होगा। मैं नहीं समझता कि हमें वैसी स्थिति स्वीकार्य होनी चाहिए। यह कोई असाधारण स्थिति नहीं है कि हम धर्म की सीमा को निर्धारित करें। यह उन्हीं रीति-रिवाजों तक सीमित किया जांय जो मूलत: धार्मिक है। यह आवश्यक नहीं है कि उत्तराधिकार के कानून, स्वामित्व के कानून भी धार्मिक मान्यताओं के आधार पर निर्धारित हों। यूरोप में ईसाइयत है किन्तु उसके मायने यह नहीं है कि यूरोप के विभिन्न भागों अथवा पूरे विश्व के सभी ईसाई एक ही उत्तराधिकार के कानून का पालन करते हों, ऐसी चीज नहीं है। मानव जीवन के सभी पहलू का नियंत्रण केवल धार्मिक तरीके से ठीक नहीं है, ऐसी मेरी धारणा है। धर्म को इतना विस्तृत अधिकार क्षेत्र नहीं दिया

---

1. **कन्स्टीटूएण्ट एसम्बली डिबेट बुक—II, पृष्ठ 758, 2-12-1948।**

जाना चाहिए और इन क्षेत्रों में विधायिका को हस्तक्षेप करने से रोका नहीं जाना चाहिए। हम ऐसी छूट क्यों चाहते हैं? हम अपनी सामाजिक पद्धति में सुधार लाना चाहते हैं। यह पद्धति विषमता, भेदभाव तथा अन्य कुरीतियों से भरी है, जो हमारे मूल अधिकारों से मेल नहीं खाते। इसलिए यह किसी भी व्यक्ति के लिए स्वीकार कर पाना असम्भव है कि निजी कानूनों को राजकीय हस्तक्षेप से ऊपर रखा जाये। राज्य को इन मामलों में भी कानून बनाने का अधिकार होना चाहिए। निजी कानूनों में हस्तक्षेप से राज्य को परहेज नहीं करना चाहिए, हम राज्य को ऐसी शक्ति देना चाहते हैं। किसी को शंका नहीं होनी चाहिए कि राज्य को ऐसी विधायी शक्ति मिलते ही हम मुसलमानों अथवा ईसाइयों के धार्मिक मामलों में दखल देने जा रहे हैं। हम उन मुसलमान प्रतिनिधियों की, जिन्होंने इस विषय में अपने विचार रखे हैं उनकी, कद्र करते हैं कि सार्वभौमिकता पर भी नियंत्रण होना चाहिए। यह असीमित नहीं होनी चाहिए। सार्वभौम शक्ति का उपयोग करते समय विभिन्न समुदायों की भावना का ध्यान रहना चाहिए। सरकार को मुस्लिम भावना को उत्तेजित करने वाला कोई काम नहीं करना चाहिए। न तो उन्हें बागी बनने के लिए मजबूर किया जाना चाहिए। मेरी समझ में ऐसा करने वाली सरकार पागल सरकार है। किन्तु यह वह स्थिति है जो शक्ति के इस्तेमाल से सम्बन्धित है न कि शक्ति अपने आप में।

उन्होंने आदिवासियों के सम्बन्ध में जयपाल सिंह द्वारा उठाये गये प्रश्नों का उत्तर देते हुए कहा कि दो तरह के क्षेत्र हैं—अनुसूचित क्षेत्र और आदिवासी क्षेत्र। आदिवासी क्षेत्र केवल आसाम से सम्बन्धित है और अनुसूचित क्षेत्र आसाम से बाहर देश के विभिन्न क्षेत्रों में फैला हुआ है। आदिवासी आदिम जातियाँ सभी क्षेत्रों में बसती हैं। आदिम जनजातियों के बारे में संसद द्वारा पारित सभी कानून जब तक उन राज्यों के राज्यपाल यह घोषित नहीं करेंगे कि उक्त कानूनों को इन आदिम जनजातियों पर लागू किया जाये तब तक लागू नहीं माने जायेंगे। अनुसूचित क्षेत्रों में संसद के कानून तुरन्त लागू हो जायेंगे यदि राज्यपाल यह आदेश कर दें कि इन परिगणित जनजातियों पर उक्त आदेश लागू न किये जायें। आसाम में बसने वाली परिगणित जनजातियों पर संसद अथवा स्थानीय राज्य विधायिका के पारित कानूनों को वहाँ के राज्यपाल के आदेश के बाद ही उन क्षेत्रों में लागू किया जा सकता है। उन्होंने अछूत और आदिवासी में भेदभाव किया और कहा कि 1935 के एक्ट में अछूतों को कुछ छूट दी गई, अछूत और आदिवासी अलग-अलग हैं। हमने संविधान में अनुसूचित जनजाति शब्द का प्रयोग इसलिए किया है कि हम अनुसूचित जाति और अनुसूचित जनजाति में भेद कर सकें और दोनों को अलग-अलग कुछ अधिकार दे सकें। उन्होंने जयपाल सिंह की इस आशंका से सहमति जाहिर की कि यदि अनुसूचित परिगणित जाति का कोई सदस्य अपने आदिवासी क्षेत्र को छोड़कर देश के किसी अन्य भाग में जाता है तो क्या वह संविधान प्रदत्त अधिकारों को प्राप्त करने का हकदार होगा या नहीं। डॉ० अम्बेदकर ने इसमें एक उपधारा जोड़ने की बात स्वीकार की कि आदिवासी परिगणित जाति का सदस्य अपना संवैधानिक हक भी प्राप्त कर सकें।

प्रधानमंत्री एवं उनके मंत्रिमण्डल की स्थिति की व्याख्या करते हुए 30 दिसम्बर, 1948 को डॉ० अम्बेदकर ने कहा, "सदन को भंग करने के सम्बन्ध में ब्रिटेन के संविधानशास्त्रियों की कोई निश्चित राय नहीं है। राजा या राष्ट्रपति को ज्यों ही विश्वास हो जाये कि सदन जनता की भावनाओं का प्रतिनिधित्व नहीं कर रहा है अथवा उसने जनता के प्रति अपना विश्वास खो दिया है तो वे प्रधानमंत्री की सलाह पर सदन भंग कर सकते हैं। दूसरा मत है कि यदि

राजा को स्वत: विश्वास हो जाता है कि सदन जनता की भावनाओं का प्रतिनिधित्व नहीं कर रहा है तो वह बिना सलाह के भी भंग कर सकते हैं। इसलिए इसमें प्रावधान करके राष्ट्रपति के अधिकार क्षेत्र को बाँधने की जरूरत नहीं है। यह सब उसके विवेक पर ही निर्भर रहना चाहिए।"[1] उन्होंने मि० ताहिर के संशोधन को स्वीकार नहीं किया।

प्रो० के० टी० शाह, जिन्होंने संशोधन रखा था कि प्रधानमंत्री पद नहीं होना चाहिए, प्रत्येक मंत्री जिसकी नियुक्ति राष्ट्रपति करें वह सीधे आकर सदन का विश्वास प्राप्त करें, प्रत्येक मंत्री जो सदन का सदस्य नहीं है मंत्री बनने के छ: महीने के भीतर सदन का सदस्य बने और कोई व्यक्ति जो घूस, भ्रष्टाचार अथवा अपराध में सजा प्राप्त है मंत्री नहीं बनाया जाये। इसका उत्तर देते हुए उन्होंने कहा कि सभी मंत्रियों का सदन में सामूहिक उत्तरदायित्व रहे यह बहुत ही महत्त्वपूर्ण विचार है। इस सिद्धान्त के पालन हेतु कोई विधिक व्यवस्था कठिन है। मसलन मानिए कि कोई मंत्री अपने मंत्रिमण्डल के खिलाफ राय रखता है अथवा ऐसा विचार व्यक्त करता है जो पूरे मंत्रिमण्डल की राय के खिलाफ है तो क्या कोई कानून है जिसके जरिए उक्त मंत्री को हम दण्डित कर सकें कि तुमने संयुक्त दायित्व का हनन किया है? केवल प्रधानमंत्री की ही व्यवस्था ऐसी है जो इस सिद्धान्त के पालन के लिए जरूरी है। मेरे विचार में संयुक्त दायित्व का सिद्धान्त केवल दो तरह से व्यवहार में आ सकता है। प्रथम कोई मंत्री बिना प्रधानमंत्री की सलाह के मंत्री नहीं बनेगा। कोई मंत्री प्रधानमंत्री का विश्वास पाने तक ही मंत्री रह सकेगा। जब मंत्री की सलाह पर मंत्री बनेंगे और उसी की सलाह पर हटा दिए जायेंगे तभी इस सिद्धान्त का हम बखूबी पालन करवा सकते हैं।

जब प्रधानमंत्री का पद नहीं होगा तो सभी मंत्रियों का नियंत्रण राष्ट्रपति के हाथ में होगा। तब उस हालत में राष्ट्रपति के लिए सम्भव होगा कि वह हर मंत्री से अलग-अलग व्यक्तिगत रिश्ते बनायें। ऐसी व्यवस्था में वह पूरी कैबिनेट में व्यावहारिक ढंग से व्यवधान पैदा कर सकता है। ऐसी बातें मात्र कल्पना में ही सही सोची जा सकती हैं। जिन्हें ब्रिटेन के संसदीय इतिहास का ज्ञान है वे जान सकते हैं कि संयुक्त उत्तरदायित्व का सिद्धान्त आने से पूर्व ब्रिटेन में राजा किस तरह कैबिनेट के क्रियाकलापों में विघ्न पैदा करते थे। ब्रिटेन की कैबिनेट और संसद में राजा समर्थक लोग होने लगे। इस स्थिति को वहाँ संयुक्त उत्तरदायित्व के सिद्धान्त के जरिये समाप्त किया गया और इस सिद्धान्त को प्रधानमंत्री के हथियार द्वारा ही प्राप्त किया जा सकता है। इसलिए यह पद मंत्रिपरिषद् के मेहराब की मुख्य ईंट है।

पहले ब्रिटेन में भी पद्धति थी कि जो मंत्री नियुक्त होता था वह अपनी संसदीय सीट से इस्तीफा देकर दुबारा चुनाव लड़ता था। बाद में अंग्रेजों ने भी समझा कि यह झंझट पैदा करने वाली व्यवस्था है और प्रकारान्तर से उन लोगों ने भी इस पद्धति को खत्म कर दिया। जहाँ तक सजायाफ्ता व्यक्ति को मंत्री न बनाने का प्रश्न है, यह प्रशंसनीय सुझाव है और इस पर किसी को आपत्ति नहीं होनी चाहिए। लेकिन क्या सभी चीजों का प्रावधान संविधान में करना जरूरी है। क्या हम प्रधानमंत्री जैसे बड़े पद पर बैठे व्यक्ति से अपेक्षा नहीं रख सकते कि वे वैसा न करें, क्या संसद का विवेक ऐसी नियुक्तियों के विरुद्ध जागृत नहीं होगा। क्या जनता ऐसी अप्रसिद्धदायी चीजों को करने पर सतर्क दृष्टि नहीं रख सकेगी। मेरा ख्याल है यह ऐसी चीज है जिसे प्रधानमंत्री की सद्बुद्धि पर छोड़ देना चाहिए। संसद को सद्विवेक पर छोड़ना चाहिए

---

1. कन्स्टीटूएण्ट एसम्बली डिबेट बुक—II, पृष्ठ 1158।

और जनता को ऐसे प्रकरण में सचेत दृष्टिकोण अपनाना चाहिए।

जहाँ तक मंत्रियों के अपने पद से हटने का प्रश्न है उन्होंने साफ कहा कि जब संसद में बहुमत न रह जाय तो मंत्री अथवा मंत्रिमण्डल को हटना होगा। दूसरे, राष्ट्रपति के प्रसाद पर्यन्त का अर्थ है कि सरकार का कृत्य पवित्र नहीं है।[1] राष्ट्रपति किसी भी मंत्री से गलत प्रशासन, भ्रष्टाचार, रिश्वत के मामले में त्यागपत्र माँग सकता है चाहे उसे सदन का विश्वास प्राप्त ही क्यों न हो। किसी भी मंत्री का कार्यकाल दो बंधनों के साथ है प्रथम शासन की पवित्रता, दूसरे सदन का बहुमत। इसलिए उन्होंने करीमुद्दीन व मिसेज़ पाकर के संशोधनों को स्वीकार नहीं किया। प्रो० के० सी० शाह ने एक सीमित शैक्षिक योग्यता वाले व्यक्ति को ही मंत्री बनाये जाने का सुझाव दिया था। महावीर त्यागी ने इस संशोधन के विरोध में राय व्यक्त की थी। डॉ० अम्बेदकर ने कहा कि मुझे खुद भी आश्चर्य है कि प्रधानमंत्री या राष्ट्रपति किसी अयोग्य व्यक्ति को मंत्री बनायेंगे। क्या कोई प्रधानमंत्री ऐसी नासमझी कर सकेगा कि बिना उपयुक्त शैक्षिक योग्यता के किसी के जिम्मे मंत्रालय का भार सौंप दे। इसे संविधान में लिखने की जरूरत नहीं है। उन्होंने राय व्यक्त की कि मंत्री होने के साथ ही प्रत्येक मंत्री अपनी सम्पत्ति का विवरण प्रस्तुत करे, साथ ही हटने पर अपनी वास्तविक सम्पत्ति का विवरण प्रस्तुत करे। यदि उसकी सम्पत्ति मंत्री बनने के बाद आमदनी की तुलना से बहुत अधिक है तो उसके लिए दण्ड का भी प्रावधान हो।

करीमुद्दीन के इस संशोधन का कि चुनाव पद्धति सीधे वोट देने की नहीं अपितु एकल संक्रमणीय मतदान पद्धति होनी चाहिए। उत्तर देते हुए बाबा साहब ने कहा कि हमारे देश में साक्षरता न्यूनतम है।[2] इस पद्धति को स्वीकार करने में कम-से-कम मतदाता साधारण अक्षर अंक ज्ञान रखने वाले हों। फिर हमारे देश के संविधान का जो स्वरूप है उसमें यह पद्धति अनुकूल नहीं है। संसदीय पद्धति में आवश्यक नहीं कि सरकार निर्धारित अवधि 5 वर्ष तक शासन में रहे। वह तभी तक रह सकती है जब तक संसद में उसका बहुमत है। एकल संक्रमणीय पद्धति में छोटे-छोटे ग्रुपों का प्रतिनिधित्व होगा और संसद में बहुमत वाली पार्टी का आना कठिन होगा। ब्रिटेन में इस पद्धति के परीक्षण के लिए 1910 में एक रायल कमीशन बना। जिसके माध्यम से कहा गया कि सिंगल वोट पद्धति अथवा एकल संक्रमणीय पद्धति मानी जाये। संसद ने कमीशन की राय को स्वीकार नहीं किया। क्योंकि संसद ने कहा कि इस पद्धति को स्वीकार करने से स्थायी सरकार का स्थापित होना कठिन होगा। इसलिए वे लोग एक वोट एक प्रतिनिधि सिद्धान्त को माने। कभी कोई छोटा ग्रुप नाराज होगा, सरकार से अपना समर्थन वापस लेगा इस तरह अस्थिरता आयेगी। भावी सरकारों को स्थायित्व देने तथा कानून व्यवस्था दुरुस्त रखने पर बल देना होगा। इसलिए हम ऐसा कोई संशोधन नहीं स्वीकार कर सकते जो इन दोनों कसौटियों पर खरी न उतरे।

इस देश में लम्बे समय से समाज बहुमत और अल्पमत में विभाजित है। हम उस बहस में नहीं पड़ेंगे कि यह बँटवारा स्वाभाविक था या बनावटी। किन्तु कुछ ऐसी चीज थी जो जान-बूझकर, योजनाबद्ध तरीके से इस समाज पर लादी गयी जिससे देश की तरक्की बाधित हुई। जब संविधान बनाने की बात निश्चित हुई तो सभी बहुमत अल्पमत लोगों ने मिलकर

---

1. कन्स्टीटूएण्ट एसम्बली डिबेट बुक— II, पृष्ठ 1186, 31-12-1948।
2. वही, पृष्ठ 1260, 4-1-1949।

एक बात तय की कि सभी वर्गों का संसद में प्रतिनिधित्व रहे। इस फैसले से पहले अल्पमत वर्ग के लोगों ने पृथक् निर्वाचन पद्धति को स्वीकार किया था। उन्होंने अपने को इस विचार से पृथक् रखने का फैसला किया। बहुमत वर्ग जो पृथक् निर्वाचन के अधिकार देने के खिलाफ था उसने भी अपने दुराग्रह को छोड़ अल्पवर्ग को आरक्षित सीटें देकर उन वर्गों को प्रतिनिधित्व देने पर सहमत हुआ। इसमें संयुक्त मतदान पद्धति मानी गयी, इसमें दो बातें हैं। विभिन्न अल्प वर्गों को एक निश्चित कोटा दिया गया है और यह कोटा संयुक्त मतदान से पूरा होगा। कोई भी अल्पसंख्यक वर्ग इस समझौते से अपने को अलग कर सकता है और पृथक् निर्वाचन की माँग कर सकता है किन्तु मैं ऐसा समझता हूँ कि अल्पसंख्यक वर्गों के लिए यह उचित और उपयुक्त होगा कि वे उसी समाधान को स्वीकार करें जो संविधान सभा ने उन्हें दिया है। इस पर पं० ठाकुरदास भार्गव ने कहा कि ऐसी कोई सहमति नहीं बनी थी अपितु इस अनुच्छेद में उन वर्गों के कई प्रतिनिधियों ने संशोधन रखे थे जिन्हें मतदान से गिरा दिया गया। इस पर अम्बेदकर ने कहा, "मैं नहीं कहता कि इस अधिकार को ताकत से नहीं सहमति से समाप्त किया जा सकता है। मेरी मान्यता है कि जो कुछ भी अल्पसंख्यकों को सहमति से अधिकार प्रदान किया गया है वह एकल संक्रमणीय मत पद्धति से चोर दरवाजे से वापस ले लिया जायेगा। इससे अल्पसंख्यकों को वह प्रतिनिधित्व नहीं मिल सकेगा जो वह चाहते हैं। उनका तो निश्चित कोटा निर्धारित हो गया है। प्रोपोसनल रिप्रेजेण्टेशन में बह खत्म हो जायेगा, इस पद्धति से उन्हें चुनाव में एक आवाज मिलेगी। अल्पसंख्यकों को सदन में यदि प्रतिनिधित्व चाहिए तो इसी पद्धति को स्वीकार करना चाहिए। इस तरह यह संशोधन "In accordance with the system of proportional representation with multi member Constituency by means of cummulative vote." मतदान से गिर गया।

डॉ० अम्बेदकर ने संसद के सदस्यों के बारे में कहा कि कोई सदस्य संसद के लिए चुन लिया गया[1] इतने ही से संसद सदस्य नहीं मान लिया जायेगा। इसके अलावा कुछ अवस्थाएँ हैं जिन्हें उसे पूरा करना होगा। उसे शपथ लेना होगा। जब तक वह शपथ न ले वह सदस्य नहीं माना जायेगा और शपथ लिये बिना वह अध्यक्ष का चुनाव नहीं कर सकता। पहले चुनाव, फिर शपथ, फिर सदस्य, फिर स्पीकर का चुनाव। इसलिए स्पीकर के चुनाव से पूर्व शपथ ग्रहण होना चाहिए।

इसलिए प्रश्न है कि शपथ ग्रहण किसके समक्ष हो, जो निश्चित तौर पर स्पीकर के अलावा कोई होगा। तो यह शक्ति राष्ट्रपति में होनी चाहिए अथवा वह अपनी शक्ति किसी व्यक्ति को देकर शपथ दिलाने के लिए अधिकृत करे। यह शक्ति स्पीकर में निहित नहीं होगी क्योंकि तब तक स्पीकर का चुनाव हुआ ही नहीं रहता।

जहाँ तक संसद के गठन का प्रश्न है उसमें स्पीकर का कोई दखल नहीं है। स्पीकर संसदीय गतिविधियों का इंचार्ज हो जाता है जब संसद गठित हो जाये। जब तक शपथ ग्रहण न हो जाये संसद गठित नहीं मानी जायेगी। इसलिए शपथ ग्रहण संसद के संगठन के लिए आवश्यक है।

राष्ट्रपति के विधायी अधिकार सम्बन्धी प्रकरण पर चर्चा में डॉ० अम्बेदकर ने कहा, "राष्ट्रपति को कानून बनाने सम्बन्धी स्वतन्त्र अधिकार नहीं है। गवर्नर जनरल जब संसद सत्र

---

1. सी० ए० डी० बुक 3, पृष्ठ 131, 19-7-1949।

में होते थे तब भी अध्यादेश जारी किया करते थे। उनकी संसद के अलावा विधान निर्माण की स्वतन्त्र सत्ता थी, जब संसद सत्र में न हो तो राष्ट्रपति अध्यादेश जारी कर सकते हैं। उनका अपना कानून निर्माण में कोई स्वतंत्र अधिकार नहीं है।''

न्यायपालिका के बारे में उन्होंने कहा[1], ''हमारी न्यायपालिका न केवल कार्यपालिका से स्वतन्त्र होनी चाहिए अपितु, अपने आप में दक्ष और सक्षम होनी चाहिए। दो रास्ते हैं जिससे अन्य देशों में न्यायपालिका शासित होती है। ग्रेट ब्रिटेन में राजा बिना किसी रुकावट के न्यायाधीशों की नियुक्ति करते हैं। संयुक्त राज्य अमेरिका में विपरीत पद्धति है। न्यायाधीश और उसके सभी पदाधिकारी सीनेट द्वारा अनुमोदित होने पर नियुक्त किये जाते हैं। हम आज जिन परिस्थितियों में रह रहे हैं यहाँ अमेरिका की तरह अभी जिम्मेदारी का भाव उस सीमा तक जाग्रत नहीं हुआ है। इसलिए यदि हम न्यायाधीशों की नियुक्ति का जिम्मा केवल राष्ट्रपति पर छोड़ दें तो यह स्थिति खतरनाक साबित हो सकती है। इसे कार्यपालिका या बिना किसी सीमा अथवा बन्धन के छोड़ देना उचित नहीं होगा। उसी तरह कार्यपालिका द्वारा हर नियुक्ति का अनुमोदन संसद द्वारा कराना भी उचित नहीं होगा। इससे नियुक्तियाँ राजनैतिक दबाव में राजनैतिक आधार पर होने लगेंगी वह भी उचित पद्धति नहीं है इसलिए हमने मध्यमार्ग अपनाया है। यह न्यायाधीशों की नियुक्ति में राष्ट्रपति को पूर्ण अधिकार नहीं देती। यह संसद के प्रभाव को भी नहीं स्वीकार करती। इस सन्दर्भ में विभिन्न तत्त्वों से परामर्श के बाद ही नियुक्ति हो सकेगी।

मुख्य न्यायाधीश की निष्पक्षता और व्यक्ति के बारे में उनके निर्णय की गम्भीरता का योगदान होगा। निश्चित ही मुख्य न्यायाधीश सर्वश्रेष्ठ योग्य व्यक्ति होगा लेकिन हम लोगों की तरह उसकी भी भावनाएँ हैं, उसके भी पूर्वग्रह हैं इसलिए यदि मुख्य न्यायाधीश को ही यह अधिकार दे दिया जाय कि कार्यपालिका की ओर से जो भी नाम प्रस्तावित हों उन्हें वीटो करता रहे तो मामला पेचीदा हो जायेगा और यह स्थिति भी बहुत उत्तम नहीं होगी। यह भी खतरनाक ही होगा, इसलिए इस प्रावधान को इसी रूप में स्वीकार किया जाय।

उन्होंने राज्यपाल के सम्बन्ध में कहा, ''यद्यपि राज्यपाल केवल संवैधानिक प्रमुख है[2] लेकिन उसे अपने कृत्य के साथ दायित्व का भी निर्वाह करना होता है। मेरे अनुसार उसके दायित्व दो हिस्से में विभाजित होने चाहिए। वह मंत्रिमण्डल को सत्ता में रखे। क्योंकि मंत्रिमण्डल उसके प्रसाद पर्यन्त रहेगा। उसे देखना है वह कब तक और ऐसे मंत्रिपरिषद् को अपने प्रसाद पर आधारित रखे और कब अपनी कृपा का मंत्रिमण्डल के विरुद्ध उपयोग करे। दूसरा दायित्व है कि उसे मंत्रिमण्डल को सलाह देनी चाहिए, चेतावनी देनी चाहिए, मंत्रिमण्डल को विकल्प बताने चाहिए तथा पुनर्विचार को भी कहना चाहिए। राज्यपाल को यह सब करना चाहिए अन्यथा वह पूर्णरूपेण एक अनावश्यक संस्था बनकर रह जायेगा। किसी भी हालत में अच्छा नहीं रहेगा। वह एक दल विशेष का प्रतिनिधि नहीं है वह राज्य की सम्पूर्ण जनता का प्रतिनिधित्व करता है। वह जनता के लिए प्रशासन का प्रतीक है। इसलिए वह देखे कि प्रशासन शुद्ध है, भ्रष्टाचार मुक्त है, निष्पक्ष है तथा मंत्रिमण्डल द्वारा संचालित कार्यक्रम जनभावना के विपरीत नहीं है। इसलिए मंत्रिमण्डल को परामर्श देना,

---

1. सी० ए० डी० बुक 3, पृष्ठ 258, 24-5-1949।
2. वही, पृष्ठ 546, 2-6-1949।

चेतावनी देना, कार्यक्रमों में बदल का सुझाव देना। इसलिए उसके समक्ष राज्यों की पूरी सूचना होनी चाहिए। वह राज्यपाल पद का निर्वहन नहीं कर सकता जब तक उसके पास समूचे राज्य की पूरी सूचनाएँ न हों। मान लीजिए मंत्रिमण्डल कोई प्रस्ताव प्रस्तुत करता है और उससे सम्बन्धित सभी कागजात राज्यपाल के पास तक नहीं हैं इसलिए हम राज्यपाल को ऐसी शक्ति दें कि अपने पूरे दायित्व के निर्वहन के लिए कोई भी सूचना राज्य सरकार से माँग सकें जिससे प्रशासन अच्छी तरह शुद्धता के साथ चलाया जा सके। जैसे केन्द्र में होता है सभी सूचनाएँ कैबिनेट पेपर के साथ गवर्नर जनरल तक जाती हैं। जन समस्याओं से सम्बन्धित सभी मंत्रालयों द्वारा साप्ताहिक विवरण तैयार किया जाता है। यह संक्षिप्त विवरण जो कैबिनेट के लिए आता है वह गवर्नर जनरल को भी जाता है। यदि गवर्नर जनरल सभी कागजाती विवरण से संतुष्ट होता है कि मंत्रालय द्वारा लिया गया कोई निर्णय जो कैबिनेट के संज्ञान में नहीं है और गवर्नर जनरल समझते हैं कि यह गलत निर्णय है जनहित में नहीं है तो वे कैबिनेट से कह सकते हैं कि अमुक मंत्री का अमुक निर्णय जनहित में नहीं है इस पर कैबिनेट पुनर्विचार करे। मैं नहीं समझता कि ऐसी पद्धति अपनाये रहने से नुकसान क्या है? कुछ लोगों को अनावश्यक गलतफहमी है कि ऐसी पद्धति स्वीकार करने से राज्यपाल को इस बात का अधिकार मिल रहा है कि वह दैनन्दिन प्रशासकीय मामलों में हस्तक्षेप कर सकेगा। इस तरह की कोई मंशा नहीं है न तो इस धारा से कोई ऐसा अर्थ निकलता है।'' सांसदों की एक निश्चित योग्यता के प्रश्न को उन्होंने भावी संसद पर छोड़ दिया।

संसद के विशेषाधिकारों पर प्रकाश डालते हुए डॉ० अम्बेदकर ने 3 जून, 1949 को संविधान सभा में कहा, ''संसद के विशेषाधिकार वाणी स्वतन्त्रता और गिरफ्तारी से बचाव के क्षेत्र के अलावा भी काफी व्यापक हैं। यह तो बहुत हद तक जनता के भी खिलाफ है तथा एक व्यक्ति की स्वतन्त्र सत्ता के भी खिलाफ है। हाउस ऑफ कामन्स के अधिकार हैं कि किसी भी व्यक्ति को सदन की अवमानना करने पर दण्डित कर सकता है तथा ऐसे मामलों में अदालत की शक्तियाँ संसद के पास आ जाती हैं। यह महत्त्वपूर्ण विशेषाधिकार है। फिर संसद किसी भी अपने सदस्य के विरुद्ध उस कृत्य को लेकर कार्यवाही कर सकती है जिस कृत्य के कारण संसद की गरिमा गिरी हो। संसद जेल भेज सकती है। संसद की अवमानना करने वाले व्यक्ति को जेल भेजने की संसदीय शक्ति इतनी आसानी से परिभाषित नहीं की जा सकती न तो इस बात की व्याख्या की जा सकती है कि एक व्यक्ति के कौन-कौन से कृत्य हैं जिन्हें कहा जा सकता है कि इससे संसद की अप्रतिष्ठा हुई है।'' इस पर पं० ठाकुरदास भार्गव ने टोका कि हम संसद सदस्यों के विशेषाधिकार के बारे में चर्चा कर रहे हैं संसद के विशेषाधिकार के बारे में नहीं। इस पर टिप्पणी करते हुए उन्होंने कहा कि कौन-कौन से कृत्य संसद के विशेषाधिकार हनन क्षेत्र में आते हैं इसकी व्याख्या करना कठिन काम है। इस पर विस्तृत बहस और विश्लेषण की जरूरत होगी इसीलिए हम लोग अभी व्याख्या नहीं कर रहे हैं। किन्तु हमें संसद को विशेषाधिकार देने होंगे कि लोग असत्य आलोचनाओं से संसद की अवमानना न करते रहें।

हमें यदि इन विशेषाधिकारों को परिभाषित करना पड़ेगा तो इन्हें संविधान में जगह देनी होगी। हमने संसदीय प्रक्रिया पर पुस्तक को सावधानी से पढ़ा है उसमें 8 या 9 चीजों की एक सूची दी गयी है जो संसद के विशेषाधिकार क्षेत्र में आते हैं। इसलिए हम यदि इस पचड़े में पड़ते हैं तो बीस से पच्चीस पेज संविधान में बढ़ाने होंगे।

यह संसद के ऊपर छोड़ना ही श्रेयस्कर है कि वह समय और परिस्थिति के अनुसार संसदीय संस्था और सदस्यों के विशेषाधिकार निर्धारित, परिभाषित और विकसित करे। 1935 का एक्ट सदस्यों को कोई विशेषाधिकार नहीं देता है। केवल वाक् स्वतन्त्रता दी गई है और कहा गया है कि संसद में अपने रखे किसी भी विचार के लिए सदस्यों को प्रासीक्यूट नहीं किया जायेगा। मौजूदा संसद और विधायिका कोई विशेषाधिकार नहीं रखती। सबसे सुरक्षित रास्ता मसविदा समिति ने चुना कि हमारे भी संसद के वही विशेषाधिकार होंगे जो ब्रिटेन के हाउस आफ कामन्स के हैं। अब इस बात का केवल भावनात्मक आधार पर विरोध होता है इसके अलावा कुछ नहीं। इसलिए मसविदा समिति ने 25 पेज बढ़ाने से अच्छा और सुरक्षित मार्ग चुना कि हमारे विशेषाधिकार वही होंगे जो ब्रिटेन में हैं।

■

शक्तिशाली केन्द्र

विकेन्द्रीकरण का सिद्धान्त डॉ० अम्बेदकर को पसन्द नहीं था। गांधी जी के ग्राम स्वराज्य के सिद्धान्त की उन्होंने जमकर निन्दा की। भारतीय संविधान का मसौदा पेश करते समय भी स्थानीय स्वशासन के प्रति उनका एतराज छिपा नहीं रह सका। उनकी मान्यता थी कि ग्राम इकाइयों का देश के निर्माण में कोई योगदान नहीं था। भारत बार-बार गुलाम होता रहा और गाँव के लोगों ने उस गुलामी के खिलाफ कभी बगावत नहीं की। उन्होंने जो मसौदा संविधान का प्रस्तुत किया था उसमें गाँव के इकाई की कोई चर्चा नहीं थी। संविधान सभा में गाँवों को ताकत देने के बारे में काफी दबाव पैदा हुआ तब डॉ० अम्बेदकर अधिकांश सदस्यों की भावनाओं के सामने झुककर राज्यों को ग्राम सभाओं के बारे में कानून बनाने का अधिकार देने की व्यवस्था पर सहमत हो सके। ऐसा मानने के पीछे उनका तर्क था कि छुआछूत और जातिगत वैमनस्य का ग्रामीण जीवन पर अधिक प्रभाव है। ग्राम सभाओं को अधिक शक्ति देने का अर्थ था--गाँवों की सशक्त जातियों (सवर्णों) के वर्चस्व को स्वीकार कर लेना, आजादी के बाद स्वतंत्रता का रसास्वादन करने से अधिसंख्य पिछड़ी जाति की आबादी को और पीछे ढकेलना। उनकी मान्यता थी कि यदि केन्द्रीय सत्ता मजबूत होगी तो संविधान में आम नागरिकों को दिये गये अधिकारों की निगरानी अच्छे ढंग से हो सकती है। इसलिए उन्होंने मजबूत केन्द्र का हमेशा समर्थन किया। वे चाहते थे कि केन्द्रीय सत्ता सामाजिक न्याय के सिद्धान्तों की रक्षा हेतु कमजोर और गरीब वर्ग के लोगों की सहायता में आगे आये।

अस्पृश्यता सम्बन्धी विधेयक पर बोलते हुए डॉ० अम्बेदकर ने कहा था कि विधेयक में एक विशेष धारा रखी जाये कि उक्त कानून को केन्द्रीय सरकार द्वारा लागू किया जायेगा। अम्बेदकर राज्यों द्वारा इस कानून को लागू करने के पक्ष में नहीं थे। उनका कहना था कि समवर्ती सूची में इसे रखकर राज्य दावा करेंगे कि यह कानून उनकी भी परिधि में आता है इसलिए इसे लागू करने की उनकी जिम्मेदारी है। अम्बेदकर की सोच थी कि राज्याधीन सेवाओं व उनके अधीनस्थ स्थानीय सवर्ण मानसिकता के लोगों के प्रभाव में रहेंगे और उनके चलते अस्पृश्यता विरोधी कानूनों का सफलतापूर्वक कार्यान्वयन नहीं हो सकेगा। उनकी मान्यता थी कि यह कानून समवर्ती सूची में जरूर है लेकिन यह केन्द्र सरकार के अधिकार क्षेत्र का कानून है। भारतीय संविधान में मूलभूत अधिकारों की सुरक्षा हेतु केन्द्रीय कानून बनाये जाने का संसद को ही अधिकार है उसी तरह अस्पृश्यता निवारक कानून निर्माण और कार्यान्वयन भी केन्द्रीय सरकार का अधिकार रहना चाहिए।

मूलभूत अधिकारों की सूची बना देने मात्र से सभी को अधिकार नहीं मिल जायेंगे। इसके लिए संस्कार पैदा करना पड़ेगा। जब तक इन अधिकारों के बारे में पूरी जागरूकता न आये। केन्द्रीय सरकार कानून बनाने से लेकर उसके कार्यान्वयन तक के सभी अधिकार अपने में

निहित कर ले। संविधान के उद्देश्यों पर हुई बहस में इन्होंने हस्तक्षेप किया और 17 दिसम्बर, 1946 को कहा, "जवाहरलाल जैसे समाजवादी विचार के व्यक्ति की ओर से प्रस्तुत प्रस्ताव से मुझे निराशा हुई। इन्हें इस प्रस्ताव के माध्यम से और आगे जाना चाहिए था। फ्रान्स की संविधान सभा ने मानवीय अधिकारों की घोषणा की थी। इन घोषणाओं के लगभग 150 वर्षों बाद वे सभी लक्ष्य वहाँ के लोगों के जीवन का अंग बन गये। भारत जैसे अंधविश्वासी देश में भी यही स्थिति होगी। यह सभी सिद्धान्त हमारे दृष्टिकोण के हिस्सा बनेंगे। इसलिए अनावश्यक रूप से इनकी उद्घोषणा के क्या लाभ? केवल अधिकारों की घोषणा से कुछ नहीं होगा यदि विकल्प न सुझाएँ जायें। मनुष्य को अधिकार जता दिया जाये उससे कुछ नहीं होगा यदि विकल्प न दिये जायें। वाजिब रास्ता न सुझाया जाये। इस प्रस्ताव में इस बात का कोई उल्लेख नहीं है कि मानव का जीवन और सम्पत्ति कानून की विहित प्रक्रिया के बिना नहीं लिया जायेगा। यह सभी बुनियादी अधिकार कानून और नैतिकता के हवाले हैं। आज की अफसरशाही फैसला करेगी कि अधिकार क्या हैं और नैतिकता क्या है? इनके निर्धारण की कसौटी क्या है? समयानुसार अफसरशाही अलग-अलग अर्थ निकालेगी और यह मूल अधिकार मृतप्राय जैसे रहेंगे।

इस प्रस्ताव में कुछ ऐसे प्रावधान हैं जो आर्थिक, सामाजिक, राजनैतिक न्याय की बात करते हैं। अगर इस प्रस्ताव में वास्तव में निष्ठा है और मुझे कोई संदेह नहीं कि प्रस्तावक के मन में ऐसी निष्ठा है, तो ऐसे नियम बनने चाहिए जिससे आर्थिक, सामाजिक न्याय के उद्देश्यों की पूर्ति के लिए उद्योग और जमीन का राष्ट्रीयकरण होना चाहिए। मुझे नहीं मालूम आगे की सरकारें इसे कैसे कर सकेंगी यदि हमारे देश की अर्थ व्यवस्था समाजवादी नहीं है तो।

मुझे पक्का यकीन है कि बहुत शीघ्र दुनिया की कोई शक्ति इस देश को एक होने से नहीं रोक सकेगी। हम अपने सभी जाति-धर्म के झगड़ों के बावजूद एक देश बनकर रहेंगे। एक समय आयेगा जब मुस्लिम लीग के मुसलमान भी समझेंगे कि एकता में ही, एक भारत में ही उनका भी कल्याण है।

हमको एक ऐसे मार्ग की तलाश है जो हमें बँटवारे के रास्ते से एकता की ओर ले जाये। हम बहुमत वाली पार्टी से खास दरख्वास्त करते हैं कि दूसरों की अलगाववादी प्रवृत्ति को ताक पर रखकर उनके पूर्वग्रहों को भूल कर सच्चे राजनेता के भाव से जो लोग एकता की राह पर चलने को तैयार नहीं हैं उन्हें भी साथ लेकर देश के राजमार्ग पर चलने का काम करें। हमें अपने विरोधियों के प्रति दुराग्रह को छोड़ देना चाहिए और उन्हें मुख्यधारा में प्रवेश करने के लिए साथ लाना चाहिए। यदि हम साथ-साथ लम्बी दूरी तय करेंगे तो वही हमें एकता के मार्ग पर लाने की राह होगी। हमारी अपील होगी कि सभी को साथ लाने की कोशिश हो। इस प्रस्ताव का पैरा तीन कहता है कि इस देश में दो विभिन्न तरह की राजतंत्र (पोलिटी) व्यवस्था होगी। एक तो नीचे के स्वायत्तशासी राज्य या वैसे राज्य जो भविष्य में भारतीय संघ में सम्मिलित होंगे। इन स्वायत्तशासी हिस्सों को पूरा अधिकार होगा। उन्हें Residuary अधिकार भी होंगे। अगर प्रान्तीय इकाइयों के ऊपर एक संघीय सरकार होगी जिसके पास कानून बनाने के कुछ अधिकार होंगे तथा प्रशासकीय, कार्यकारी अधिकार होंगे। मुझे वर्धा में कांग्रेस के पास प्रस्ताव अथवा कैबिनेट मिशन के प्रस्तावों की कोई झलक इस प्रस्ताव में देखने को नहीं मिली। हम इस तरह की ग्रुपिंग की धारणा में विश्वास नहीं रखते। हम मजबूत एकताबद्ध केन्द्रीभूत शासन चाहते हैं। हम 1935 के कानून के अन्तर्गत गठित केन्द्रित व्यवस्था

से भी अधिक मजबूत केन्द्र चाहते हैं। मुझे खेद है कि कांग्रेस पार्टी ने राजनीति के लम्बे अनुभव के बावजूद मजबूत केन्द्रीय सत्ता की वकालत छोड़ दी है।

कांग्रेस पार्टी का विश्वास है कि यदि राज्यों के विभिन्न गिरोह स्वेच्छा से केन्द्रीय सत्ता में अपने अस्तित्व को विलीन कर लें तो कांग्रेस पार्टी को कोई एतराज नहीं होगा। उन्होंने कहा, ''इसी समय इस प्रस्ताव को पास करना कोई बुद्धिमानी की बात नहीं, हमें एक बार कोशिश करनी चाहिए कांग्रेस और मुस्लिम लीग में सुलह सफाई की। ऐसे प्रश्नों को इस या उस पार्टी की प्रतिष्ठा के आधार पर निश्चित करने की जरूरत नहीं है। जब हम एक राष्ट्र, वहाँ की जनता के भविष्य का निर्धारण करने जा रहे हैं तो किसी दल या उसके नेताओं की प्रतिष्ठा के कोई मायने नहीं होते। हमें तो आज इस स्थिति से उबरने के तीन रास्ते दीख रहे हैं। या तो एक पार्टी दूसरे के समक्ष आत्म-समर्पण करे या सुलह सफाई हो या जंग हो। कुछ सदस्य कहते हैं हम जंग के लिए तैयार हैं। हमें खेद है कि कुछ लोग इस देश के राजनैतिक सवालों का समाधान भी युद्ध के द्वारा करना चाहते हैं। कुछ ब्रिटिश लोग अमेरिकी उपनिवेशों को ताकत के बल पर वहाँ के लोगों की इच्छा के खिलाफ अपने में मिलाना चाहते थे।'' तभी वर्क ने कहा, ''शक्ति का प्रयोग अकेले समस्या का तात्कालिक निदान है। यह क्षणिक तौर पर दबा देगा किन्तु आगे उभार होने पर यह ताकत से नहीं दब सकता। विजित राष्ट्र बार-बार दमन से शासित नहीं होते। आतंक से शक्ति का एहसास नहीं होता तथा सामरिक तैयारी कोई विजय नहीं है। यदि आप विजयी नहीं होते और साधन विहीन हो जाते हैं। सुलह सफाटा विफल होने पर शक्ति बनी रहती है लेकिन यदि ताकत विफल हो जाये तो भविष्य में सुलह की कोई गुंजाइश नहीं रहती। कभी-कभी दया से भी शक्ति और अधिकार प्राप्त हो जाते हैं लेकिन वे कभी पराजित हिंसा से दयावश भी प्राप्त नहीं होते। जो कुछ भी संघर्ष करके पाया जाता है वह पूर्ण अथवा वह नहीं होता जिसके लिए जंग होती है बल्कि टूटा, बर्बाद और बिखरा हुआ तत्त्व ही प्राप्त होता है। जिन लोगों के भी मस्तिष्क में यह बात हो कि मुसलमानों को झुकाकर हिन्दू-मुस्लिम एकता का उद्देश्य प्राप्त किया जा सकता है या उन्हें दबाकर या युद्ध कर समस्या का समाधान किया जा सकता है उन्हें संविधान के प्रति झुकाकर अथवा उनकी इच्छा के खिलाफ संविधान बनाकर उन्हें स्वीकार करने के लिए मजबूर किया जा सकता है। ऐसी चीज चिरन्तन अथवा स्थायी नहीं होगी।'' वर्क के शब्दों में, ''शक्ति छोड़ना आसान है लेकिन बुद्धिमत्ता देना कठिन है। यदि संविधान सभा को इसकी सार्वभौमिकता पर नाज है तो यह घमण्ड बुद्धिमानी के साथ होना चाहिए। वह एक रास्ता है जिससे हम सभी वर्गों को अपने साथ रख सकते हैं इसके अलावा कोई दूसरा रास्ता नहीं है जो हमें एक रख सके।''

13 दिसम्बर, 1946 को भारत की संविधान सभा में पं० जवाहरलाल नेहरू ने भारतीय संविधान के उद्देश्यों सम्बन्धी प्रस्ताव को रखा था। इस प्रस्ताव के छठें अंश में स्वतन्त्र भारत में अल्पसंख्यकों, पिछड़े वर्गों तथा आदिवासी क्षेत्रों तथा अन्य दलित और पिछड़े वर्गों के हितों को सुरक्षित रखने का आश्वासन दिया गया था।

वे बार-बार केन्द्र में सर्वोच्च न्यायालय की वकालत करते थे लेकिन यह प्रश्न भी करते थे कि अकेले केन्द्रीय न्यायपालिका से कुछ नहीं होगा यदि उसके पास कानूनों का पालन कराने की शक्ति न हो। गोलमेज सम्मेलन में 22 अक्टूबर सन् 1931 को जब उन्होंने संघीय न्यायालय का क्षेत्राधिकार आस्ट्रेलिया और अमेरिका के संघीय न्यायालयों के मुकाबले ज्यादा

व्यापक होना चाहिए।[1] मूलभूत अधिकारों और अल्पसंख्यकों के लिए किये गये सुरक्षा उपायों को संघीय न्यायालय के अधिकार क्षेत्र में रखा जाये। उनकी राय थी कि मूलभूल अधिकारों अथवा अल्पसंख्यकों के अधिकारों का प्रश्न जहाँ कहीं भी भारत अथवा देशी रियासतों में उठे तो उसकी निगरानी का अधिकार संघीय न्यायालय को ही हो। अम्बेदकर ने जान मिल को उद्धृत करते हुए कहा कि यदि सभी आदमी अच्छे हों तो कानून बनाने की जरूरत ही न पड़े, लेकिन कुछ लोग बुरे जरूर होते हैं इसलिए कानून बनाना जरूरी है। वे अपने को ऐसे अल्पसंख्यक वर्ग के प्रतिनिधि रूप में वहाँ पेश किये जिसके पास उस समय तक कोई अधिकार नहीं थे और उनका कहना था कि उनकी तरफ से होने वाली माँग का सभी वर्गों की ओर से विरोध होता है। उन्हें कदापि विश्वास नहीं था कि उन वर्गों के हितों के लिए पारित आदेशों का प्रान्तीय सरकारें पालन करेंगी अथवा इन वर्गों के पक्ष में उनका कार्यान्वयन करेंगे वे तो उन्हीं आदेशों का पालन करेंगी जो उनके हितों के अनुकूल हों इसलिए संघीय विधान मण्डल को कुछ विशिष्ट अधिकार दिये जावें कि वे संघीय न्यायालय के फैसलों को लागू कर सकें।

उन्होंने स्वयं भारतीय संविधान की विशेषताओं का विवरण देते हुए कहा कि पीड़ित नागरिक सर्वोच्च न्यायालय तक सीधे जा सकता है। सर्वोच्च न्यायालय को पीड़ित व्यक्ति के पक्ष में परमादेश, बंदी प्रत्यक्षीकरण याचिका, निषेधाज्ञा जारी करने, को वारण्टी आदि जारी करने के आदेश दिये गये जिसके अन्तर्गत पीड़ित मानव बिना किसी अधिवक्ता की मदद के सर्वोच्च न्यायालय का सीधे दरवाजा खटखटा सकता है और माननीय अदालत अपने अधिकार क्षेत्र अर्थात्, सम्पूर्ण भारत में अपना आदेश प्रसारित कर पीड़ित व्यक्ति को शासन, प्रशासन तथा समाज के दबंग तत्त्वों के मुकाबले सुरक्षा प्रदान कर सकता है। डॉ० अम्बेदकर ने इस प्रावधान को संविधान की आत्मा कहा था। उपायों के बिना अधिकार बेमतलब हो जाते हैं। अपने संविधान में वर्णित मूल अधिकारों का इस तरह हमने सबसे बड़ा समाधान दिया है। मानवीय अधिकारों की सुरक्षा का यह सबलतम अधिकार है। सर्वोच्च न्यायालय द्वारा पारित कानून देश के सभी न्यायालयों के लिए बाध्यकारी बनाये गये हैं। भारत के सभी नागरिक अथवा शासन प्रशासन सर्वोच्च न्यायालय का सहयोग करने के लिए बाध्यकारी हैं। सर्वोच्च न्यायालय अपने आदेशों के अनुपालन के लिए किसी को भी सीधे दण्डित करने का अधिकारी है।

डॉ० अम्बेदकर को भारत की ग्रामीण व्यवस्था की बेहद जानकारी थी। उन्हें पता था कि गुजरात में पाटीदार, महाराष्ट्र में मराठे, कर्नाटक में लिंगायत वोक्कलिवा, आन्ध्र-तेलंगाना में रेड्डी आदि जातियाँ दबंग हैं। उत्तर प्रदेश-बिहार के हिस्सों में जाटों-राजपूतों का प्रभुत्व है। देश के विभिन्न हिस्सों की दबंग जातियों अनुसूचित जातियों को संवैधानिक तौर पर प्राप्त नागरिक अधिकारों की सुविधा का उपयोग करने में तमाम बाधाएँ उत्पन्न करेंगी। ऐसी स्थिति में स्थानीय निकाय और राज्यों की सत्ता अभी काफी दिनों तक इन दबंग जातियों के हाथ में रहेगी। राज्यों की प्रशासनिक मशीन पर इन्हीं का कब्जा रहेगा इसलिए उनके दैनन्दिन जीवन में होने वाले हस्तक्षेप से मुक्ति का मार्ग केन्द्रीय सत्ता की मजबूती है। देश में दलितों के असुरक्षा का भाव ही केन्द्रीकरण की बढ़ती प्रवृत्ति का कारण है।

---

1. राइटिंग्स एण्ड स्पीचेज ऑफ अम्बेदकर, खण्ड 2, पृष्ठ 118।

विपक्षी दल में रहते हुए राज्य सभा में डॉ० अम्बेदकर ने सुझाव दिया[1] कि केन्द्रीय गृह मंत्रालय अनुसूचित जातियों के मूलभूत अधिकारों के प्रवर्तन की जिम्मेदारी ले। राज्य सरकारें यह काम नहीं कर सकतीं। पुलिस भी यह काम नहीं कर सकती क्योंकि उसे इन कामों में रुचि नहीं है। अनुसूचित जातियाँ स्वयं अपनी रक्षा नहीं कर सकतीं क्योंकि उनमें इतना दम नहीं है। इसलिए गृहमंत्री एक सच्चे राजनीतिज्ञ की तरह इस काम को अपने हाथ में लें। जब तक गृह मंत्रालय स्वयं अथवा उसके अधीन कोई विभाग इस काम को अपने हाथ में नहीं लेगा यह महान लक्ष्य प्राप्त नहीं हो सकता। डॉ० अम्बेदकर की पूरी आस्था ब्रिटिश पद्धति की संसदीय लोकतांत्रिक व्यवस्था में थी। उन्हें ग्राम पंचायत व्यवस्था पर विश्वास नहीं था। उन्होंने अपने संविधान सभा के भाषणों में इसकी पूरी आलोचना की जिसे पीछे के अध्यायों में देखा जा सकता है। वे ग्राम पंचायत व्यवस्था को जातिगत शोषण पर आधारित मानते थे जाति भेद, लिंग भेद, धर्म भेद को मिटाकर सभी मानव को मानव जैसा सम्मान देने के वे पक्षधर थे और इसीलिए बहुत दबाव में इन संस्थाओं को राज्य के हवाले कर दिया।

■

1. **दस स्पोक अम्बेदकर, क्रम संख्या-2, पृष्ठ 72।**

संविधान के पूर्णता की पैरवी

8 जून, 1949 को संविधान सभा में संचित निधि बनाये जाने के सम्बन्ध में विधेयक प्रस्तुत करते हुए डॉ॰ अम्बेदकर ने कहा, ''बिना कानून बनाये किसी तरह का कर लागू नहीं किया जा सकता। कार्यपालिका जनता पर बिना संसद की स्वीकृति के कोई टैक्स नहीं लगा सकती। केन्द्र सरकार में लोक लेखा का ही नाम संचित निधि है। इस मद में कर की उगाही से प्राप्त धनराशि आती है तथा सभी प्राप्ति और खर्च इसी मद से होते हैं।''

संचित निधि पुराने शब्द लोक लेखा के ही नाम से है। संचित निधि शब्द का सर्वप्रथम प्रयोग सन् 1977 में ब्रिटेन में हुआ। इंगलैण्ड में संसद संचित निधि राजा के विवेकाधीन कर देती थी फिर राजा उसका संचयन और व्यय सुनिश्चित करते थे, जैसे उनके विवेक में उचित होता था। प्राय: राजा धन को उन मदों में व्यय कर देते थे जिनके बारे में संसद की राय भिन्न होती थी। संसद का निधि बना देने के बाद उस पर कोई नियंत्रण नहीं रहता था। बाद में संसद ने धन अर्जन और उसे किन मदों में खर्च कर दिया जाये इसकी रूपरेखा भी बनानी शुरू की। सामान्य रूप से राजा के नियंत्रण को कम किया। बाद में बजट के रूप में संसद ने धन संचयन, रख-रखाव तथा व्यय की मदों को निर्धारित करना शुरू किया। कनाडा, आस्ट्रेलिया, अफ्रीका, आयरलैण्ड लगभग सभी संविधानों में संचित निधि की व्यवस्था है। हम उससे अलग नहीं हट रहे हैं। संसद के समक्ष वित्तीय विवरण प्रस्तुत होता है फिर संसद मदों के अनुसार कटमोशन के रूप में प्रस्तावों द्वारा इसे पास करती है। अब नई व्यवस्था में पहले राष्ट्रपति का अनुमोदन काफी था लेकिन अब उपयुक्त एप्रोप्रीएशन (विनियोग) विधेयक पास किया जाता है। संसद ही संचित निधि के मामले में सर्वोच्च है। किसी भी मद में कोई भी राशि बिना संसद की अनुमति के खर्च नहीं हो सकती इसलिए राष्ट्रपति के अनुमोदन से खर्च की क्या आवश्यकता। इस खर्च को संसद विधेयक पास कर करे।

1935 के एक्ट में गवर्नर जनरल अपने कार्यों को सुगमतापूर्वक संचालित करने के लिए अपने विवेकाधीन कोष से पैसा खर्च करते थे, वह संसद में बहस के लिए नहीं आता था। वह राशि को अपनी आवश्यकतानुसार बढ़ा-घटा सकते थे। उन्हें अपने विशेष कृत्यों के लिए अपना बजट बनाने का पूरा अधिकार था। कुछ निश्चित सेवाओं के लिए कुछ खर्च वे स्वयं कर सकते थे। 1935 का कानून जब बन रहा था तो ब्रिटेन की सरकार संचित निधि पर संसद की मुहर लगाने के सिद्धान्त को स्वीकार करने वाली थी, लेकिन भारत की सरकार ने मानने से इन्कार किया। इसका कहना था कि गवर्नर जनरल के अपने भी कृत्य हैं जिन पर पैसा खर्च करने का उनका अधिकार है उन्हें संसद में जाने की जरूरत नहीं है। अब हम कार्यपालिका को यह अधिकार देने को तैयार नहीं हैं कि वह राशि निर्धारित करे और उसे खर्च कर दे। दुनिया के सभी लोकतांत्रिक संविधानों में धन व्यय करने के मामले में संसद ही सर्वोच्च है।

बजट पर दो महीने चर्चा में लग जाएँगे। वित्तीय वर्ष समाप्त होने से पूर्व संसद बहस पूरी नहीं कर सकती है इसलिए कार्यपालिका को संसद की मंजूरी से एक दो माह का खर्च वोट

आन एकाउण्ट के जरिये कुछ पैसे दिये जा सकते हैं और इस बीच बजट पर मदवार चर्चा होकर पास किया जा सकता है।

भारत पाकिस्तान बँटवारे के बाद दोनों देशों में शरणार्थियों का आना-जाना आम बात थी। किस तरह के लोगों को भारतीय नागरिकता दी जाये यह एक अहं प्रश्न था। डॉ० अम्बेदकर ने इस प्रश्न पर 12 अगस्त, 1949 को अपने भाषण में कहा, ''19 जुलाई, 1949 से पहले जो कोई भी व्यक्ति पाकिस्तान से आकर आसाम में बस गया वह भारत का नागरिक स्वत: मान लिया गया। लेकिन जो भी व्यक्ति 19 जुलाई के बाद आया है वह अपने आप भारत की नागरिकता का पात्र नहीं है। उन्हें अपनी नागरिकता के लिए आवेदन करना होगा। वह सिद्ध करे कि आसाम में 6 महीने से रह रहा है और उसे सरकार द्वारा नियुक्त एक अधिकारी के यहाँ पंजीकरण कराना होगा। केवल 6 महीने से रहना और आवेदन कर देने मात्र से पंजीकरण नहीं हो जायेगा। यह अधिकारी का विवेक है कि वह किसी व्यक्ति को पंजीकृत करे या न करे। वह अपने समक्ष प्रस्तुत दस्तावेजों की समीक्षा करने के बाद जब सन्तुष्ट हो जाये कि उक्त व्यक्ति भारत में स्थायी रूप से बसने के लिए आया तभी उसका नाम पंजीकृत करेगा। इसलिए कुछ सदस्यों को यह आशंका है कि फ्लड गेट खोल दिया गया है उस पार से बंगाली या मुसलमान भारी संख्या में आसाम में प्रवेश कर वहाँ के मूल स्वरूप को नष्ट कर देंगे यह आशंका निर्मूल है।''

मार्च, 1947 को जो लोग भारत छोड़ पाकिस्तान की सरहद में चले गये वे स्वत: भारत के नागरिक नहीं हैं। अन्तर्राष्ट्रीय कानून के मुताबिक जन्म स्थान ही निवास आँकने का मानदण्ड है। कोई भी व्यक्ति आवेदन करके अपना जन्म स्थान नहीं बदल सकता। जन्म के साथ ही जन्म स्थान जुड़ा हुआ है। वे व्यक्ति जो भारत में पैंदा हुए, लेकिन पाकिस्तान चले गये वे अन्तर्राष्ट्रीय कानूनों के आधार पर दावा कर सकते हैं कि उनका जन्म स्थान यहीं हैं। हम लोगों ने 1 मार्च, 1947 को सीमा रेखा इसलिए मानी है कि उस समय तक दंगे प्रारम्भ हो गये थे और लोगों का भागना शुरू हो गया था। इसलिए अन्तर्राष्ट्रीय कानूनों के मुताबिक कोई व्यक्ति यदि 1 मार्च, 47 को अव्यवस्था के कारण भारतीय इलाका छोड़कर पाकिस्तानी क्षेत्र में स्थायी रूप से बसने के लिए चला गया तो वह भारतीय नागरिकता का हकदार नहीं है। जन्म स्थान तो नागरिकता की प्रथम कसौटी है किन्तु यदि वह 1 मार्च, 1947 के बाद पाकिस्तान क्षेत्र में स्थायी रूप से बसने के लिए चला गया तो उसका जन्म स्थान बदल गया और इस तरह उसकी नागरिकता तथा जन्म स्थान का दावा समाप्त हो गया।

कुछ लोग ऐसे हैं जो पाकिस्तान की सीमा में चले गये, किन्तु पुन: वापस भारत की सीमा में चले आये ऐसे लोगों को भी भारत की नागरिकता स्वत: नहीं मिल जायेगी उन्हें कुछ शर्तें पूरी करनी होंगी। पाकिस्तान सरकार ने कुछ लोगों को भारत पुन: वापस आने के लिए, अस्थायी रूप में या व्यापारी रूप में नहीं, अपितु भारतीय रूप में स्थायी रूप से बसने की मंशा से आने की छूट दी है तो ऐसे लोगों के बारे में विचार करने की जरूरत है। ऐसे लगभग दो से तीन हजार हिन्दू मुसलमान दोनों होंगे जिन्हें भारत ने स्वत: पाकिस्तान से हिन्दुस्तान में आकर स्थायी रूप से बसने की इजाजत दी है तो ऐसे लोगों को नागरिकता के अधिकार से वंचित रखना उचित नहीं है।

आपातकाल में मूल अधिकारों को निलंबित किये जाने के प्रश्न पर 20 अगस्त, 1949 को बोलते हुए डॉ० अम्बेदकर ने कहा, ''ग्रेट ब्रिटेन में बन्दी प्रत्यक्षीकरण याचिका को

कार्यपालिका निलंबित नहीं कर सकती। संयुक्त राज्य अमेरिका में भी है विमस कामर्स सहित कई मूल अधिकारों को राष्ट्रपति निलंबित नहीं कर सकते, संवैधानिक गारण्टी को निलंबित करने के लिए कांग्रेस के पास जाना पड़ता है।" हृदयनाथ कुंजरू की टोका-टोकी का जवाब देते हुए अम्बेदकर ने कहा कि अमेरिकी संवैधानिक व्यवस्था पर लगभग एक सौ पुस्तकें हैं। मैंने भी लगभग 50 पढ़ी हैं। अन्तरिम काल में राष्ट्रपति भी अमेरिका में मूल अधिकारों को निलंबित कर सकता है। यहाँ भी हम राष्ट्रपति को अन्तरिम अधिकार दे रहे हैं अंततः इसका भी अनुमोदन संसद ही कर सकेगी। हमारे राष्ट्रपति मंत्रिपरिषद् की सलाह पर ही निलंबित करेंगे जो परिषद् संसद के प्रति उत्तरदायी है। आपातकाल में किसी भी मूल अधिकार का निलम्बन आपातकाल समाप्त होने के तत्काल बाद स्वतः समाप्त हो जायेगा। आपातकाल की घोषणा का शीघ्रातिशीघ्र अनुमोदन संसद द्वारा कराना जरूरी है। शीघ्रातिशीघ्र अनुमोदन कराने का भाषण करते हुए उन्होंने कहा, "यह एक महीने दो महीने के अथवा 15 दिनों के भीतर करा लेना चाहिए।"

14 अक्टूबर, 1949 को संविधान सभा में गृहमंत्री सरदार पटेल ने कहा, "काँग्रेस पार्टी के लोग पंजाब बाँटने के पक्ष में नहीं थे। यह तो सिखों ने ही स्वीकार कर लिया कि पंजाब का बँटवारा कर दिया जाये। पंजाब में बँटवारे के खिलाफ एक भी आवाज नहीं उठी। यदि सिख बँटवारे के खिलाफ रहे होते तो हम लोग बँटवारा कबूल करने वाले कौन होते हैं।" मुझे संविधान सभा ने माइनारटी कमेटी का अध्यक्ष बनाया। एक देशभक्त ईसाई नेता ने खुद ही कहा कि धार्मिक आधार पर हम आरक्षण नहीं माँगते। वे प्रस्ताव लाये कि वे आरक्षण खत्म कराना चाहते हैं। वे मतदाता की मुख्यधारा में शामिल होना चाहते हैं। पृथक् मताधिकार के क्या मायने हैं? सिखों ने भी कहा यदि सभी अल्पसंख्यक तैयार हैं तो हम भी तैयार हैं। हम विशेष सुविधा नहीं चाहते हैं। अब हम अपने पैरों पर खड़े हैं। मुझसे सिखों के ही प्रतिनिधि मिले और कहा कि सिखों में जो अनुसूचित जाति के हैं उनका आरक्षण खत्म न किया जाये। अनुसूचित जाति के लोगों ने सिखों को आरक्षण देने से रोका, किन्तु हमसे सिख नेताओं ने कहा, "यदि इन्हें आरक्षण नहीं दिया गया तो वे हमारा धर्म छोड़कर वापस चले जायेंगे और हम कमजोर हो जायेंगे।"

यह हम लोगों के लिए संकटपूर्ण घड़ी थी कि धार्मिक सिखों में भी हम अनुसूचित जाति को स्वीकार करें, क्योंकि वहाँ जाति नहीं है। सिखों में पहले कभी अनुसूचित जाति की मान्यता नहीं थी। किन्तु सिख कांग्रेस पर बरसने लगे तो हमने सलाहकार समिति के लोगों को किसी तरह तैयार किया कि वे मान लें इस शर्त पर कि सिख लोग फिर कोई आरक्षण के सम्बन्ध में दूसरा प्रश्न नहीं खड़ा करेंगे। सलाहकार समिति में सरदार उज्ज्वल सिंह ने प्रश्न किया, "सेवाओं में सिखों का क्या होगा?" हमने कहा, "आपके नेताओं ने हमें लिखकर दिया है कि वे इस प्रश्न को यहाँ नहीं उठायेंगे।" ज्ञानी कर्तार सिंह ने उनको रोकते हुए कहा, "इस प्रश्न को हम अपने प्रान्त में हल करेंगे, इसे यहाँ नहीं उठायेंगे।"

10 मई, 1949 को पूर्वी पंजाब के विधानसभा के सिख मेम्बरों की बैठक हुई इसमें संविधान सभा के सिख सदस्यों ने भाग लिया। सरदार कपूर सिंह, स्पीकर पूर्वी पंजाब विधानसभा, ने अध्यक्षता की। बैठक में मजहबी, कबीरपंथी, रामदासी, बैरियाज, सिक्लीगार आदि जातियों को अनुसूचित जाति की सुविधा देने की माँगें की गयीं। माइनारटी सलाहकार सभा में डॉ० अम्बेदकर भी थे। उन्होंने सरदार पटेल के आग्रह को स्वीकार कर लिया और

सिखों के कमजोर वर्ग को भी वही सुविधाएँ प्राप्त हुई जो दीगर हिस्सों में अनुसूचित जातियों को प्राप्त हैं।

6 दिसम्बर, 1949 को आसाम के आदिवासी क्षेत्र के प्रावधानों पर बोलते हुए उन्होंने कहा, ''आसाम के बाहरी क्षेत्र के आदिवासी मोटे तौर पर हिन्दुत्व की धारा से घुल मिल गए हैं। उन्होंने हिन्दू संस्कृति सभ्यता स्वीकार कर लिया है जिनके इर्द-गिर्द वे रहते हैं, उनसे घुलमिल गये हैं किन्तु आसाम के आदिवासियों का ऐसा मामला नहीं है। उनकी जड़ें अभी भी उनकी सभ्यता में हैं और वे अपनी ही संस्कृति को मान रहे हैं। उन्होंने अभी तक हिन्दुओं से घिरे होने के बावजूद उनके सभ्यता संस्कार को स्वीकार नहीं किया है। उनके उत्तराधिकार के कानून, शादी विवाह के नियम, संस्कार सभी हिन्दुओं से भिन्न हैं। इसलिए हम लोगों ने देश के दूसरे हिस्सों के मुकाबले आसाम के लिए अलग पद्धति स्वीकार की है। उनकी स्थिति अमेरिका के रेड इण्डियन्स जैसी है। अमेरिका ने रेड इण्डियन्स के लिए आरक्षित स्थान अथवा बाउण्ड्री खींच दी है। वे वस्तुत: स्वतन्त्र लोग हैं। अमेरिकी सरकार ने भी सोचा कि उनको एक ही झटके में मुख्य धारा में नहीं लाया जा सकता।

आसाम सरकार के कार्यकारी आदेश इन आदिवासी क्षेत्रों पर (स्वायत्त जिलों) लागू होंगे। इन क्षेत्रों पर 1935 के ऐक्ट में भी आसाम राज्य की कार्यकारी शक्तियाँ नहीं अपितु गवर्नर का आदेश लागू होता था, किन्तु हमने उस पद्धति को समाप्त किया है। पूरे आसाम में स्वायत्त परिषद् वाले इलाकों सहित आसाम राज्य के कार्यकारी आदेश ही लागू होंगे। वे भारतीय संसद अथवा उच्च न्यायालय, सर्वोच्च न्यायालय की परिधि से बाहर नहीं होंगे।

भारतीय संसद और आसाम विधान मण्डल द्वारा पारित सभी कानून इन क्षेत्रों (स्वायत्त जिले और परिषदों) पर लागू होंगे यदि उस राज्य के राज्यपाल ऐसी घोषणा न कर दें कि अमुक कानून राज्य के इन क्षेत्रों में लागू नहीं होगा। यह आसाम के राज्यपाल के ऊपर निर्भर करेगा कि संसद अथवा विधान मण्डल द्वारा पारित कानूनों को इन क्षेत्रों में भी लागू करें। इन स्वायत्त कौंसिलों अथवा जिलों का भी प्रतिनिधित्व संसद और विधान मण्डल में रहेगा जिससे वे लोग भी कानूनों को पास करते समय अपनी राय व्यक्त कर सकें। हम लोगों ने इस प्रावधान को करते समय आसाम की जनता को दो हिस्सों में नहीं बाँटा है।

स्वायत्त जिलों और परिषदों को कुछ खास मामलों में स्वायत्तता दी गयी है, लेकिन साथ-ही-साथ उन्हें पूरे देश व प्रान्त की मुख्यधारा में बाँधने की भी कोशिश की गयी है। यदि इस कोशिश के बावजूद वहाँ के आदिवासी देश और आसाम की मुख्यधारा से नहीं जुड़ते तो देश का दुर्भाग्य है। कुछ सदस्यों ने आशंका प्रकट की है कि यदि इन क्षेत्रों को स्वायत्तता दी गयी तो वे तिब्बत की राह पर जा सकते हैं। यह आशंका निर्मूल है।

17 अक्टूबर, 1949 को संविधान सभा में श्रीमती पूर्णिमा बनर्जी ने एक संशोधन उपस्थित कर दिया कि हमारे देश की सार्वभौमिकता अंतत: जनता में निहित है। इसके समर्थन में महावीर त्यागी, आचार्य कृपलानी ने भी भाषण किये। कृपलानी ने कहा, ''सार्वभौमिकता जनता में है और जनता से ही ग्रहण की जायेगी।'' इसका जवाब देते हुए डॉ० अम्बेदकर ने कहा, ''हमने संविधान का उद्देश्य पास करते समय कहा था कि हमारा इस संशोधन की मूल भावना से विरोध नहीं है। हमारे मसविदा की शब्दावली भी यही कह रही है। हम लोग जनता की ही ओर से इस संविधान को बना रहे हैं। क्या हम सीमित मताधिकार

से चुने हुए लोग हैं इसलिए इस संविधान को जनमत संग्रह कराकर तब पास मानें, ऐसा नहीं है। अमेरिकी संविधान में भी लिखा है 'हम यूनाइटेड स्टेट्स के लोग आपस में मिलकर यूनाइटेड स्टेट्स ऑफ अमेरिका के लिए एक संविधान का राज्य स्थापित करते हैं' ऐसा करने वालों की संख्या बहुत कम थी। फिलाडेल्फिया में केवल 13 राज्यों के कुछ थोड़े से प्रतिनिधि बैठकर पूरे अमेरिकी जनता की ओर से जनता के लिए संविधान बना दिये तो क्या हम 292 लोग पूरे देश का प्रतिनिधित्व नहीं करते। हम देश और जनता की ही ओर से देश और जनता के लिए संविधान बना रहे हैं। हमारे में से किसी मेम्बर की इच्छा ब्रिटिश संसद से शक्तिग्रहण करने की नहीं है। कभी कुछ लोग कहते हैं कि हम राष्ट्रमण्डल के हिस्सा बन गए इसलिए/हमने अपनी सार्वभौमिकता के साथ सौदा कर लिया ऐसा नहीं है। दो सार्वभौम देशों में समझौते होते हैं उससे सार्वभौमिकता नष्ट नहीं होती। हम स्वतंत्र राष्ट्र हैं हम सभी सदस्यों को आश्वस्त करना चाहते हैं कि हमारे संविधान की जड़ें, इसकी ताकत इसकी सार्वभौमिकता सब कुछ जनता से ही है।''

डॉ० अम्बेदकर ने संविधान सभा में जो विचारोत्तेजक भाषण दिया है वह उनकी संविधान के प्रति भावी दृष्टि का सबसे बड़ा दस्तावेज है। 25 नवम्बर, 1949 को उन्होंने कहा कि 9 दिसम्बर, 1946 से सभा में 11 सत्र हुए। सभा को संवैधानिक मामलों में विचार के लिए 165 दिन बैठकें करनी पड़ीं उसमें से 114 दिन तो संविधान के मसविदे पास करने में लगे। 20 अगस्त, 1947 को संविधान सभा ने एक प्रस्ताव पास कर मसविदा समिति का गठन किया। 141 दिन इस मसविदा समिति ने बैठकें करके न केवल संविधान प्रारूप को तैयार किया अपितु, सभा में पारित संशोधनों और परिवर्धनों के उपरान्त उस मसविदा को तैयार किया। संविधान सलाहकारों ने ड्राफ्टिंग कमेटी को 243 अनुच्छेद और 13 अनुसूचियों का एक मसविदा तैयार करके दिया। प्रथम मसविदा जो सभा के समक्ष विचार के लिए रखा गया उसमें 315 अनुच्छेद और 8 अनुसूचियाँ थीं। सभा में विचारोपरान्त अंतिम रूप से 395 अनुच्छेद और 8 अनुसूचियाँ स्वीकृत हुईं। लगभग 7635 संशोधन विचार के दौरान सभा में प्रस्तुत किये गये। 2473 संशोधन सभा में पेश किये गये।

मैं इस बात का उल्लेख केवल इस वास्तविकता के खण्डन के लिए कर रहा हूँ कि संविधान सभा ने संविधान तैयार करने में काफी समय लिया। अमेरिका में 25 मई, 1787 को संविधान सभा बैठी और 17 सितम्बर, 1787 को 4 माह में अपना काम पूरा कर लिया। कनाडा में 10 अक्टूबर, 1864 को प्रथम बार बैठे और मार्च 1867 में इसे पास कर सके। इस तरह 2 वर्ष 5 माह बाद वहाँ के लोग संविधान पास कर सके। आस्ट्रेलिया में मार्च 1891 में बैठक शुरू हुई और 9 जुलाई, 1900 लगभग 9 वर्ष उन्हें लगे। साउथ अफ्रीका में अक्टूबर 1908 में कानून बनाने की प्रक्रिया आरम्भ हुई और 20 सितम्बर, 1909 में पास हुई। किन्तु इन देशों के संविधान का आकार हमारे देश के मुकाबले बहुत छोटा है। कनाडा में 147, आस्ट्रेलिया, 128, दक्षिण अफ्रीका में 153 और उन देशों की सभा संशोधनों पर बहस नहीं हुई। वहाँ धाराएँ पेश होकर पास होती गयीं।

कुछ सदस्यों ने मसविदा समिति के कार्यकलापों पर भी टिप्पणी की। मसलन डॉ० नजीरुद्दीन अहमद ने इसे ड्राफ्टिंग कमेटी की संज्ञा दी। उन्हें घमण्ड है कि वे बहुत योग्य व्यक्ति हैं किन्तु उन्हें सभा ने ड्राफ्टिंग कमेटी में रखने योग्य नहीं समझा तो इसमें मसविदा समिति के लोगों का क्या दोष? उन्होंने मसविदा समिति के प्रति अपना अनादर प्रकट किया है

जब तक स्थिति पर पूरा काबू नहीं होगा कोई विचलित भी नहीं हो सकता। उन्हें पता नहीं कि मसविदा समिति पानी में केवल मछली पकड़ने के काम में नहीं लगी थी हमें तो तालाब भी खोदना था, पानी भी डालना था और उसी में मछली भी पैदा करनी थी। मैं उनकी आलोचनाओं को प्रशंसा रूप में ही लेता हूँ मसविदा समिति अपने दायित्व से विचलित मानी जाती तथा थोथी प्रतिष्ठा के लिए युद्धरत मानी जाती, यदि विभिन्न संशोधन जो स्वीकार्य योग्य थे उन्हें स्वीकार करते हुए अपने मूल अनुच्छेदों में संशोधन न करती। मैं स्वीकार करता हूँ कि मसविदा समिति को अपनी गलती सुधारने और आगे का रास्ता ठीक करने में कोई शर्म नहीं आयी।

मुझे खुशी है कि एक आध सदस्यों को छोड़कर पूरी संविधान सभा को ड्राफ्टिंग कमेटी के काम से प्रसन्नता है। मसविदा समिति के सदस्य और सभा द्वारा प्रशंसा के शब्द सुनकर मुझे स्वाभाविक प्रसन्नता है। मैं तो सभा में केवल अनुसूचित जातियों के हितों के संवर्द्धन की एक मात्र भावना से आया था। मुझे रंचमात्र भी अपेक्षा नहीं थी कि मेरे कन्धों पर गुरुतर भार सौंपा जायेगा। मुझे तब और आश्चर्य हुआ जब ड्राफ्टिंग कमेटी ने मुझे अपना अध्यक्ष चुना। ड्राफ्टिंग कमेटी में मुझसे भी बड़े लोग तथा अत्यधिक प्रतिभावान लोग थे। उनमें से प्रमुख मेरे मित्र सर अल्लादि कृष्णा स्वामी अय्यर ही थे। मैं आभारी हूँ सभा और कमेटी का कि देश की सेवा करने का एक सुन्दर अवसर मेरे ऊपर विश्वास करके दिया और मुझे इस सीढ़ी का बेहतर उपयोग करने का सौभाग्य प्रदान किया। यह श्रेय मुझे अकेले नहीं दिया जाना चाहिए। संवैधानिक सलाहकार बी० एन० राऊ तथा ड्राफ्टिंग कमेटी के सदस्यों को यह श्रेय दिया जाना चाहिए जिन्होंने परिश्रम करके एक मसविदा तैयार किया। संविधान के मुख्य ड्राफ्टमैन श्री एस० एन० मुखर्जी को भी यह श्रेय जाना चाहिए जिन्होंने अच्छे सुझाव और प्रस्ताव देकर तथा अपने कठिन परिश्रम से कठिन शब्दावली को स्पष्ट और साधारण कानूनी शब्दावली दी। उनकी मदद के बिना इस सभा को अभी कई वर्ष और लग जाते। मसविदा तैयार करने में उसी के साथ कठिन अध्यवसाय करने वाले मुखर्जी के स्टाफ के लोगों को भी धन्यवाद देना जरूरी है जिनके प्रयास और सहयोग से यह काम आसान हुआ।

संविधान सभा भी एकताबद्ध होकर इस काम को नहीं करती तो यह कष्ट साध्य काम था। एक ही पत्थर के अनेक टुकड़े अलग-अलग रूप-रंग में जगह-जगह बिखरे पड़े थे। उन्हें मजबूत सीमेंट से जोड़कर सुन्दर कलात्मक फर्श का रूप दिया गया। यदि ऐसा न होता तो सभा अपने आप में कानून रहित अराजक संस्था हो जाती। इस सभा की एकता का श्रेय कांग्रेस पार्टी को जाता है जिसने कार्यवाही को अनुशासन और व्यवस्था के साथ चलाने में भरपूर मदद की। कांग्रेस पार्टी को इस बात का श्रेय दिया जाना चाहिए कि मसविदा समिति द्वारा प्रस्तुत धाराओं को आसानी के साथ पास होने दिया।

यदि पार्टी के अनुशासन में बुरी तरह बँधकर सभी सदस्यों ने कार्यवाही में हिस्सा लिया होता तो कार्यवाही बहुत नीरस हो जाती। इस सभा में जी हुजूरों की ही अधिक संख्या नहीं थी, विद्रोहियों की भी संख्या कम न थी। माननीय कामथ, डॉ० पी० एस० देशमुख, माननीय सिधवा, प्रो० सिब्बजन लाल सक्सेना, पं० ठाकुर दास भार्गव, प्रो० के० टी० शाह, प्रो० कुँजरू आदि अधिकांशतः सैद्धान्तिक प्रश्नों को उठाते रहे। यद्यपि मैं उनके संशोधनों को स्वीकार नहीं करता था, इसके मायने यह कदापि नहीं कि उनके मूल्यांकन व विचारों का कोई महत्त्व ही नहीं था। मेरी मजबूरी थी कि संविधान के लिए निर्धारित कसौटी से मैं बाहर नहीं जा सकता

था। मैं अध्यक्ष महोदय को भी धन्यवाद देना चाहता हूँ। आपने जिस तरह का भाव उन सदस्यों के प्रति प्रदर्शित किया जो कार्यवाही में हिस्सा ले रहे थे अथवा आपने जिस तरह से कार्य संचालित किया उसकी जितनी भी प्रशंसा हो कम है। कभी-कभी इतने तकनीकी प्रश्न खड़े हो जाते थे कि ड्राफ्टिंग कमेटी के अध्यक्ष के रूप में मेरे सामने विशेष समस्या खड़ी होती थी लेकिन उन्हें अस्वीकार कर आपने हमारा काम आसान किया और सभा को केवल कानूनी दाँवपेंच का अखाड़ा नहीं बनने दिया।

मेरे मित्र अल्लादि कृष्णा स्वामी अय्यर और टी० टी० कृष्णायाचारी ने संविधान तैयार करने में कितना परिश्रम किया उनको कितना भी धन्यवाद दिया जाये वह कम है। इन दोनों ने संविधान के पक्ष में बहुत-सी दलीलें दी हैं। किन्तु संविधान की अच्छाई और बुराई उसकी शब्दावली पर नहीं निर्भर है। यदि संविधान चलाने का दायित्व बुरे लोगों के हाथ में है तो अच्छा संविधान भी बुरा हो जायेगा। यदि अच्छे लोगों के हाथ में इसका संचालन है तो यह अच्छा हो जायेगा। संविधान की अच्छाई-बुराई केवल उसकी लिखावट पर निर्भर नहीं है। संविधान तो केवल राज्य के संगठनों—जैसे, विधायिका, कार्यपालिका और न्यायपालिका का ढाँचा खड़ा करता है। उन संगठनों के काम करने का तौर तरीका जनता पर निर्भर है। अब प्रश्न उठता है कि राजनीतिक दल इस संविधान के प्रति कैसा रुख अख्तियार करेंगे तथा किस इच्छाशक्ति से संस्थाओं का संचालन करेंगे? इसका उत्तर कौन दे सकता है कि राजनैतिक दल और जनता संविधान के साथ कैसा व्यवहार करेगी। क्या वे अपने उद्देश्यों की पूर्ति के लिए संवैधानिक तौर तरीका ही अपनायेंगे अथवा अपने उद्देश्य की पूर्ति हेतु क्रान्तिकारी रास्ता चुनेंगे? यदि वे क्रान्तिकारी मार्ग को ही चुनेंगे तो यह भविष्यवाणी करने के लिए किसी भविष्यवक्ता की जरूरत नहीं कि संवैधानिक व्यवस्था नष्ट हो जायेगी। इसलिए संविधान के क्रिया-कलाप पर कोई टिप्पणी करने से अच्छा है कि इसे भावी राजनैतिक दलों और जनता के ऊपर छोड़ा जाये कि वे भविष्य में संविधान के साथ कैसा सलूक करते हैं।

संविधान की आलोचना मुख्यत: दो दलों—साम्यवादी और समाजवादियों की ओर से आयी है। जहाँ तक साम्यवादियों का प्रश्न है, वे सर्वहारा की तानाशाही के सिद्धान्त में विश्वास करते हैं, जबकि यह संविधान संसदीय लोकतंत्र पर आधारित है। समाजवादी दो चीज चाहते हैं कि जब वे सत्ता में आयें तो किसी भी प्रकार की निजी सम्पत्ति बिना किसी मुआवजे के राष्ट्रीकृत अथवा समानीकृत कर लें और संविधान में वर्णित मूल अधिकार शाश्वत हों तथा बे रोक टोक के हों जिससे उनका दल सत्ता में आ सके। वे सरकार की केवल आलोचना की आजादी नहीं, अपितु राज्य को ही उखाड़ फेंकने की आजादी चाहते हैं।

मैं नहीं कहता कि संसदीय पद्धति ही सर्वाधिक आदर्श व्यवस्था है। मैं यह भी नहीं कहता कि बिना मुआवजा किसी की सम्पत्ति लेना इतना पवित्र कार्य है कि इससे विरत न हुआ जाये। मैं यह भी नहीं कहता कि मूल आधार शाश्वत हैं और उन पर किसी तरह की कोई पाबन्दी न हो। मैं तो इतना ही कहता हूँ हमारे संविधान में वर्णित सिद्धान्त इस पीढ़ी के विचार हैं। यह तो सभा ने पास किया है, इसके लिए ड्राफ्टिंग कमेटी को कोसने से क्या लाभ? मैं कहता हूँ आखिर सभा के भी सदस्यों को कोसने से क्या होगा? अमेरिकी संविधान के निर्माताओं में अग्रिम जेफर्सन्ट थे। उनकी एक बात को सभी संविधान बनाने वालों को ध्यान में रखना चाहिए। "हम प्रत्येक पीढ़ी को एक राष्ट्र के रूप में मान सकते हैं, उन्हें बहुमत की भावना से एक अधिकार के साथ आपस में बाँध सकते हैं, किन्तु कोई भावी पीढ़ी को नहीं

बाँध सकता, सिवाय परदेशी लोगों के।" पुनः वह कहते हैं, "राष्ट्र निर्माण के लिए जिन संस्थाओं की स्थापना होती है उन्हें हम उस सीमा तक न तो स्पर्श कर सकते हैं, न परिवर्तित कर सकते हैं। उन्हें तो जनता के विश्वास से उनके संचालन हेतु बैठे लोग ही सुधार या परिष्कार कर सकते हैं। कोई भी नियम सम्राट द्वारा अपनाये जाने वाले जुल्म के खिलाफ हो सकता है लेकिन वही नियम राष्ट्र के भी खिलाफ हो सकता है फिर भी हमारे वकील और देवदूत केवल यह सिद्धान्त प्रतिपादित करते हैं कि हमारे पुरखे धरती पर ज्यादा ढंग से रहते थे, जैसे हम रहते हैं। उनके बनाये नियम हमारे ऊपर लागू हैं और हम उन्हें बदल भी सकते हैं। उसी तरह हमारी पीढ़ी कानून बनाकर भावी पीढ़ी पर लाद सकती है जिसे खत्म करने का उन्हें कोई अधिकार नहीं होगा। मानो पृथ्वी केवल मृत पीढ़ी की है जीवित लोगों की नहीं।"

मेरी राय में जेफर्सन की कही बात पूरी तरह सत्य है। यदि संविधान सभा अपनी बात आगे की पीढ़ी पर यथावत थोप देती तो इसकी निन्दा तथा आलोचना हो सकती थी। सभा अन्तिम मुहर लगाने से बची है। कनाडा में संशोधन की गुंजाइश नहीं है। अमेरिका आस्ट्रेलिया में अनेक बंदिशें हैं, किन्तु हमने संविधान परिवर्तन का सुगग मार्ग अपनाया है। दुनिया के किसी देश की सभा ने संविधान परिवर्तन का ऐसा रास्ता नहीं निकाला है। यदि कुछ लोगों को इस संविधान से सन्तोष नहीं है तो वे अपनी ताकत बनायें और दो तिहाई संसदीय बहुमत से इसे बदल दें।

कहा जाता है कि संविधान केन्द्रीभूत हो गया है। राज्य तो नगरपालिका जैसे हो गया है। यह विचार अतिशयोक्तिपूर्ण है। संघ का आधारभूत सिद्धान्त कि कार्यपालिका और विधायिका शक्तियाँ केन्द्र और प्रान्त के बीच विभाजित होती हैं। हमारे संविधान में राज्य केन्द्रीय कार्यपालिका व विधायिका के मोहताज नहीं है। हमारे संघीय कार्य उतने नहीं हैं जितने दूसरे संघीय देशों में है। "अदालतें किसी नियम को सुधार सकती हैं उन्हें बदल नहीं सकतीं। वे उन्हें नये तर्कों से, भाष्यों से सुधार सकती हैं वे बारीक रेखाएँ खींच सकती हैं किन्तु उनकी अपनी सीमाएँ हैं कुछ उसका अदालतें अतिक्रमण नहीं कर सकतीं। किसी निश्चित अधिकार का वे अलग से बँटवारा नहीं कर सकतीं। वे मौजूद अधिकारों का आधार बड़ा कर सकती हैं, किन्तु वे एक आधिकारिक संस्था के मूल अधिकारों को किसी दूसरी संस्था को स्थानान्तरित नहीं कर सकतीं।"

एक आरोप है कि केन्द्रीय सत्ता राज्यों के अधिकारों का अपहरण कर लेगी। यह आरोप स्वीकार्य योग्य है, किन्तु ऐसा कहते समय कुछ बातों को ध्यान में रखना चाहिए कि यह संविधान का मूल अंश नहीं है। वैसा करना केवल आपात उपबन्ध है। क्या हम आपातकाल में भी राज्य को मजबूत नहीं देख सकते। आपातकाल में आम नागरिक की प्रतिबद्धता राज्य में नहीं अपितु केन्द्र के प्रति होनी चाहिए। आपातकाल में केन्द्रीय सरकार ही पूरे देश और सामान्य जन के हित को देख सकती है। आखिर हमने इतना ही तो कहा है कि आपातकाल में राज्य की सरकारें अपने अधिकारों को केन्द्र के पक्ष में समर्पित कर दें। ऐसे समय में राष्ट्र का हित सर्वोपरि है तो ऐसी बात की क्या आलोचना?

26 जनवरी, 1950 को भारत एक पूर्ण स्वतंत्र देश हो जायेगा तो इसकी आजादी का क्या होगा? क्या वह अपनी आजादी सुरक्षित रखे या उसे गवाँ दे। क्या एक बार अपनी आजादी खोने वाला भारत दुबारा उसे गवाँ दे। इसी विचार ने मुझे भविष्य के बारे में काफी बेचैन

किया। भारत अपने ही कुछ लोगों की दगाबाजी और विश्वासघात के कारण गुलाम हुआ। सिन्ध में आक्रमण के समय मुहम्मद बिन कासिम, जो राजा दोहर का कमाण्डर था उसने, आक्रमणकारियों से रिश्वत लेकर दाहर की ओर से लड़ने से मना किया। जयचन्द ने मोहम्मद गोरी को आक्रमण करने का न्यौता दिया और पृथ्वीराज के खिलाफ लड़ाई में गोरी की मदद की। जब शिवाजी हिन्दुओं की आजादी के लिए लड़ रहे थे तो सोलंकी राजे, कुछ मराठे सरदार, राजपूत राजे, मुगलों की ओर थे। सिखों पर जब अंग्रेजी हमला हुआ तो उनका सेनापति खामोश बैठ गया और सिख राजा गुलाब सिंह हार गया। 1857 में लगभग भारत के बहुत बड़े हिस्से में आजादी की जंग हुई तो सिख चुपचाप बने रहे। क्या इतिहास फिर दुहराया जायेगा। मुझे यह बात और भी चुभती है कि पुरानी जाति व्यवस्था की तरह अनेकों राजनीतिक शक्तियाँ जन्म ले रही हैं। क्या भारतीय लोग देश को इन जातियों और दलों से ऊपर समझेंगे? किन्तु यदि दलों ने अपने वंश को देश से ऊपर रखा तो देश की आजादी खतरे में पड़ जायेगी और हमेशा के लिए देश खत्म हो जायेगा। हमें ऐसी प्रवृत्तियों से देश को बचाना है। हमें अपने खून की अंतिम बूँद से देश की आजादी की हिफाजत करनी है।

26 जनवरी, 50 से हमारे देश में जनता द्वारा जनता के लिए एक सरकार हो जायेगी तो इस देश के लोकतान्त्रिक संविधान की क्या हालत होगी? क्या वह संविधान की रक्षा करेगा या इसे ध्वस्त करेगा। इस प्रश्न से मैं काफी चिंतित हूँ।

ऐसा नहीं कि भारत को लोकतंत्र की जानकारी नहीं है। एक समय था जब भारत में केवल गणराज्य थे। जहाँ कहीं राजा थे वे भी या तो चुने हुए थे या उन पर कठोर नियंत्रण थे। ऐसा नहीं कि भारत को संसद अथवा संसदीय प्रक्रिया का ज्ञान नहीं था? बौद्ध भिक्षु संघ के एक अध्ययन से पता चला है कि भारत में संघ अथवा संसदें थीं, उनके संचालन के नियम थे। उनमें बैठने के नियम थे, प्रस्ताव पेश करने के नियम, प्रस्ताव, कोरम, द्वीप (निर्देश) वोटों की गणना, मतदान पद्धति, अविश्वास प्रस्ताव, नियमितीकरण आदि पूरी पद्धति प्रचलित थी। यह सभी बुद्ध द्वारा संघों की बैठकों में अपनाये जाते थे। उनके समय प्रचलित नियमों को हमने अपनाया।

यह संसदीय पद्धति भारत में नष्ट हो गई थी। अब क्या हम इसे दुबारा नष्ट करेंगे? यह भारत जैसे देश में ही सम्भव है जहाँ लोकतंत्र बहुत प्रारम्भ में था वहीं उसे नई व्यवस्था करके कहा जा रहा है। यहाँ लोकतंत्र के ही गर्भ से तानाशाही के पैदा होने का खतरा मौजूद है। यह पूरा सम्भव है कि हम लोकतंत्र का ढाँचा तो बचा के रखें लेकिन उसी में तानाशाही जन्म ले ले। यदि व्यवस्था का क्षरण हुआ तो दूसरी सम्भावना से इन्कार नहीं किया जा सकता।

यदि हमें वस्तुत: लोकतंत्र की रक्षा करनी है तो हमें क्या करना चाहिए? प्रथमत: हमें अपने आर्थिक और सामाजिक उद्देश्यों की पूर्ति के लिए संवैधानिक रास्तों को ही अपनाना चाहिए। हमें खूनी संघर्ष से क्रान्ति के रास्ते को छोड़ देना चाहिए। हमें सविनय अवज्ञा, असहयोग और सत्याग्रह के रास्ते का त्याग कर देना चाहिए। जहाँ आर्थिक सामाजिक उद्देश्यों की पूर्ति के लिए संवैधानिक रास्ता न बचे वहाँ असंवैधानिक मार्ग से चलने का पूरा औचित्य है। ये रास्ते तो अराजकता के व्याकरण हैं जितना जल्दी हम उस रास्ते को भूल जायें उतना ही अच्छा रहेगा।

जान स्टुअर्ट मिल ने लोकतंत्र के प्रहरियों से कहा, "कभी किसी बड़े आदमी के चरणों में अपनी आजादी को समर्पित न करो जिससे वह तुम्हीं से ताकत लेकर व्यवस्था को नष्ट कर

दे। किसी बड़े व्यक्ति के प्रति कृतज्ञ होने में कोई हर्ज नहीं है, जिन्होंने देश की लम्बे समय तक सेवा की है किन्तु कृतज्ञता की भी एक सीमा है।'' आयरलैण्ड के महान् देशभक्त पैट्रियट डैनियाल ओ कोनेल ने कहा, ''कोई व्यक्ति अपने स्वाभिमान की शर्त पर किसी का कृतज्ञ नहीं हो सकता। कोई भी महिला अपने सतीत्व की कीमत पर किसी की कृतज्ञ नहीं हो सकती और कोई राष्ट्र अपनी आजादी खोकर कृतज्ञता प्रकट नहीं कर सकता। यह चेतावनी भारत जैसे देश के लिए बहुत महत्त्वपूर्ण है जहाँ भक्ति व्यक्ति के जीवन में महत्त्वपूर्ण है, इसी भक्तिभाव से राजनीति में व्यक्ति पूजा का प्रवेश हुआ है। विश्व के किसी देश से अधिक भारत में व्यक्तिपूजा राजनीति में महत्त्वपूर्ण हो गयी है। धर्म में भक्ति आत्मा को मुक्ति के मार्ग पर ले जाता है लेकिन राजनीति में भक्ति या व्यक्तिपूजा तानाशाही और बर्बादी की राह पर ले जाता है।''

हमें तीसरी चीज करनी है कि हमारा लोकतंत्र केवल राजनैतिक लोकतंत्र न होकर सामाजिक लोकतंत्र हो जाये। जब तक सामाजिक समता नहीं होगी सामाजिक लोकतंत्र जीवन का एक ऐसा रास्ता है जहाँ आजादी, समता और एकता का सिद्धान्त जीवन का अंग बन जाये। यह आजादी समता और एकता का समग्र भाव ही लोकतंत्र की कसौटी है। इन तीनों सिद्धान्तों में से किसी एक को त्याग देने से लोकतंत्र का अर्थ ही नष्ट हो जायेगा। आजादी को समता और एकता से अलग नहीं किया जा सकता। समता आजादी के बिना व्यक्ति की पहल को समाप्त करेगी और एकता के बिना समता और आजादी का भाव नष्ट हो जायेगा। भारतीय समाज में दो चीजों का सर्वथा प्रभाव है। हम भारत में विषमता पर आधारित समाज बनाये हैं जो श्रेणीबद्ध है। समता के क्षेत्र में कुछ ऐसे हैं जिनके पास अतुलित धन है, अधिकांश दरिद्र हैं। 26 जनवरी, 1950 को हम परस्पर विरोधाभास के युग में प्रवेश करने जा रहे हैं। राजनीति में समता की बात होगी, किन्तु सामाजिक आर्थिक क्षेत्र में विषमता होगी। राजनीति में एक व्यक्ति एक वोट का सिद्धान्त चलेगा तथा एक वोट की समान हैसियत रहेगी। किन्तु हमारा सामाजिक आर्थिक रचना का संसार एक व्यक्ति एक हैसियत के सिद्धान्त का निषेध करता है। हम कितने दिनों तक इस विरोधाभास में जियेंगे? कितने दिनों तक हम आर्थिक, सामाजिक क्षेत्र में समता को नकारते रहेंगे? ऐसा करके हम अपनी राजनीतिक आजादी को खतरे में डाल रहे हैं। हम इस विरोधाभास को अतिशीघ्र कुछ क्षणों में नष्ट करें अन्यथा जो विषमता के शिकार हैं वे लोकतांत्रिक ढाँचे को तोड़ देंगे जिसे इस सभा ने काफी मेहनत से तैयार किया है।

एकता का अर्थ सामान्य भाईचारा है। यदि पूरा भारत एक है तो इससे हमें सामाजिक जीवन में एकता के दर्शन होते हैं। इसे प्राप्त करना कठिन है। इसे हम जॉन ब्राइस के जीवन से प्राप्त कर सकते हैं। एक जमाना था जब अमेरिका में भी लोग एक राष्ट्र के बारे में नहीं सोच पाते थे। प्रार्थना में जब कहा गया ''ओ गॉड ब्लेस दीज यूनाइटेड स्टेट्स'' तो जब वहाँ ऐसी स्थिति थी तो भारत के लिए तो यह और भी कठिन है। मुझे पता है भारत में राजनैतिक दिमाग के लोग 'द पीपुल ऑफ इण्डिया' कहने पर नाराज होते थे। मेरे विचार से हम एक राष्ट्र हैं ऐसा कहने से हम एक दुविधा से मुक्ति पाते हैं। हजारों जातियों में विभक्त लोग कैसे एक राष्ट्र बनें? हमें जितना जल्दी एहसास हो कि हम भावनात्मक और सामाजिक क्षेत्र में अभी तक एक राष्ट्र नहीं हैं उतना ही हमारे लिए अच्छा है, तभी हम एक राष्ट्र बनने की जरूरत महसूस करेंगे और इस लक्ष्य को प्राप्त करने के लिए रास्ते और तरीके तलाश करेंगे। हम लोगों को उस रास्ते की तलाश यूनाइटेड स्टेट्स से भी कठिन है। वहाँ जाति व्यवस्था नहीं है यहाँ

है। जातियाँ राष्ट्र विरोधी हैं क्योंकि वे सामाजिक ढाँचे में बिखराव पैदा करती हैं। वे जातियों में द्वेष और घृणा पैदा करती हैं परन्तु यदि हम वास्तव में एक राष्ट्र बनना चाहते हैं तो इन कठिनाइयों पर विजय पाना चाहिए। भाई-चारा तभी सम्भव है जब हम एक राष्ट्र हों। बिना भाई-चारा के समता और स्वतंत्रता की जड़ें गहरी नहीं होंगी।

यही मेरा मन्तव्य है जिन्हें भविष्य में पूरा करना है। यह कुछ लोगों के लिए रुचिकर नहीं हो सकता। इस देश में राजशक्ति कुछ लोगों का एकाधिकार रही है। बहुतेरे उनके बोझा को ढोने वाले रहे हैं। कुछ लोगों के राजनैतिक एकाधिकार ने बहुसंख्यक को अपना जीवन ऊँचा बनाने से रोका है। वे अपने जीवन के महत्त्व को भूल गये हैं। दलित वर्गों के लोग शासित होते-होते थक गये हैं, वे स्वशासन चाहते हैं। दलित वर्गों में इस तरह की चेतना से वर्ग संघर्ष या वर्ग युद्ध की प्रवृत्ति पैदा होगी। इस घर के बँटने की सम्भावना है, वह दिन विनाशकारी होगा। इब्राहिम लिंकन के शब्दों में, ''विभाजित समाज लम्बे समय तक टिका नहीं रह सकता। इसलिए शीघ्रातिशीघ्र उन वर्गों की भावनाओं के आगे झुककर बहुसंख्यक की बेहतरी, देश की बेहतरी, अपनी आज़ादी की रक्षा व इसके लोकतांत्रिक ढाँचे की रक्षा के लिए आगे आना होगा। यह भाई-चारा, समता सभी क्षेत्रों में कायम करने से होगा।''

आजादी खुशी का विषय है। किन्तु इस आजादी ने हमारे ऊपर ज्यादा जिम्मेदारियाँ सौंपी हैं। स्वतन्त्रता आ जाने से सभी बुराइयों का आरोप अंग्रेजों पर मढ़ने के अधिकार से हम वंचित हो गये हैं। इस चीजों के खराब होने का बड़ा खतरा है। समय बदल रहा है हमारे लोग नयी विचारधारा की ओर अग्रसर हो रहे हैं। वे जनता की सरकार से थक रहे हैं। वे जनता के लिए सरकार चाहते हैं उन्हें इससे मतलब नहीं कि जनता द्वारा जनता की सरकार है। यदि हम जनता की, जनता के लिए जनता द्वारा सरकार का स्थायित्व चाहते हैं तो हमें अपनी बुराइयों पर नजर रखनी होगी जो हमारे रास्ते की अवरोधक हैं। हमें बुराइयों को दूर करने में कमजोरी नहीं दिखानी होगी। यह देश सेवा का रास्ता है। इससे अच्छा भी कुछ है मुझे नहीं मालूम।

■

गांधी-अम्बेदकर रिश्ते : पृष्ठभूमि का अन्तराल

महात्मा गांधी और डॉ० अम्बेदकर बीसवीं शताब्दी के दो ऐसे भारतीय नाम हैं जिनसे लम्बे समय तक भारतीय पीढ़ी प्रेरणा लेती रहेगी। इतिहास की विडम्बना ऐसी है कि इन दोनों महान् हस्तियों के रिश्ते अपने जीवनकाल में इतने सुमधुर नहीं रहे, किन्तु दोनों की देशभक्ति, समाज सेवा तथा देश समाज परिवर्तन की शक्तियों को आगे बढ़ाने में अतुलनीय योगदान को सदैव प्रणाम किया जायेगा। यह संयोग है कि दोनों का सार्वजनिक जीवन आरम्भ अलग-अलग घटनाओं और अलग-अलग पृष्ठभूमि के मानसिक दबाव में हुआ इसलिए दोनों की संघर्ष की प्राथमिकताओं में थोड़ा अन्तर है, दोनों ने ही अपने लक्ष्य की पूर्ति का आधार समाज परिवर्तन को ही माना, किन्तु प्रथम चरण और द्वितीय चरण में अन्तर दिखाई देता है। गांधी जी 1891 में बैरिस्टरी पासकर इंग्लैण्ड से वापस भारत आ गये थे। अम्बेदकर का जन्म इसी वर्ष में हुआ था। गांधी जी की वकालत नहीं चलती थी इसलिए एक स्कूल में हाईस्कूल को अंग्रेजी पढ़ाने के लिए 75 रुपये माहवार की नौकरी का आवेदन किया, उन्हें प्रबन्धकों ने भर्ती करने से इन्कार किया क्योंकि वे ग्रेजुएट नहीं थे। वे बम्बई में वकालत छोड़कर राजकोट चले गये और औसतन तीन सौ रुपये महीने की कमाई करने लगे। पोरबन्दर के राना साहब के सचिव और सलाहकार के रूप में गांधी जी के भाई काम करते थे। इनके भाई पर आरोप था कि वे राना साहब को गलत सलाह देते थे। अंग्रेजों का पोलीटिकल एजेण्ट गांधी जी के भाई के बहुत ही खिलाफ था। गांधी जी उक्त अंग्रेज अधिकारी से इंग्लैण्ड से ही परिचित थे। वे अपने भाई की सिफारिश में अंग्रेजी अधिकारी के कार्यालय समय लेकर मिलने गये। उक्त अधिकारी उनकी बात सुनते ही बिगड़ उठा और उनसे पूर्व परिचित होने के बावजूद अपने चपरासी से धक्के दिलाकर जबरन गांधी जी को दफ्तर से बाहर निकाला। अंग्रेजी अफसरशाही के खिलाफ गांधी जी के मन में गुस्सा करने की यह प्रथम घटना थी।

सेठ अब्दुल करीम झावेरी, जो गुजरात के व्यापारी थे, का दक्षिण अफ्रीका में भी बड़ा कारोबार था। 40 हजार के दावे में उनको अच्छे वकील की जरूरत थी। इस कम्पनी के केस की पैरोकारी में 105 डालर और प्रथम श्रेणी के आने-जाने का टिकट लेकर गांधी जी दक्षिण अफ्रीका गये। 1893 में डरबन में कम्पनी द्वारा प्रथम श्रेणी में यात्रा करने का टिकट बुक कराकर प्रीटोरिया जा रहे थे। मारिजबुर्ज रेलवे स्टेशन पर अंग्रेज कण्डक्टर आये, उन्होंने गांधी जी को प्रथम श्रेणी के डिब्बे से निकालकर साधारण से यात्रा करने को कहा क्योंकि काले लोग प्रथम श्रेणी में यात्रा के हकदार नहीं थे। गांधी जी ने उक्त डिब्बे का वैध मुसाफिर होने के नाते बाहर जाने से इन्कार किया फिर पुलिस ने उनका सारा सामान डिब्बे से बाहर फेंक दिया। उन्हें काफी बेइज्जत किया। उन्हें जाड़े की ठिठुरती रात स्टेशन के प्रतीक्षालय में बितानी पड़ी। इस घटना ने पूरे तौर पर उन्हें अंग्रेज नस्ल के ही खिलाफ कर

दिया। इसके बाद से स्वदेश वापस आकर गांधी जी ने अपना सम्पूर्ण जीवन अंग्रेजी साम्राज्यशाही और नस्लवाद के खिलाफ संघर्षों में न्यौछावर कर दिया। 1916 में वाराणसी में काशी विश्वविद्यालय के शिलान्यास के शुभ अवसर पर अंग्रेज वायसराय की जानकारी में अंग्रेजी हुकूमत और व्यवस्था के खिलाफ शंखनाद किया, वह उनके बज्र जैसे संकल्प को दर्शाने के लिए काफी है।

डॉ० भीमराव अम्बेदकर के भी आरम्भिक जीवन पर सामाजिक दबाव का प्रभाव पड़ा। अम्बेदकर के पिता श्री रामजी सेना में महू छावनी से सूबेदार मेजर होकर सेवा निवृत्त हुए और बाद में उन्हें 1894 में लोक निर्माण विभाग में रत्नगिरि जिले में नौकरी मिली फिर उनका तबादला सतारा जिले में हो गया। वे 1900 में अपनी 14वीं सन्तान भीमराव को स्कूल में प्रवेश दिलाने के लिए अनेक विद्यालयों में घूमे। कोई भी प्रधानाध्यापक इनके अछूत जाति के कारण विद्यालय में प्रवेश देने को राजी नहीं होता था। बहुत कठिनाइयों के बाद एक दर्जा में सतारा में एक प्राथमिक पाठशाला में प्रवेश मिला जहाँ शर्त थी कि अम्बेदकर कक्षा से बाहर दरवाजे के सामने बैठकर अध्यापक द्वारा पढ़ाई को स्वीकार करे। एक बार मसूर रेलवे स्टेशन से गोरेगाँव एक बैलगाड़ी में बैठकर अम्बेदकर और उनके भाई जा रहे थे, बैलगाड़ी का कोचवान ज्यों ही समझा कि दोनों मुसाफिर अछूत जाति के हैं तो वह बैलगाड़ी से उतर पड़ा और कहा कि आप लोगों के साथ चलने में मुझे भी छूत लग जायेगी। अम्बेदकर जब हाईस्कूल की पढ़ाई करने सतारा से बम्बई गये तो वहाँ भी उन्हें स्कूल में बच्चे टिफिन का भोजन छून नहीं देते थे। जब वे अपना मुँह खोलते तो चपरासी ऊपर से गिलास का पानी मुँह में डाल देते। अछूत जाति के कारण उनका जो तिरस्कार हुआ उससे उनकी भावना ब्राह्मणवाद के खिलाफ विद्रोही हो गयी। यहाँ तक कि 1917 में विदेश की पढ़ाई पढ़ने डाक्टरेट की उपाधि प्राप्त करने के बाद अमेरिका से वापस आने पर जब उन्हें 1917 में महाराज बड़ौदा ने मिलिट्री सचिव बनाया तो कोई भी व्यक्ति उन्हें रहने के लिए आवास भाड़े पर नहीं देता था, क्योंकि वे दलित जाति से थे। उनकी विद्वता, प्रतिभा और पद से समाज पर कोई प्रभाव नहीं था। कोई इन्हें अगवानी करने भी नहीं गया। किसी होटल अथवा हॉस्टल में उन्हें जगह नहीं मिली तो एक पारसी होटल में ठहरे। उन्होंने अपने आवास सम्बन्धी शिकायत महाराज बड़ौदा से की, उन्होंने अपने प्रमुख प्रधानमंत्री को आवास देने सम्बन्धी संस्तुति भी कर दी, लेकिन डॉ० अम्बेदकर बिना किसी आवास के रहे और पुनः गुस्से में बड़ौदा छोड़कर बम्बई वकालत करने चले गये। बाद में और जिस महाविद्यालय में कानून के प्रवक्ता बने वहाँ जातिगत कारणों से उन्हें जो अपमान झेलना पड़ा उसकी भी लम्बी कहानी है। इसलिए हिन्दू धर्म के प्रति विद्रोही होते चले गये।

1919 में मम्फोर्ड सुधार के समय अम्बेदकर ने मुसलमान और सिखों की तरह दलितों के लिए पृथक् मताधिकार की माँग कर दी थी। मताधिकार के प्रश्न पर साउथ बोडो कमेटी के समक्ष 27 जनवरी, 1919 को डॉ० अम्बेदकर[1] ने अपना साक्ष्य दिया। उन्होंने सुधार समिति की रिपार्ट के समक्ष कहा कि अंग्रेज लोग हमेशा कहते रहे हैं कि जाति और समुदाय में विभक्त भारतीय समाज प्रातिनिधिक सरकार के लिए उपयुक्त नहीं है। भारत के प्रबुद्ध राजनेता इस सिद्धान्त को स्वीकार नहीं करते। वे कहते हैं यूरोप में भी सामाजिक बँटवारा है।

---

1. **डॉ० अम्बेदकर स्पीचेज एण्ड राइटिंग्स वाल्यूम 9, पृष्ठ 248।**

संयुक्त राज्य अमेरिका में प्रचलित जाति आधारित पक्षपात की तुलना भारतीय सामाजिक बँटवारे से की जा सकती है। भारत में आपराधिक षड्यंत्र द्वारा जाति भेद पैदा किया गया है। यूनाइटेड स्टेट्स आफ अमेरिका में जातिगत विभाजन को स्थायित्व दिया गया है। कोई पोलैण्ड का है, कोई डच है, कोई स्वीडन का है, कोई जर्मन का, रूसी आदि खेमे हैं जिनकी अलग-अलग भाषा, धर्म तथा परम्परागत मान्यताएँ हैं। यदि सामाजिक विभाजन किसी देश को मताधिकार से वंचित करने के लिए पर्याप्त कारण है तो यह निषेध प्रथमतः अमेरिका में होना चाहिए। लेकिन यदि यह पद्धति अमेरिकी समाज के लिए उपयुक्त है तो क्यों नहीं भारत के लिए। भारत का सामाजिक विभाजन विभिन्न प्रकार का है। उनके रहन-सहन, विश्वास, उद्देश्य, मान्यताएँ, भावनाएँ समान हैं। ज्ञान और विवेक में समान सोच है। समबोध तो समान आबादी, सामाजिक व राजनैतिक परम्परा के लिए आवश्यक तत्त्व हैं। इसमें समान सम्प्रेषणीयता और परस्पर विश्वास की भावना होती है। भारत के प्रबुद्ध नेताओं का ऐसा अभिमत है।

लेकिन हिन्दू किसी-न-किसी जाति का सदस्य होता है। जाति इतनी अप्रासंगिक और एकाकी है, हिन्दू होने का भाव मात्र गैर हिन्दुओं के प्रति उसके व्यवहार का निदेशक तत्व है। किन्तु हिन्दू वर्ग के आपसी प्रचलन के लिए जाति का भाव ही मुख्य कारक है। दो हिन्दुओं के बीच व्यवहार में जाति दीवार रूप में खड़ी है। सम्पूर्ण हिन्दू समाज छूत और अछूत के दो रूप में विभाजित है। छुआछूत प्रथा ने अछूतों को जाति में मिलाने पर प्रतिबन्ध लगा रखा है। इसलिए हिन्दुस्तान विभाजन छूत-अछूत, हिन्दू, मुसलमान, ईसाई, पारसी और यहूदी के रूप में हैं। कोई सरकार जो जनता के लिए हो, लेकिन जनता द्वारा न हो तो वह समाज में कुछ लोगों के राजा और कुछ को प्रजा रूप में विभाजित कर देगी। किसी भी व्यक्ति को समाज में अपनी भूमिका निर्धारण की खुली छूट हो तथा प्रत्येक व्यक्ति समान अवसर और पहल से अपनी भूमिका निर्धारित कर सके ऐसा अवसर प्रदान किया जाये। सरकारों के लिए यह सही है कि सरकार अपनी प्रत्येक भूमिका में सभी का हर समान अपेक्षित भरोसा नहीं कर सकती, लेकिन लोकतंत्र के हित में बहुतों के बलिदान पर थोड़े के हितों की देखरेख भी नहीं होनी चाहिए। केवल मतदाता होना पर्याप्त नहीं अपितु कानून निर्माता होना भी जरूरी है। अन्यथा थोड़े से कानून निर्माता सदा सर्वदा के लिए अपने मतदाताओं के मालिक बने बैठे रहेंगे।

उन्होंने कहा, "क्षेत्रीयता आधारित (टेरिटोरियल कास्टीटूएन्सी) में छोटे समूहों का कोई प्रतिनिधित्व नहीं होता। भारत देश का मतदाता केवल मतदाता नहीं अपितु वह एक वर्ग अथवा जाति का हिस्सा है। वोट देते समय उसका वर्ग अथवा जाति महत्त्वपूर्ण है इसलिए वह एक दिशा में ही वोट देगा। बड़ी जाति का व्यक्ति जीतकर कानून निर्माता बनेगा और छोटे वर्ग के व्यक्ति को पराजय ही देखनी होगी तथा उसकी त्रासदी यथावत रहेगी। सामाजिक विभाजन में पूर्वग्रह व्याप्त रहता है। इसका कोई उचित समाधान नहीं बताया गया है। केवल कहा गया है कि प्रोप्रोशनल (आनुपातिक) प्रतिनिधित्व होना चाहिए। इस पद्धति से हमारा उद्धार सम्भव नहीं है। इसलिए वे अल्पसंख्यक जो संयुक्त मतदाता क्षेत्र से चुनाव नहीं जीत सकते उनके लिए सुरक्षित सीटें बहुउद्देशीय क्षेत्रों में हों या पृथक्, साम्प्रदायिक मतदान का अधिकार हो। मुसलमान, बहुउद्देशीय क्षेत्रों से जीते बँटवारे की जड़ें हिन्दू मुसलमान में गहरी हैं, साम्प्रदायिक चुनाव तो मजबूत तथ्य है।

हिन्दुओं में एक वर्ग कहता है कि अछूतों को अपनी आवाज बुलन्द करने के लिए कौन्सिल हाल में उनके प्रतिनिधि होने चाहिए। सवर्ण हिन्दुओं में बहुतेरे ब्राह्मणीधारा के गुलाम नहीं रह सकते। इसलिए गैर ब्राह्मण सवर्णों का भी अलग से प्रतिनिधित्व हो। क्योंकि गैर ब्राह्मण भी शिक्षा के क्षेत्र में पिछड़े हैं। बौद्धिक और सामाजिक वर्चस्व ब्राह्मणों का है। वह केवल गैर ब्राह्मणों को ही त्रस्त नहीं करता। यह सभी को प्रभावित करता है। गैर ब्राह्मणों के अस्तित्व रक्षा की अलग से पड़ताल हो। गैर ब्राह्मणों का अलग से मताधिकार जरूरी नहीं क्योंकि वे गैर ब्राह्मणी सामूहिक इच्छा का प्रतिनिधित्व नहीं करते। उन्होंने आँकड़ों से सिद्ध किया कि लिंगायत मराठे किसी भी हालत में ब्राह्मणों से मतदाता रूप में कम नहीं हैं, लेकिन दलित तो बहुत पीछे हैं। प्लेटो ने कहा था, ''गुलाम वह है जिसका आचार-व्यवहार किसी सबल पक्ष के निर्देश पर संचालित होता हो। इस परिभाषा की कसौटी पर अछूत सबसे बड़े गुलाम हैं। वे कभी अपनी दशा सुधारने का स्वप्न भी नहीं देखते वो तो अपनी दुर्दशा के लिए किसी से कोई शिकायत भी नहीं कर सकते हैं। वे उच्च वर्गों पर इस बात का दबाव भी नहीं दे सकते कि वे उनके साथ आदर सूचक वह व्यवहार करें जो एक मनुष्य दूसरे के साथ करता है।

उन्होंने बाम्बे प्रेसीडेन्सी का उदाहरण देते हुए कहा कि 1911 की जनगणना के अनुसार इस प्रेसीडेन्सी में अछूतों की आबादी 2158699 थी अर्थात् पूरी आबादी का 8%। इसलिए हमें यहाँ की धारा सभा में 8% आरक्षित सीटों पर प्रतिनिधित्व मिले। कांग्रेस पार्टी ने मुसलमानों के लिए साम्प्रदायिक पृथक् निर्वाचन स्वीकार किया है, लेकिन अछूतों के लिए नहीं माना है। कांग्रेस में भी व्यवहार में परिवर्तनवादी और यथास्थितवादी हैं। उनका कहना है कि आर्थिक और सामाजिक परिवर्तन अलग-अलग धाराएँ हैं। इसमें कोई एका नहीं है। उनके अनुसार सामाजिक और राजनैतिक दो पहनावे हैं यह मौसम की आवश्यकतानुसार पहने जायेंगे। कानून साज एसेम्बली पुरानी इच्छानुसार दुकान नहीं है। यह तो समाज का भविष्य बनाने वाली संस्था है। अछूतों को सवर्णों के हाथ में आई सत्ता से बहुत उम्मीदें नहीं हैं। यद्यपि वे अछूतों के खिलाफ सत्ता का इस्तेमाल नहीं करेंगे, किन्तु वे इनके उद्धार के लिए भी सत्ता का इस्तेमाल नहीं करेंगे। कोई धारा सभा जिसमें सवर्ण बहुमत में होंगे वह सवर्ण हिन्दुओं के आधिपत्य को खत्म करने, गली, कुओं, मन्दिरों में अछूतों के प्रवेश अन्तर्जातीय कानूनों के हक में कानून नहीं बनायेंगे। कोई भी विधायिका एक सुनिश्चित सामाजिक दशा की उपज होती है इसलिए समाज की सोच के अनुसार ही वह कानून बनाती है। ऊँची जाति में उत्पन्न विधायक निम्न जातियों के उचित प्रश्न भी विधायिका में नहीं आने देते। 1916 में दाताभाई ने इम्पीरियल विधान मण्डल में अछूतों की दशा सुधारने का विधेयक पेश किया। उनका विधेयक गिर गया और वे विधान मण्डल में पराजित भी हुए।[1] उनके स्थान पर खापर्डे आये जिन्होंने लिखा कि जो लोग अछूतों के उद्धार की बात करते हैं या काम करते हैं वे स्वयं गिरे हुए लोग हैं।

भारत में राष्ट्रवाद के उदय से जिन लोगों की अछूतों के प्रति हमदर्दी है वे पीछे हो गये। राजनैतिक आन्दोलनों ने सामाजिक सुधार कार्यक्रमों को पीछे कर दिया। प्रार्थना समाज, ब्रह्म समाज आदि संगठन इतिहास की वस्तु बन गये। शिक्षा एक वर्ग में सिमट गयी इसलिए

---

1. डॉ० अम्बेदकर स्पीचेज एण्ड राइटिंग्स वाल्यूम 9, पृष्ठ 268।

अछूतों को सवर्णों की मर्जी पर न छोड़ा जाय अपितु उन्हें अपना भाग्य सँवारने का अवसर दिया जाय। उन्होंने आरोप लगाया कि 1918 में बम्बई में एक सम्मेलन हुआ जिसमें तिलक जी गये। मौखिक सहानुभूति अछूतों से जताई किन्तु जब छुआछूत समाप्त करने की एक घोषणा सम्मेलन द्वारा प्राप्त करके उनके पास हस्ताक्षर के लिए गयी तो उन्होंने हस्ताक्षर करने से इन्कार किया। सवर्ण हिन्दू राष्ट्रवादी नेताओं की इस मानसिकता से हमें काफी निराशा हुई है।

डॉ० अम्बेदकर का बोडो कमीशन के समक्ष दिया गया साक्ष्य और उसमें कही गयी बातें समय की कसौटी पर कितनी सही उतरीं यह तो स्वतंत्रता के बाद के संसदीय इतिहास की समीक्षा करके निष्कर्ष निकाला जा सकता है। संसदीय मंच से ही दलितों के हित में अनेक कानून बने और उसे पास कराने और लागू कराने में अनेक सवर्ण हिन्दू नेताओं का योगदान था। हाँ, उस समय की सामाजिक स्थिति में सवर्ण मानसिकता कितनी प्रबल थी इसका अंदाजा डॉ० अम्बेदकर के कथन से ही लगाया जा सकता है कि सामाजिक परिवर्तन का काम करने वाले संगठन कितनी जल्दी विलुप्त हो जाते थे। उस समय की कांग्रेस के दो प्रतिनिधि डॉ० राजेन्द्र प्रसाद और जवाहरलाल ने विधायिका में दलितों को साम्प्रदायिक पृथक् निर्वाचन का अधिकार देने का विरोध किया। उनका कहना था कि वयस्क मताधिकार प्राप्त होने से दलितों की दशा स्वयमेव सुधर जायेगी। उन दोनों ने धारा सभाओं में दलित प्रतिनिधियों के नामांकन का सुझाव दिया। गांधी जी ने खुद डॉ० अम्बेदकर के पृथक् निर्वाचन की माँग का विरोध किया लेकिन इस माँग से उन पर भी ऐसा मानसिक दबाव पैदा हुआ कि वे अछूत उद्धार का नारा कांग्रेस जनों को दिये।

अगस्त, 1920 में गांधी जी के नेतृत्व में प्रथम सत्याग्रह आन्दोलन प्रारम्भ हुआ था, उसके साथ ही दलित समस्या को लेकर कांग्रेस पार्टी ने पहली बार प्रस्ताव पास किया था तथा अस्पृश्यता निवारण आन्दोलन की शुरुआत गांधी जी को करनी पड़ी थी। गांधी जी भारतीय समाज की नजदीकी पकड़ होने के नाते समझते थे कि जाति तोड़ो आन्दोलन खड़ा कर देने से उनका स्वराज्य का आन्दोलन कमजोर पड़ सकता है। उन्होंने मई, 1915 में अहमदाबाद में जब सत्याग्रह आरम्भ किया तो आश्रम परिवार में प्रथमतः एक अछूत सदस्य को शामिल करने की बात कही। ठक्कर बप्पा का पत्र लेकर एक दलित परिवार गांधी जी की इच्छानुसार रहने लगा। आश्रमवासियों को तो उस परिवार से कोई आपत्ति नहीं थी लेकिन आश्रम के खर्च में सहायता करने वालों के लिए यह गम्भीर बात हो गयी। बंगले के मालिक ने अपने कुएँ से अछूत के पानी निकालने पर घोर आपत्ति की। मालिक कुएँ से पानी निकालने पर गाली गलौज करता था। गांधी जी ने सभी आश्रमवासियों को कुएँ के मालिक की गालियाँ बरदाश्त करने को कहा। उन लोगों ने सभी तरह की आर्थिक मदद भी बन्द कर दी और आश्रमवासियों का सामाजिक बहिष्कार तक करने की चेतावनी दी। गांधी जी इस पर अडिग रहे और उन्होंने घोषणा कर दी कि वे आश्रम छोड़कर दलित बस्तियों में जाकर रहने लगेंगे और दैनिक मेहनत मजदूरी से जो मिलेगा उसी पर जीवनयापन करेंगे लेकिन किसी कीमत पर आश्रम से दलित परिवार बाहर नहीं होगा। इससे स्पष्ट है कि गांधी जी का दलित उद्धार का संकल्प अटूट था, किन्तु समाज पर जिस तरह सवर्ण मानसिकता का दबदबा था उसके साथ उसी जुझारू तेवर में वे नहीं लड़ सकते थे जिस तीखेपन के साथ डॉ० अम्बेदकर लड़ रहे थे क्योंकि गांधी जी के एजेण्डा पर प्रथम और अन्तिम संघर्ष औपनिवेशिक साम्राज्यशाही

के खिलाफ था और उनकी मान्यता थी कि स्वराज्य होने पर कानून बनाकर न केवल छुआछूत को खत्म किया जा सकता है अपितु दलितों को कानूनी तौर पर अधिकार देकर उन्हें आगे बढ़ाया जा सकता है।

किन्तु अम्बेदकर के प्रयासों का ही फल था कि 1919 के अधिनियम में प्रथम बार दलित जातियों का अस्तित्व स्वीकार किया गया और गवर्नर जनरल ने 14 नान आफिशियल मेम्बर्स का मनोनयन किया, केन्द्रीय धारा सभा के लिए उसमें एक दलित था। उसी तरह प्रान्तीय सभाओं में 4 नामांकन सेण्ट्रल प्राविंसेज में हुए। यह अम्बेदकर की प्रथम जीत कही जा सकती है।

8 नवम्बर, 1927 को जॉन सायमन की अध्यक्षता में एक कमीशन गठित हुआ। कांग्रेस पार्टी ने इस आयोग के बहिष्कार का नारा दिया, साथ ही मुस्लिम लीग के जिन्ना गुट ने भी उस आयोग का विरोध किया, किन्तु एक गुट ने उसका समर्थन किया। इस आयोग के साथ सहयोग करने के लिए केन्द्रीय सरकार और सभी राज्य विधान परिषदों ने अपनी कमेटी मनोनीत की। 3 अगस्त, 1928 को डॉ० अम्बेदकर बम्बई प्रदेश कौंसिल की ओर से इस कमीशन का सहयोग करने के लिए मनोनीत हुए। उन्होंने गुस्से में कहा कि हिन्दू जमात और दलित समाज का कोई रिश्ता नहीं है। हम लोग एक अलग जमात हैं। उन्होंने धारा सभाओं में एक दो दलित सदस्यों के नामांकन की प्रथा को समाप्त कर इनके अलग से चुनाव कराने की माँग की। डॉ० अम्बेदकर का गुस्सा प्रतिक्रिया स्वरूप था, क्योंकि फरवरी और मई 1928 के कांग्रेस पार्टी के आह्वान पर लखनऊ में आल पार्टी संविधान सम्मेलन पं० मोतीलाल नेहरू की अध्यक्षता में हुआ। इस सम्मेलन ने मुसलमानों के लिए पृथक् निर्वाचन क्षेत्र स्वीकार किया। समिति की राय थी कि बालिग मताधिकार होने से दलितों की हालत स्वत: सुधर जायेगी। कांग्रेस के दलितों के प्रति इस तरह के बर्ताव से अम्बेदकर का उत्तेजित होना स्वाभाविक था। अम्बेदकर को उम्मीद थी कि गांधी ऐसे मौके पर हस्तक्षेप करेंगे और कांग्रेस नेतृत्व को दलितों को राजनैतिक अधिकार दिलाने के लिए हठ करेंगे किन्तु गांधी की चुप्पी ने अम्बेदकर को और भी प्रतिक्रिया से भर दिया। उन्होंने सायमन कमीशन के समक्ष कहा कि आबादी का 5वाँ हिस्सा अछूत है। वे अछूतों को सताते हैं। ब्राह्मणों का अत्याचार चरम सीमा पर है। वे हमें पशु समझते हैं। कुएँ से पानी नहीं निकालने देते। इस नल पर पानी नहीं पी सकते। अत: हमारे लिए धारा सभा में स्थान आरक्षित हो। हमें मंत्रिमण्डल में जगह मिले। इनका मंत्री हो सेना, नौकरी, शिक्षा में भर्ती हो। सायमन ने पूछा—

प्रश्न—क्या आदिवासी भी अछूत हैं?

उत्तर—हाँ कुछ भागों में कहा जाता है।

प्रश्न—बम्बई विधानसभा में इन लोगों के लिए क्या होना चाहिए?

उत्तर—इनको हिन्दुओं से अलग और अल्पसंख्यक कहना जरूरी है और प्रत्येक को दो वोट का अधिकार हो इनकी सीट सुरक्षित हो।

प्रश्न—हर युवक को अलग मताधिकार न दिया जाये तो?

उत्तर—तो फिर से लोग अलग निर्वाचन क्षेत्र की माँग करेंगे।

प्रश्न—तुम चाहते हो तो इन्हें सरकारी नौकरी मिले क्यों?

उत्तर—क्योंकि इनके साथ न्याय नहीं होता उपेक्षा होती है।

तब सायमन ने ऐसा करने का वचन दिया।

1930 में जार्ज पंचम ने लन्दन में भारत का संविधान बनाने के लिए गोलमेज सम्मेलन बुलाया, इसमें 89 लोग थे। इनमें से 53 भारत के विभिन्न वर्गों का प्रतिनिधित्व करने वाले लोग थे जिनमें प्रमुख गांधी, जिन्ना, सप्रू, चमनलाल, सरदार उज्ज्वल सिंह, कश्मीर, पटियाला के राजा, बड़ौदा, भोपाल, अलवर, बीकानेर के राजा सहित डॉ० अम्बेदकर भी शामिल थे। उन्होंने सम्मेलन में अपने विचार प्रकट करते हुए कहा, "अंग्रेजी राज में हमारे देश के अछूतों ने कोई तरक्की नहीं की, इसका मुझे खेद है। मैं इसकी शिकायत लेकर आया हूँ। क्या कभी भारत से छुआछूत जाएगा? "दलित तालाबों से पानी भर सकेंगे? कुएँ पर जा सकेंगे? सेना पुलिस में भर्ती नहीं हो सकेंगे? इनके छूने से नल अपवित्र हो जाता है क्या? मन्दिरों में जाने पर रोक क्यों है? इन्हें क्यों सताया जाता है?" सम्राट ने कुछ न कुछ करने का वचन दिया।

1930 के लाहौर सम्मेलन में कांग्रेस पूर्ण स्वराज्य की माँग कर रही थी। 1931 में मार्च महीने में लार्ड इरविन और गांधी जी में समझौता हुआ। भगत सिंह और उनके साथियों को फाँसी हो गयी। 23 मार्च, 1931 की घटना के तुरन्त बाद कराची में कांग्रेस का अधिवेशन था। देश भर के युवक गांधी से, चूँकि सरदार भगत सिंह व उनके साथियों को फाँसी हो गयी थी, इसलिए गांधी-इरविन समझौता रद्द करने की माँग कर रहे थे। गांधी ने ऐसा नहीं किया और कांग्रेस के कराची सम्मेलन में उन्होंने प्रतिनिधियों को इस बात का आश्वासन दिया कि वे गोलमेज सम्मेलन में पूर्ण स्वराज्य की पैरवी करने जा रहे हैं। उनका देश को वचन था रा० टे० का० में पूर्ण स्वराज्य की वकालत और डॉ० अम्बेदकर देश के दलितों को उनके अधिकार वापस दिलाने का वचन देकर गये थे, इसलिए दोनों को तो गोलमेज सम्मेलन में भिड़ना ही था।

कांग्रेस ने कराची सम्मेलन में मौलिक अधिकारों सम्बन्धी प्रस्ताव पास ही कर दिया था। गांधी जी की कोशिश थी—भारत में जनता के बुनियादी अधिकार बहाल किये जायें। गांधी लन्दन में अम्बेदकर पर बरसे। अम्बेदकर उनसे मिले। गांधी ने कहा, "तुम इन्हें अछूत कहते हो, मैं इन्हें हरिजन कहता हूँ। मैंने इनकी तरक्की के लिए अभी तक 20 लाख खर्च किये हैं।" अम्बेदकर ने कहा, "महात्माजी मैं आपका सम्मान करता हूँ। आप इन्हीं में 20 लाख बाँट देते तो भी इनका कोई लाभ नहीं होता। आप भारत से छुआछूत नहीं मिटा पाये। इसका मुझे दुःख है। मैंने निश्चय किया है कि दलितों को उनका मानवाधिकार दिलाऊँगा। सिख और मुसलमानों को आरक्षण है तो अछूतों को क्यों नहीं है?" गांधी ने इस बात से असहमति जतायी क्योंकि कराची कांग्रेस अधिवेशन से अधिकार, आदेश और दिशा लेकर गोल मेज सम्मेलन में आये थे। उनकी दिशा थी—पूर्ण स्वराज्य और नागरिकों के मूल अधिकार, इसलिए अम्बेदकर से उनकी टकराहट स्वाभाविक थी।

9 जून 1931 को कांग्रेस कार्य समिति की बम्बई में आवश्यक बैठक हुई थी। इसमें देश की सामान्य स्थिति पर विचार हुआ था। यहाँ गांधी जी ने कहा था,[1] "जब तक भारत में

---

1. महात्मा-तेन्दुलकर वाल्यूम 3, पृष्ठ 298।

हिन्दू-मुसलमान के झगड़ों का प्रश्न हल नहीं कर लिया जाता तब तक लन्दन गोलमेज सम्मेलन में भाग लेने का कोई औचित्य नहीं है। यदि सम्मेलन के प्रारम्भिक दौर में ही हिन्दू-मुस्लिम समस्या गम्भीर हो जायेगी तो वास्तविक जो राजनैतिक और आर्थिक प्रश्न हैं वे चर्चित नहीं हो सकेंगे। किन्तु कार्य समिति ने फैसला किया कि सभी परिस्थितियाँ अनुकूल हैं। गांधी को गोल मेज सम्मेलन में कांग्रेस का प्रतिनिधित्व करना चाहिए।

गांधी जी ने यंग इण्डिया[1] में 18 जून, 1931 को एक लेख लिखकर अपना पक्ष बतलाया कि मैंने कांग्रेस कमेटी को कहा है हमें गोल मेज सम्मेलन में जाकर ऊपर से स्वराज्य का नक्शा लेकर चले आने से कुछ नहीं होगा। कांग्रेस को देश के सभी वर्गों का उसी तरह प्रिय पात्र बनाना है जैसा कि यह हिन्दुओं में प्रिय है। हमें गोल मेज सम्मेलन का तब तक इन्तजार करना चाहिए जब तक इस देश के सभी वर्ग एक राष्ट्रीय समाधान के लिए सहमत नहीं हो जाते। यह निर्भर करता है कि हम पूर्ण स्वराज्य का अर्थ क्या लगाते हैं? पूर्ण एकता, अन्दर और बाहरी आक्रमण से मुक्ति, इसे हम स्वराज्य का अर्थ समझते हैं। इसे वयस्क मताधिकार और सत्याग्रह दोनों से प्राप्त किया जा सकता है। कांग्रेस को करोड़ों भूखी नंगी जनता का प्रतिनिधित्व करना होगा और उनके लिए लड़ना होगा। कांग्रेस तत्त्व चाहती है छाया नहीं। इसलिए यह शक्ति सत्ता की छाया के लिए इन्तजार नहीं करेगी। यह सत्ता के मूल के इन्तजार में भी नहीं रहेगी जिसकी प्रतीक्षा और अपेक्षा इस देश का करोड़ों भूखा और नंगा व्यक्ति कर रहा है।

8 अगस्त, 1931 को गांधी ने वक्तव्य में कहा[2] कि बिना पूर्व तैयारी के गोल मेज सम्मेलन में जाना व्यर्थ है। मेरा वहाँ जाना व्यर्थ है यदि हिन्दू, मुसलमान, सिख झगड़ों का निपटारा नहीं होता। यह तो कांग्रेस कार्य समिति का फैसला है कि इस समस्या का पूर्व समाधान होने से पूर्व भी मुझे जाना है लेकिन मैं वहाँ केवल हिन्दू बनकर नहीं जाना चाहता। यदि मैं वहाँ जाकर केवल हिन्दू हूँ तो मुझे कांग्रेस का प्रतिनिधित्व नहीं करना है। यदि मुझे वहाँ कम ताकत और कम आत्मविश्वास के साथ जाना है तब भी यह एक कदम लन्दन की ओर होगा। 29 अगस्त, 1931 को बम्बई बन्दरगाह से गोल मेज सम्मेलन में हिस्सा लेने हेतु राजपूताना जहाज से गांधी चले। इनके साथ पं० मदनमोहन मालवीय, श्रीमती सरोजनी नायडू, प्रभाशंकर पट्टानी, महादेव देसाई, प्यारेलाल, देवदास, मीरावेन और जी० डी० बिड़ला थे। पूर्व योजना के अनुसार डॉ० अंसारी को भी जाना था, लेकिन उन्हें वायसराय ने अनुमति नहीं दी।

वहाँ जाते समय गांधी ने कहा, ''ईश्वर अकेले मेरे दिशा निर्देशक हैं। वातावरण गहन अन्धकार का है, मुझे खाली हाथ आने की पूरी सम्भावना है, किन्तु भगवान् भरोसे चल रहा हूँ। कुछ न कुछ भारत के भाग्य सँवारने की दृष्टि से अच्छा ही होगा।''

अक्टूबर, 1931 के अन्त में ब्रिटेन में चुनाव हुए। रामसे मैकडोनल्ड को प्रधानमंत्री मानकर 5 नवम्बर को एक राष्ट्रीय सरकार ब्रिटेन में बनी। सप्रू सहित तमाम भारत के प्रतिनिधियों ने ब्रिटेन की नयी सरकार से भारत के भावी संविधान और सरकार के बारे में

---

1. महात्मा-तेन्दुलकर वाल्यूम 3, पृष्ठ 99।
2. वही, पृष्ठ 103।

अपना निर्णय शीघ्र घोषित करने की माँग की। गोलमेज सम्मेलन का मुख्य काम फेडरल स्ट्रक्चर कमेटी और माइनारटी कमेटी कर रही थी। गांधी जी दोनों के सदस्य थे। साम्प्रदायिक पहल तमाम कोशिशों के बावजूद किसी निर्णायक बिन्दु पर नहीं पहुँची। माइनारटी कमेटी की बैठकें लगातार स्थगित होती थीं। अन्दर बातें तो होती थीं किन्तु निष्कर्ष कुछ नहीं निकलता था। डॉ० अम्बेदकर लगातार अछूत जातियों के लिए पृथक् निर्वाचन की माँग करते थे। सिखों को छोड़कर सभी अल्पसंख्यक वर्ग के प्रतिनिधि उनकी माँग का समर्थन करते थे। अन्त में कमेटी के सामने भाषण करते हुए अम्बेदकर ने कहा, "अछूत जातियाँ इच्छुक नहीं हैं वे बारबार जोर नहीं दे रही हैं, न तो वे कोई आन्दोलन खड़ा कर रही हैं कि ब्रिटिश हुकूमत तत्काल सत्ता का हस्तान्तरण कर भारतीय लोगों को सत्ता सौंप दे।" सिख और मुस्लिम प्रतिनिधि कहते थे जब तक अल्पसंख्यंकों का प्रश्न हल नहीं हो जाता वे किसी समझौते को स्वीकार नहीं करेंगे।

13 नवम्बर को मैकडोनल्ड ने सम्मेलन में भाषण करते हुए[1] आधिकारिक तौर पर अल्पसंख्यक गुटों के आपसी एकता को आशीर्वाद दिया तथा दलित वर्गों द्वारा पृथक् मताधिकार की माँग का समर्थन किया। गांधी ने अपने भाषण में कहा कि कांग्रेस पार्टी अनगिनत वर्षों तक बियाबान में घूम सकती है, लेकिन ऐसे किसी समझौते को स्वीकार नहीं कर सकती जिस पेड़ की साया में आजादी का पौधा कभी नहीं उगे। अपने उपसंहारात्मक भाषण में गांधी ने कहा, "अन्य अल्पसंख्यकों द्वारा अपने हक में उठाये गयी माँग का अर्थ मेरी समझ में आता है, किन्तु अछूतों के नाम पर उठायी गयी माँग मेरी समझ से परे है। इसका अर्थ है लगातार खतरनाक धार पर चलना। भारत की आजादी की जंग जीतने के बहाने अछूतों के अधिकारों के साथ सौदा नहीं किया जा सकता। मैं अपने को भारत के अछूत बहुल वर्ग का प्रतिनिधि घोषित करने का दावा करता हूँ। यदि भारत के अछूतों में जनमत संग्रह किया जाये तो मुझे उनका सर्वाधिक वोट मिलेगा और अछूत नेतृत्व में मैं प्रथम रहूँगा। मैं नहीं चाहता कि हमारे रजिस्टर में अछूतों का नाम अलग वर्ग के रूप में दर्ज हो। सिख, मुस्लिम यूरोपीय का नाम तो अलग वर्ग के रूप में दर्ज हो सकता है। मुझे हिन्दुत्व की मौत स्वीकार्य हो सकती है यदि इस धर्म में छुआछूत की पद्धति जिन्दा रहती है। मैं उनके हितों का बलिदान सम्पूर्ण विश्व का राज्य प्राप्त होने की शर्त पर भी नहीं कर सकता। वे लोग जो अछूतों के अधिकार के नाम पर भाषण कर रहे हैं, वे भारत को नहीं जानते। वे नहीं जानते कि आज के भारतीय समाज का गठन किस प्रकार से हुआ है। इसलिए मुझ में जितनी भी शक्ति है उस पूरी शक्ति का इस्तेमाल करते हुए कह रहा हूँ कि यदि ऐसी चीज का विरोध करने के लिए मैं अकेला व्यक्ति बचता हूँ तो भी इसका विरोध अपने जीवन की बाजी लगाकर भी करूँगा।" 28 नवम्बर को विदाई सभा हुई जिसमें प्रधानमंत्री ने माइनारटी कमेटी की तथा फेडरल स्ट्रक्चर कमेटी की रिपोर्ट रखी।[2] उन्होंने नोट में कहा, "अभी सरकार ने इन रिपोर्टों को स्वीकार नहीं किया है।" सम्मेलन के समापन समारोह में गांधी ने 70 मिनट तक आधी रात को भाषण दिया और लोगों का कथन है कि वह उनके स्मरणीय भाषण में से एक है।

---

1. महात्मा-तेन्दुलकर वाल्यूम 3, पृष्ठ 128।
2. वही, पृष्ठ 129।

गोलमेज सम्मेलन की बैठकें तीन महीने में तीन बार हुईं। सभी बैठकों में गांधी अम्बेदकर की झड़प बड़ी रोचक है। अम्बेदकर ने 4 करोड़ 30 लाख दलितों की दशा का मार्मिक पक्ष ब्रिटिश सरकार के समक्ष रखा। उन्होंने कहा, ''अछूत मुसलमानों से अलग हिन्दुओं के ही एक अंग कहे जाते हैं। यहाँ तक कि गुलाम, प्रजा और राजा में भी शारीरिक सम्बन्ध है लेकिन अछूत अलग हैं।'' उन्होंने प्लेनरी सेशन की 5वीं बैठक में 20 नवम्बर, 1931 को कहा, ''भारत के अछूत फ्रांस और ब्रिटेन की आबादी के बराबर हैं। वे अस्तित्व का संकट झेल रहे हैं।'' उन्होंने दलितों की ओर से माँग की कि भारत में अफसरशाही आधारित सरकार की जगह जनता की, जनता द्वारा, जनता के लिए सरकार गठित हो। दलितों ने भारत में अंग्रेजी राज को युगों से अंधविश्वासी हिन्दू जुल्म, दमनकर्ताओं से मुक्ति दिलाने का आधार माना है। उन्होंने सिख, मुसलमान और हिन्दुओं से लड़ाई लड़ी है और भारत के साम्राज्य को जीता है। ब्रिटिश भारतीय दलितों के हितों के संरक्षक हैं। अंग्रेजों के आने से पूर्व हम बहुत खराब हालत में थे। हम सभी अवसर से वंचित थे। अब कुछ गुंजाइश पैदा हुई है लेकिन हमारी हालत में कोई अन्तर नहीं आया है। 150 वर्षों के ब्रिटिश राज में सब कुछ ठीक नहीं हो सका है जैसे चीन का दर्जी पुराने कोट में पेबन्द लगाकर ठीक करता है वैसे ही आपने किया है। हम सवर्णों से दया और कृपा की भीख नहीं माँगते। वे हमारी समस्या का समाधान करने में विफल हैं। ब्रिटिश सरकार पर दोहरा दबाव है। एक भारत पर राज करने वाले महाप्रभुओं का तथा दूसरा बाहरी दबाव।

भारत की अफसरशाही प्रधान सरकार हमारी समस्या का समाधान नहीं कर सकती है। जब तक हम अपने हाथ में राजनैतिक सत्ता नहीं लेंगे। सत्ता की नयी मशीनरी तैयार करते समय भारतीय समाज की बनावट को ध्यान में रखना होगा। अन्यथा जो भी संविधान आप बनाकर देंगे उसे भारतीय समाज चाट जायेगा। अछूत समाज की समस्या सामाजिक है उसका हल भी राजनैतिक समाधान के अतिरिक्त होगा। इन वर्गों का भाग्य तब तक नहीं सँवरने वाला है जब तक उनके हाथ में राजसत्ता नहीं आती। ब्रिटिश शासन ने भी कुछ लोगों के ही हाथ में आर्थिक, बौद्धिक, सामाजिक सत्ता दे दी है। दलितों ने काफी इन्तजार किया। जब-जब ब्रिटिश सरकार ने किसी प्रातिनिधिक सरकार की बात कही उसमें दलित छूटते गये। भविष्य के शासकों की सद्भावना के भरोसे हमारी समस्याएँ न छोड़ी जाएँ। हमारे हाथों में शक्ति दी जाये। राजनैतिक सत्ता की मशीन से हम अपने भाग्य को सँवार लेंगे। धारा सभा सभी वर्गों का प्रतिनिधित्व करने वाली तथा जवाबदेह हो। हम सरकार के दमन से दलित हिन्दुओं द्वारा सताये हुए, मुसलमानों द्वारा उपेक्षित, हम असहाय अवस्था में अति असहाय अवस्था को प्राप्त हैं। इसके प्रति ध्यान आकृष्ट कराना मेरा फर्ज है।

अक्टूबर माह की प्रथम बैठक में अम्बेदकर ने अछूतों को अलग वर्ग मानकर धारा सभाओं में उनके प्रतिनिधित्व की माँग की थी। इस बिन्दु पर भारतीय प्रतिनिधि मण्डल विभाजित हो गया था। गांधी जी ने सावधानी की बात कही थी। गांधी जी ने सुझाव दिया था कि बैठक स्थगित कर सभी पक्षों की एक कमेटी बनाकर सम्मिलित फार्मूला बनाया जाये। अम्बेदकर ने कहा, ''क्या ऐसी कमेटी में काम करना सम्भव होगा।'' प्रथम दिन ही गांधी ने अम्बेदकर से कहा था कि फेडरल कमेटी में वे मुसलमान और सिख के अलावा किसी अन्य वर्ग को मान्यता नहीं देते। वे फिर कह रहे हैं कि इस विचार पर वे आरूढ़ हैं। इस पर गांधी ने कहा, ''भारतीय समाज का कोई हिस्सा प्रतिनिधित्व से वंचित नहीं होगा सभी के साथ

न्याय होगा। हम सभी मिलकर एक विधान बनायेंगे।" किन्तु एक हफ्ते के प्रयास के बाद गांधी ने कमेटी के सामने अपनी विफलता स्वीकार की और कहा कि पूरा हफ्ता गँवाने के बावजूद साम्प्रदायिक समस्या का हम अभी तक कोई हल नहीं निकाल सके हैं। उन्होंने कहा, "विभिन्न तरह के लोग भारतीय प्रतिनिधि मण्डल में आ गये हैं जिन्हें अपने संगठनों और जनता का समर्थन प्राप्त नहीं है। हम लोग कांग्रेस द्वारा चुनकर भेजे गये हैं शेष किसी के चुने प्रतिनिधि नहीं हैं। वे लोग ही इस समस्या पर बातचीत से कोई निश्चित फार्मूला निकालने में अवरोधक हैं। मैं कांग्रेस का प्रतिनिधि हूँ जो सम्पूर्ण भारत का प्रतिनिधित्व करती है। इस संस्था के माध्यम से जो करोड़ों दलित अछूत गूँगे हैं, जो अपने हक की बात नहीं कर सकते, ऐसे सभी पिछड़े गरीब अछूतों का कांग्रेस प्रतिनिधित्व करती है। हमारे बारे में भ्रम फैलाने की कोशिश हो रही है कि हम अछूतों को किसी तरह का प्रतिनिधित्व देने के विरोधी हैं, यह गलत है। हम उन्हें विशेष प्रतिनिधित्व देने के पक्ष में नहीं हैं। हम पूर्ण बालिग मताधिकार के पक्ष में हैं। इस तरह करोड़ों अछूत अपने प्रतिनिधित्व को पूरा कर लेंगे। विशेष प्रतिनिधित्व से उन्हें लाभ के बजाय हानि ज्यादा होगी। मताधिकार से अछूत-अछूत नहीं रह जायेंगे। कानून के मुकाबले हमारे धार्मिक संस्कार ज्यादा मजबूत हैं जिससे अछूतों की यह गति हुई है और इस तरह के संस्कारों के लिए प्रत्येक समझदार हिन्दू अपने को शर्मनाक महसूस करता है। मैं किसी भी कठोर कानून को बनाने का पक्षधर हूँ जिससे अछूत भाइयों को सवर्णों के जुर्म से मुक्ति मिल सके। ईश्वर को धन्यवाद दी जा रही है, बहुत शीघ्र ही छुआछूत का पाप हमारे समाज में भूतकाल की बात हो जायेगी।"

इस पर अम्बेदकर ने कहा, "कल रात की बैठक में निश्चय था कि केवल बैठक के अनिश्चित काल तक स्थगन की घोषणा होगी कोई किसी पर टिप्पणी नहीं करेगा, लेकिन गांधी ने इस निश्चय को तोड़ा है। इसलिए मैं भी मौन तोड़ता हूँ।" उन्होंने कहा, "हम लोग चुने हुए नहीं अपितु सरकार के मनोनीत सदस्य हैं। यदि दलित वर्ग को इस सम्मेलन के लिए अपने प्रतिनिधि चुनने का मौका मिलता तो वे मुझे ही अपना प्रतिनिधि चुनते। मुझे चुने जाने की औपचारिकता भले ही न हुई हो लेकिन मैं अपने पूरे वर्ग का प्रतिनिधित्व करता हूँ। जहाँ तक कांग्रेस के अछूतों के प्रतिनिधित्व करने का सवाल है वे तो उन्हें अपना अधिकार भी नहीं देना चाहते। कुमायूँ गढ़वाल के अछूतों ने एक प्रस्ताव भेजा है कि वे कांग्रेस में अपना पूरा अविश्वास प्रकट करते हैं। कमेटी की विफलता पर ब्रिटिश सरकार को ही अछूतों के प्रतिनिधित्व की समस्या हल कर देनी चाहिए।"

उन्होंने स्पष्ट किया कि भारत का अछूत वर्ग सत्ता हथियाने के लिए उतावला नहीं है। हमने कभी प्रस्ताव पास करके सत्ता हस्तान्तरण के लिए ब्रिटिश सरकार को हटाने की माँग नहीं की है। हम अपनी समस्याओं से जूझ रहे हैं और उनका तत्काल हल चाहते हैं। जो वर्ग सत्ता पाने को उतावले हैं यदि उन्हें आप सत्ता हस्तान्तरित करते हैं तो इस बात की पूरी गारण्टी दीजिए कि परम्परावादी, दकियानूसी वर्गों के आधिपत्य से हमारे अधिकार मुक्त हों। इस पर गांधी उत्तेजित हो गये उन्होंने बीच में ही टोकते हुए कहा कि तथाकथित अछूतों की सेवा में एक शब्द और कहना चाहता हूँ। मैं सभी वर्गों का दावा समझ सकता हूँ, लेकिन अछूतों की ओर से मेरी प्रति निष्ठुरतापूर्ण व्यवहार किया गया है। इसके मायने है एक व्यक्ति के रूप में मुझमें जितनी भी शक्ति है पूरी शक्ति से इसका विरोध करूँगा।....पूरी दुनिया जान ले मैं अछूत प्रथा को खत्म करना चाहता हूँ। सिख और मुसलमान का सदा सर्वदा अलग

अस्तित्व बना रहेगा, क्या ऐसा ही अछूतों का भी सदा सर्वदा के लिए अलग अस्तित्व बना रहे। यदि छुआछूत रहा तो हिन्दुत्व मर जायेगा। अम्बेदकर के प्रति पूरा आदर दर्शाते हुए कहता हूँ उनका निर्णय गलत है। मैं अछूतों के अधिकार के लिए सम्पूर्ण पृथ्वी के अधिकार को दाँव पर (वारगेन) नहीं लगाऊँगा। यह अम्बेदकर के लिए उचित नहीं है कि वे सभी अछूतों के प्रतिनिधि बन कर बोलें। मैं विनम्रता के साथ कहना चाहता हूँ यदि अछूत, ईसाई अथवा मुसलमान बन जायें तो वह स्थिति भी मुझे खास स्थिति में ही कबूल हो सकती है, लेकिन गाँवों की हिन्दू बस्ती में वे सदा सर्वदा के लिए अछूत बनकर बैठे रहें। यह दशा मुझे स्वीकार्य नहीं। जो लोग केवल राजनैतिक अधिकारों की बात करते हैं वे नहीं जानते भारतीय समाज कैसे बना है। गोलमेज सम्मेलन में दोनों की लगातार झड़पें होती रहीं क्योंकि अछूत समस्या पर दोनों के दृष्टिकोण मेल नहीं खाते थे।

अंततः सम्मेलन से गांधी 1935 के अधिनियम और मानवीय अधिकार तथा एक सीमित मतदान पद्धति पर सीमित सरकार लेकर वापस आये। दलित मोर्चे पर उनकी हार हुई। ब्रिटिश सरकार ने अम्बेदकर के पक्ष को स्वीकार किया। अम्बेदकर के शब्दों में, ''गाँधी[1] सम्मेलन में व्यक्तित्व रूप में कोई छाप नहीं छोड़ सके, न तो अपने को एक योग्य राजनीतिज्ञ ही सिद्ध कर सके। मेरी इस टिप्पणी को बहुसंख्यक हिन्दू स्वीकार नहीं करेंगे। वे जिस भूमिका को अदा करने गये थे उसके योग्य नहीं थे। कोई भी देश संविधान तैयार करने वाली किसी बैठक में अपना ऐसा प्रतिनिधि नहीं भेजेगा जो अध्ययन और प्रशिक्षण के हिसाब से उस बैठक के लिए सर्वथा अयोग्य हो। गांधी गोलमेज सम्मेलन में गुजराती के एक कवि नरसी मेहता का एक भजन कण्ठस्थ करके गये थे। इससे अच्छा होता वे अपने साथ दुनिया के संविधानों का एक तुलनात्मक अध्ययन प्रस्तुत करने वाली कोई पुस्तक लेकर गये होते। विषय के सम्पूर्ण ज्ञान के अभाव में वे उस विषय का प्रतिपादन कर रहे थे। वे ब्रिटिश सरकार द्वारा प्रस्तुत प्रस्तावों की काट तथा विकल्प प्रस्तुत करने में विफल थे।

गांधी विफल मनोरथ और अपमानकारक वापसी किये हैं फिर भी 28 दिसम्बर, 31 को बम्बई में उनकी वापसी पर देश भर के कांग्रेसियों ने इकट्ठा होकर गर्मजोशी के साथ उनका स्वागत किया है। कांग्रेसियों ने जीत के गीत गाये हैं। अखबारों के अनुसार उनका ऐतिहासिक स्वागत हुआ है।

किन्तु अछूतों ने उनके आगमन पर उनका विरोध किया, उन्हें काले झण्डे दिखाये, दोनों तरफ से झड़पें हुईं, उन्होंने गांधी को चार्जसीट दी। ज्ञापन के मुख्य मुद्दे थे—(1) कांग्रेस के कार्यक्रमों में रचनात्मक ढंग से अछूतों के लिए कई बातें हैं लेकिन उन पर अमल नहीं हुआ। (2) गांधी ने गोलमेज सम्मेलन में अछूतों के लिए अम्बेदकर की अलग से सीटें सुरक्षित करने की माँग का विरोध किया। (3) वे कांग्रेस की ओर से मुसलमानों और सिखों को अलग प्रतिनिधित्व देने के पक्ष में थे लेकिन अछूतों के हक में नहीं थे। (4) यह बाहरी दुनिया को दिखाने के लिए नाटक हो रहा है कि गांधी अछूतों के इस देश के अकेले सबसे बड़े नेता हैं।

अम्बेदकर ने कहा, ''बॉम्बे प्रेसीडेन्सी के माहाड़ के तालाब के पानी के लिए और मन्दिर में प्रवेश के लिए जब अछूतों ने आन्दोलन किया तो गांधी ने उनकी निन्दा की।'' उन्होंने

1. **अम्बेदकर राइटिंग्स एण्ड स्पीचेज वाल्यूम 5, पृष्ठ 307।**

कहा, "अछूतों को सत्याग्रह की कोई जरूरत नहीं। उन्होंने छुआछूत नहीं पैदा किया है। सवर्ण हिन्दुओं ने अस्पृश्यता पैदा की है। इसलिए सवर्ण हिन्दू ही प्रायश्चित करें और सत्याग्रह करें।" अम्बेदकर सवाल करते हैं कि यदि पाप करने वाले को ही सत्याग्रह करने का अधिकार है और छुआछूत के लिए पापी सवर्ण हिन्दू हैं तो उन्हें ही सत्याग्रह करना चाहिए। तो क्या यह बात राजनीति के लिए यह तर्क लागू नहीं हो सकती। फिर भारत की जनता अंग्रेजों के खिलाफ सत्याग्रह क्यों करे? क्यों नहीं अंग्रेज करें? क्योंकि गुलाम बनाने का पाप तो उन्होंने किया है? अम्बेदकर के अनुसार गांधी ने बैकम के अछूतों के सत्याग्रह का समर्थन किया था क्योंकि इस सत्याग्रह को कांग्रेस ने चलाया था। वे नासिक के आन्दोलन के विरोधी थे क्योंकि यह आन्दोलन कांग्रेस से अलग हटकर स्वतंत्र ढंग से चलाया गया था। उन्होंने गोलमेज सम्मेलन में कहा कि नामित करने से दलितों में नेतृत्व नहीं उभरेगा। आबादी के अनुपात में सीटें सुरक्षित कर इन्हें पृथक् मताधिकार ही देकर यशस्वी बनाया जा सकता है। हमने यह माँग 1919 में चेम्सफोर्ड के सामने की थी। 1923 में ब्रिटिश मंत्री, जो भारतीय मामले देखते थे, इस समस्या के समाधान के लिए कमेटी गठित की। उसने धारा सभाओं में दलितों की संख्या बढ़ाने की सिफारिश की। इसके आधार पर हमारी संख्या को बढ़ाया गया। गोलमेज सम्मेलन की माइनारटी कमेटी ने हमारे हक को मान लिया था, लेकिन गांधी नाराज हो गये। गांधी जी की नाराजगी एक कारण से थी कि वे अपने विरोधियों की संतुष्टि लायक कोई तर्क नहीं दे सके थे। वे अपने विरोध का तर्कसंगत कारण नहीं बता सके, वे हमारी माँगों के प्रति विशेष अरुचि रखते थे। गोलमेज सम्मेलन से वापस आने पर डॉ० अम्बेदकर की यह टिप्पणी थी।

उपर्युक्त टिप्पणी यह दर्शाने के लिए काफी है कि सुदूर देश में भारतीय मामलों को लेकर भारत के दो महान् नेताओं के सम्बन्ध कितने कटु हो गये थे, आजाद भारत की राजनीति को जिन दो महान् नेताओं के विचारों ने सबसे अधिक प्रभावित किया वे अंग्रेज नेताओं की उपस्थिति में किस तरह आपस मे लड़े यह ऊपर के विवरण से स्पष्ट है। अब यह तो इतिहास के विद्यार्थी के लिए अलग से शोध का विषय है कि यदि दोनों में से किसी एक के विचार को मान लिया जाता तो उसका भारतीय समाज पर क्या प्रभाव पड़ता है? आजाद भारत में दलितों की स्थिति से स्पष्ट है कि वयस्क, बालिग मताधिकार ने इनकी दशा को सुधारने में सबसे बड़ा योगदान किया है। संयुक्त मतदान की पद्धति से न केवल इन वर्गों को समाज में महत्त्वपूर्ण पद मिले, सामाजिक प्रतिष्ठा मिली अपितु बृहत्तर भारतीय समाज के अभिन्न समाद्रित अंग रूप में वे आज प्रतिष्ठित हैं। क्या इसी तरह की सम्पृक्त प्रतिष्ठा प्रथम निर्वाचन के कार्य से इन्हें प्राप्त होती। हाँ, धारा सभाओं और सरकारी पदों पर आरक्षण के हिसाब से इन वर्गों को पद तो प्राप्त हो जाता उससे इन्हें आर्थिक समृद्धि भी प्राप्त होती लेकिन क्या बृहत्तर भारतीय समाज के अभिन्न अंग रूप में इन वर्गों का अस्तित्व रहता अथवा भारतीय समाज के पृथक् इकाई रूप में इनकी पहचान होती? यह अपने-अपने तर्कों के आधार पर निष्कर्ष निकालने की बात है। लेकिन इतना जरूर है कि राष्ट्रीय आन्दोलन के प्रारम्भिक दौर में ही इन दोनों नेताओं के मधुर सम्बन्ध किसी तरह बने होते तो शायद स्वतंत्रता संग्राम का वर्ग चरित्र दूसरा ही होता और जैसा कि गोलमेज सम्मेलन में जाने से पूर्व गांधी की चिन्ता थी कि यदि अन्दर से विभक्त भारतीय समाज के हाथ में आजादी आ भी गयी तो उसका अर्थ प्रभावकारी नहीं होगा। उनका मानना था कि स्वतन्त्रता संग्राम का अन्तर्निहित भाव भारतीय समाज की

समरसता और एकता है। इसी भाव के कारण उनकी मान्यता थी कि पृथक् निर्वाचन के अधिकार का विचार उतना ग्रहणीय नहीं है। इन दोनों का संघर्ष आगे भी जारी रहा जिससे आजादी के संग्राम का लक्ष्य बाधित हुआ।

गोलमेज सम्मेलन से वापस आने के बाद गांधी जी ने पुनः अपने सविनय अवज्ञा आन्दोलन की शुरुआत करने की घोषणा की। गांधी जी 4 जनवरी, 1932 को गिरफ्तार कर यरवदा जेल में भेजे गये। प्रधानमन्त्री चर्चिल ने कठोर नियम लागू कर दिया था। कांग्रेस नेताओं की सम्पत्ति कुर्क होने लगी। बच्चों के आन्दोलन करने पर अभिभावक जेल जाने लगे। दमनचक्र तेज था। कांग्रेस की गतिविधियाँ प्रतिबन्धित कर दी गयीं। 1 मार्च, 1932 को गांधी जी ने यरवदा जेल से सर सैमुयल होरे को पत्र लिखा[1] जिसमें ब्रिटिश सरकार द्वारा दमन की चर्चा की गयी थी और सम्भावित पृथक् साम्प्रदायिक निर्वाचन की घोषणा के सम्बन्ध में चेतावनी दी गयी थी। वे इस बात के इन्तजार में थे कि कम्युनल एवार्ड घोषित हो जाये तब पत्र लिखें लेकिन उन्होंने पूर्व चेतावनी देते हुए कहा, "आपको याद होगा गोलमेज सम्मेलन की समाप्ति के समय जब अल्पसंख्यक करार प्रस्तुत किया जा रहा था तो मैंने कहा था दलित वर्गों को पृथक् निर्वाचन का अधिकार दिये जाने पर मैं अपने जान की भी बाजी लगाकर रोकूँगा। यह केवल सगल के लिए अथवा वक्त की नजाकत को देखते हुए नहीं कहा गया था। यह एक गम्भीर वक्तव्य था। उक्त वक्तव्य के अनुसरण में मैंने भारत में वापस आकर पृथक् निर्वाचन के खिलाफ जनमत बनाने का प्रयास किया पर ऐसा नहीं कर पाया। मुझे पत्रों से जानकारी मिल रही है कि आपकी सरकार कभी भी कम्युनल एवार्ड घोषित कर सकती है। पहले मैं सोचता था इस पंचाट की घोषणा के बाद ही इसके खिलाफ जो सम्भव है वह करूँ। किन्तु ब्रिटिश हुकूमत को पूर्व जानकारी दिये बिना ऐसा करना मेरे लिए उचित नहीं है। मुझे पृथक् निर्वाचन के खिलाफ अपनी पुरानी बातों को दुहराना नहीं है। मैं दलितों को विधान मण्डलों में प्रतिनिधित्व देने का विरोधी नहीं हूँ। मैं उनके प्रत्येक वयस्क को मताधिकार देने का प्रबल पक्षधर हूँ। बिना किसी सम्पत्ति या योग्यता के, दूसरे वर्गों का मताधिकार भले ही सीमित हो लेकिन दलित वर्गों का मताधिकार वयस्क हो। किन्तु पृथक् मताधिकार उनके और हिन्दुत्व के हित में नहीं है। चाहे राजनैतिक दृष्टि से इसका जो भी अर्थ हो। जब हम हानि की कल्पना करते हैं तो वे सवर्ण हिन्दुओं द्वारा किस तरह विघटित हैं और वे उन पर किस तरह निर्भर हैं इसे जान लेना जरूरी है। जहाँ तक हिन्दुत्व का सवाल है पृथक् निर्वाचन इसे न केवल बाँटेगा अपितु विघटित भी करेगा। मेरे लिए इन वर्गों का प्रश्न नैतिक और धार्मिक है। राजनैतिक प्रश्न महत्त्वपूर्ण जरूर है लेकिन नैतिक और धार्मिक दृष्टि के मुकाबले में वह कमजोर है। मैं बचपन से ही इन वर्गों की तरक्की में रुचि रखता हूँ तथा अनेक बार इनकी तरक्की के लिए बहुत कुछ प्रयास किया है। ऐसा करने में मुझे कोई घमण्ड नहीं हो रहा है कि हिन्दुओं की कोई कुर्बानी उन्होंने अनन्तकाल से इन दलितों पर जो अन्याय किया है उसकी भरपाई नहीं कर सकती। किन्तु साथ-साथ यह भी कह दूँ कि उनके अपमान का बदला पृथक् निर्वाचन से नहीं चुकता किया जा सकता। इसलिए यदि आपकी सरकार ने उनके लिए पृथक् निर्वाचन की बात स्वीकार की तो मैं आमरण अनशन प्रारम्भ कर दूँगा। कुछ लोग मेरे इस फैसले को जल्दबाजी में लिया गया अत्यन्त अनुचित व राजनीतिक विद्वेष से उठाया

1. महात्मा-तेन्दुलकर वाल्यूम 3, पृष्ठ 159।

कदम कहेंगे किन्तु यह कोई दाँव-पेंच नहीं अपितु मेरी अन्तरात्मा की पुकार है। चाहे पवित्रता की जो भी धारणा मेरे बारे में हो लेकिन मैं अपने अन्तरमन की आवाज को दबा नहीं सकता।'' उन्होंने अन्त में कहा कि मैं उम्मीद करूँगा कि मेरी सभी आशंकाएँ कि ब्रिटिश सरकार पृथक् निर्वाचन का अधिकार देने जा रही है, गलत सिद्ध हों। इसके जवाब में होरे ने 13 अप्रैल, 1932 को जवाब लिखा, ''अन्तिम फैसला होने तक गांधी के विचारों को संज्ञान में लिया जायेगा। हम लोग कोई निर्णय तर्क और न्याय की तुला पर तौलने के बाद ही लेंगे। लार्ड लोथिमन कमेटी ने अपना दौरा समाप्त कर अभी तक अपनी रिपोर्ट नहीं दी है तब तक के लिए आप इन्तजार करिये।''

17 अगस्त, 1932 को रामसे मैकडोनल्ड ने अल्पसंख्यक प्रतिनिधित्व, जिसे कम्युनल प्रतिनिधित्व के नाम से जाना जाता है, की वैकल्पिक योजना की घोषणा कर दी। कौन्सिल के सदस्यों की संख्या दूनी कर दी गयी। अल्पसंख्यकों के लिए पृथक् निर्वाचन की पद्धति स्वीकार की गयी। बंगाल, पंजाब में मुसलमानों को उनके पूर्ण बहुमत के बावजूद वहाँ सीटें आरक्षित कर दी गयीं। पंजाब में सिख और हिन्दुओं को आरक्षण दिया गया। दलित जातियों को अल्पसंख्यक घोषित कर उन्हें भी पृथक् निर्वाचन का अधिकार दिया गया। दलितों के लिए अलग से सीटें सुरक्षित कर उन्हें अनारक्षित सीटों से भी चुनाव लड़ने के अधिकार दिये गये। साथ ही कहा गया कि 20 वर्षों के बाद आरक्षित सीटें समाप्त कर दी जायेंगी। इस घोषणा से गांधी की आशंका सही सिद्ध हुई। उन्होंने 18 अगस्त को पुनः मैकडोनल्ड को पत्र लिखा—''मेरे 11 मार्च के पत्र को सैमुअल होरे ने आप लोगों को अवश्य दिखाया होगा। 13 नवम्बर, 1931 को सेंट जेम्स पैलेस लन्दन जहाँ गोलमेज सम्मेलन हो रहा था और 11 मार्च, 32 को मैंने कहा था कि पृथक् निर्वाचन की बात की मैं अपने जान की बाजी लगाकर भी रोकूँगा। मैं आमरण अनशन की घोषणा करता हूँ किसी तरह का अन्न नहीं खाऊँगा। केवल सोडा या नमक युक्त पानी लूँगा। मेरी माँग है कि[1] दलित वर्गों को सम्मिलित मताधिकार और सामान्य मतदाताओं द्वारा चुने जाने चाहिए जब तक यह योजना परिवर्तित नहीं होगी मेरा अनशन जारी रहेगा।'' 20 सितम्बर दोपहर से अनशन शुरू होगा।

8 सितम्बर को प्रधानमंत्री ने इस पत्र का उत्तर भेजते हुए कहा, ''आपने अतिवादी दृष्टिकोण अपनाया है। आपकी इच्छा दलितों को संयुक्त मताधिकार देने की नहीं है, क्योंकि यह तो योजना में दिया गया है। न तो आप हिन्दुओं की एकता में विश्वास रखते हैं क्योंकि इसका भी योजना में प्रावधान है। आप केवल अनन्तकाल से दबे-कुचले दलितों को उनके अधिकार से रोकना चाहते हैं। आप चाहते हैं कि वे अपने बल पर अपने चन्द चुने विधायकों के द्वारा अपनी बात को न उठा सकें जिससे भविष्य में उनकी अग्रिम भूमिका हो सके, आप उसे रोकना चाहते हैं। चूँकि आप लोग कोई समझौते पर नहीं पहुँच सके इसलिए इन वर्गों के हित में सरकार ने यह निर्णय लिया है। यह किसी तरह नहीं बदलेगा, सरकार अपने किये पर आरूढ़ है और यह तभी बदल सकता है जब उन वर्गों के लोग किसी अन्य चुनावी पद्धति को स्वीकार करने के लिए तैयार हो जायें।''

9 सितम्बर को गांधी ने अफसोस के साथ कहा, ''आपने अपने पत्र में मेरे विचार का ऐसा भाष्य किया जो मैंने कभी सोचा भी न था। केवल दलित वर्गों को दो वोट देने

---

1. महात्मा-तेन्दुलकर वाल्यूम 3, पृष्ठ 162।

के अधिकार से न तो उनका भाग्य सँवरने वाला है और न तो हिन्दुत्व की एकता रहने वाली है। पृथक् निर्वाचन हिन्दुत्व के विनाश के लिए खतरनाक विष है और इससे दलित वर्गों का भी कोई हित नहीं होने वाला है। कम-से-कम आप इस तरह के महत्त्वपूर्ण धार्मिक विवाद पर कभी सही निष्कर्ष पर नहीं पहुँच सकते। मुझे दलितों को अपेक्षा से अधिक प्रतिनिधित्व देने पर एतराज नहीं है। जब तक दलित अपने को हिन्दू मानते हैं तब तक एक सीमित अधिकार भी देने के पक्ष में नहीं हूँ, जो उन्हें समाज से अलग करने वाला हो। आप ऐसा करके उन तमाम हिन्दू सुधारवादियों के अब तक के सारे प्रयासों पर पानी डाल दोगे जिन्होंने अथक परिश्रम से अपने दबे-कुचले भाइयों के भाग्य को सुधारने के प्रयास किये हैं।'' गृह सचिव हेनरीहेग ने सभी पत्रों को शिमला में सार्वजनिक किया। संसद में भी एक वक्तव्य दिया गया और कहा गया कि सरकार के निर्णय इस तरह की धमकियों से नहीं बदलते।

अनशन की गांधी जी की घोषणा से पूरे देश में बेचैनी फैल गयी। दलितों के नेता एम० सी० राजा ने 13 सितम्बर को बयान देकर प्रधानमंत्री की घोषणा बदलवाने और गांधी जी की जान को बचाने की अपील की। डॉ० अम्बेदकर ने इसे राजनीतिक स्टण्ट बताया। पूरे देश में उत्तेजक वातावरण हो गया। डॉ० राजेन्द्रप्रसाद ने कहा कि पूरे हिन्दू समाज की परीक्षा हो रही है। इलाहाबाद में पण्डितों ने सारे मन्दिरों के दरवाजे अछूतों के लिए खोल दिये। देश के बहुतेरे हिस्सों में यही हुआ। गांधी ने अपने अनशन के बारे में कहा[1], ''उनका उत्पीड़न नहीं होना चाहिए जो संयुक्त मताधिकार के विरोधी हैं। उनके मुखर विरोध को मुझे समझने में कोई दिक्कत नहीं है। उन्हें मुझ पर अविश्वास करने का पूरा अधिकार है। क्या मैं हिन्दुओं में से उस वर्ग का नहीं हूँ जिन्हें गलती से सवर्ण अथवा ऊँच जाति का कहा जाता है, जिन्होंने दलितों को पीछे ढकेल दिया है। इन वर्गों को हिन्दू कहने में परेशानी है, किन्तु हिन्दुत्व में कुछ खूबी है कि सवर्णों की सारी यंत्रणा के बावजूद यह अपने को हिन्दू ही मानते हैं। इसलिए मेरे जैसे आदमी के लिए अब यह बहुत जरूरी है कि इस बँटवारे को रोकने के लिए लड़े। मेरे अनुकरणकर्त्ता मेरी नकल कर अनशन आदि न करें। यदि उनकी मुझमें श्रद्धा-निष्ठा है तो वे अछूतों की निष्ठापूर्वक निःस्वार्थ सेवा में जुट जायें।

अनशन प्रारम्भ होने से पूर्व गांधी से एक प्रतिनिधि मण्डल मिला। गांधी ने कहा, ''वे सीटों के आरक्षण के विरोधी हैं मैं तो ऐसी व्यवस्था चाहता हूँ कि सवर्ण हिन्दुओं को ऐसा अवसर दिया जाय कि वे अपने बदले आचरण से सिद्ध कर सकें कि उनकी मदद से अछूत भी विधायिका में जा सकते हैं। सभी की सहमति से अतिरिक्त सीटें बढ़ायी जायें। वे सीटों के आरक्षण के सवाल को अपने अनशन में छोड़ने को तैयार हैं। हम तो पृथक् निर्वाचन की जगह संयुक्त निर्वाचन के पक्षधर हैं। मैं सवर्ण और अछूत हिन्दुओं के राजनैतिक समझौते से राहमत होने वाला नहीं हूँ। मैं तो पुनः छुआछूत समाप्त करने के लिए भी अनशन करने वाला हूँ। जब हमारी आत्मा आदेश देगी।''

19 सितम्बर को बम्बई में मदनमोहन मालवीय की अध्यक्षता में एक हिन्दू सम्मेलन हुआ जिसमें एक सौ के करीब प्रमुख हिन्दू नेता सम्मिलित हुए। सप्रू, जयकर

---

1. महात्मा-तेन्दुलकर वाल्यूम 3, पृष्ठ 166।

राजगोपालाचारी, राजेन्द्रप्रसाद, एम० सी० राजा, डॉ० अम्बेदकर, चिमनलाल सितलवाड, एम० एस० अणे, डॉ० मुंजे, पी० बालू, कुँजरू, ठक्कर आदि गांधी की जिन्दगी बचाने तथा शीघ्रातिशीघ्र छुआछूत मिटाने पर सम्मेलन में पूर्ण एकता थी।

20 सितम्बर को गांधी ने पत्रकारों से कहा, ''मैं जन्म से सवर्ण हूँ लेकिन स्वेच्छा से अछूत हूँ। मैं अछूतों में अगली दस की पंक्ति होती है उसमें से भी नहीं हूँ। उनमें भी जातियाँ व वर्ग हैं। मेरी तीव्र इच्छा अपने को अछूतों की भी जो सबसे नीचे की पंक्ति है उस पंक्ति का हो जाऊँ। मेरी आँख और दिमाग के सामने वे हैं जिन्होंने गहरे प्याले में जहर पी रखा है। मैं तो मलाकर और उड़ीसा के कुछ भागों में उनसे मिल चुका हूँ। मेरा पूरा निष्कर्ष है कि उनकी तरक्की आरक्षण के सिद्धान्त से नहीं होगी। उनकी तरक्की के लिए तो उनके बीच में रहकर हिन्दू समाज सुधारकों को लगातार अपने सम्यक् प्रयास से उन्हें आगे करना होगा। बँटवारे की प्रवृत्ति ने सुधार के सारे कार्यक्रमों को रद्दी की टोकरी में फेंक दिया ऐसी खराब हालत के लिए मेरा मन सदैव विद्रोह करता रहता है। पृथक् मताधिकार की बात वापस लेने से मेरे शब्द तो वापस हो जायेंगे, लेकिन आत्मा वापस नहीं होगी। मेरी स्वत: आरोपित अछूत की भावना छूत-अछूत के तात्कालिक पेबन्द लगाये काम से सन्तुष्ट नहीं होगी। मैं तो चाहता हूँ कि जिस बात के लिए जी रहा हूँ और जिस बात के लिए मरने में भी सुख की अनुभूति करूँगा वह है छुआछूत का जड़मूल से विनाश। इसलिए छूत-अछूत की एकता का प्रदर्शन शब्दों से नहीं, व्यवहार में पूरे देश में दिखाई पड़े। वे दोनों अपने को शब्दों से नहीं, वास्तव में भाई मानें। इसी स्वप्न को पूरा करने का अवसर ब्रिटिश प्रधानमन्त्री की घोषणा ने दे दिया है। यह तो अंत की शुरुआत है। हिन्दुओं ने पीढ़ियों से अपने भाइयों के साथ जो दुर्व्यवहार किया है उसकी भरपाई सैकड़ों जान देकर भी नहीं हो सकती। उन्हें न्याय के पथ पर आना होगा। यदि मेरे अनशन से सवर्ण हिन्दुओं में न्याय की भावना जगे, यदि वे अपने उद्देश्य की पवित्रता और कर्त्तव्य को समझ सकें तो मेरे अनशन का उद्देश्य पूरा हो जायेगा। यदि सवर्ण हिन्दू मेरे जीवन के लोभ में जल्दबाजी में किसी फैसले को स्वीकार कर घरों में बैठ जाते हैं और अछूतों के उद्धार के काम को नहीं शुरू करते तो मेरी जिन्दगी कष्टपूर्ण हो जायेगी। ऐसा करके वे फिर गम्भीर अपकृत्य करेंगे। यदि केवल पृथक् निर्वाचन का अधिकार वापस हो जाये और वास्तविक काम छूट जाये तो मेरा अनशन तो खत्म हो जायेगा, लेकिन यह मेरी मौत से भी बढ़कर होगा। फिर मुझे अनशन समाप्त करने के साथ ही दूसरे अनशन की नोटिस देनी होगी। दूसरे के लिए यह बचकाना काम लगेगा, लेकिन एक बड़े काम के लिए मेरे पास जीवन देने के अलावा क्या है?''

यदि छुआछूत खत्म हो जाये तो यह केवल हिन्दुत्व की सफाई के लिए जरूरी नहीं है अपितु इसका प्रभाव विश्वव्यापी होगा और मेरा संघर्ष तो छुआछूत के ख़िलाफ ही नहीं अपितु मानवता की अशुद्धता के खिलाफ है। उनके अनशन से पूरे देश में विक्षुब्ध वातावरण था। कविवर रवीन्द्रनाथ टैगोर ने विश्व भारती में कहा कि भारत के भविष्य पर अँधेरा छा रहा है जैसे आकाश में डूबते हुए सूर्य की छाया से अन्धकार आने लगता है। देश के हर कोने में गांधी जी का जीवन बचाने के लिए प्रार्थना सभाएँ होने लगीं।

गांधी जी ने अपने विदेशी शुभ चिन्तकों को संदेश में कहा, ''कैबिनेट का निर्णय मेरे लिए ईश्वर की ओर से समय से दी हुई चेतावनी जैसा है। जब वह मेरे दरवाजे खड़ा होकर मेरा दरवाजा खटखटा रहा था तो मैं सो रहा था। जब तक छुआछूत का एक-एक कण समाप्त नहीं

हो जाता मेरी आत्मा को चैन नहीं है। ईश्वर को धन्यवाद है कि इस महासंग्राम में अब अकेला आदमी नहीं हूँ, अपितु देश के करोड़ों-लाखों लोग इस महारोग को समाप्त करने के लिए कटिबद्ध हैं।''

हिन्दू नेताओं का 20 सितम्बर का सम्मेलन स्थगित होकर अनौपचारिक बातों में बदल गया था। डॉ० अम्बेदकर किसी कीमत पर पृथक् निर्वाचन के अधिकार को छोड़ने को तैयार नहीं थे। सर तेजबहादुर सप्रू ने एक सुझाव दिया—सीमित क्षेत्रों के लिए प्रथम और द्वितीय चक्र के मतदान में संयुक्त मतदान के अधिकार को रखते हुए दलितों को अपने प्रतिनिधि चुनने का अधिकार हो।'' डॉ० अम्बेदकर व उनके साथ डॉ० सोलंकी ने इस सुझाव का स्वागत करते हुए कहा कि प्रधानमंत्री द्वारा घोषित सीटों से अधिक सीटें हमें दी जायें, सप्रू, जयकर राजगोपालाचारी, राजेन्द्रप्रसाद, देवदास, जी० डी० बिड़ला सभी अम्बेदकर के साथ गांधी जी से पूना में मिले। अपनी स्कीम से उन्हें अवगत कराया, गांधी ने सुझावों को लिखित माँगा और विचार करने को कहा।

22 सितम्बर को गांधी जी ने राजेन्द्रप्रसाद और राजगोपालाचारी को फोन पर इस स्कीम के बारे में बताया। इस सुझाव में गम्भीर विसंगतियाँ हैं। मुझे यह पसन्द नहीं है। यह पुन: दलितों को दो हिस्से में बाँट देगा। विधायिका में एक पैनल ग्रुप होगा और एक सीधे चुनकर आने वालों का। फिर हमेशा पैनल सीट के लिए मारामारी होगी जिससे अछूतों में ही हीनता और ऊँचता की भावना पैदा होगी। मैं इसमें पक्ष नहीं बन सकता। मुझे दूसरा मुद्दा भी स्वीकार्य नहीं। इसके अनुसार अछूतों को स्थानीय नगरपालिकाओं, स्वायत्त संस्थाओं, जिला तालुका, गाँवों में भी आबादी के अनुसार प्रतिनिधित्व हो तथा केन्द्र और राज्य सरकार की नौकरियों में भी उनकी आबादी के अनुसार कम-से-कम आरक्षण मिले।

गांधी जी से डॉ० अम्बेदकर, डॉ० सोलंकी पूना जेल में मिले। अम्बेदकर ने कहा, ''महात्मा जी[1] आप हम लोगों के प्रति अनुचित कर रहे हैं।'' गांधी ने कहा, ''मेरा भाग्य ही ऐसा है कि मैं लोगों को अनफेयर लगता हूँ। मैं इसके लिए क्या कर सकता हूँ?'' गांधी जी अनशन से कमजोर हो गये थे। उनसे अम्बेदकर ने कहा, ''हमें पुनर्वास चाहिए। हम आपके साथ हैं जो भी बात आप कहते हैं।'' गांधी ने कहा, ''आपने अभी कहा है आप मेरे जीवन की रक्षा चाहते हैं।'' अम्बेदकर ने कहा, ''हाँ महात्मा जी, मैं आपके प्राणों की रक्षा चाहता हूँ और यदि आप दलितों के उद्धार के काम में अपने को समर्पित कर दें तो हमारे आराध्य हो जायेंगे।'' गांधी जी ने कहा, ''क्या आप सचमुच मेरी प्राण रक्षा चाहते हैं? तब तो आप जानते होंगे कि उसके लिए आपको क्या करना चाहिए? आपको जो कुछ भी ब्रिटिश सरकार ने दिया है उसे छोड़ना होगा। आप द्वारा प्रस्तावित दोहरी मतदान व्यवस्था से अन्य पक्षों को भी तरक्की का पूरा अवसर मिलेगा और पैनल से प्राप्त सीटों से आपके लोगों का हित सुरक्षित होगा। क्यों नहीं आप इसे सभी सीटों के लिए प्रस्तावित करते। यदि पैनल व्यवस्था एक वर्ग के लिए लाभकारी है तो यह व्यवस्था समस्त दलित वर्ग के लिए लाभकारी होगी। आप जन्म से अछूत हैं, किन्तु यह स्थिति मैंने इच्छापूर्वक स्वीकार की है। मैं अछूत स्वेच्छया हूँ और मैं मन से आपसे बढ़कर अछूत हूँ। कोई स्कीम ऐसी हो तो अछूतों के एक वर्ग अथवा दूसरे वर्ग के लिए लाभकारी न होकर, अछूतों के सभी वर्गों के लिए लाभकारी हो। मैं इसी कसौटी पर इस

---

1. महात्मा-तेन्दुलकर वाल्यूम 3, पृष्ठ 171।

योजना को कसता हूँ। आपको मेरा सुझाव है कि पैनल सिस्टम सभी अछूतों के लिए हो। मैं इस सिद्धान्त को नहीं स्वीकार कर सकता जिसमें आपका समूचा वर्ग हमसे अलग खड़ा हो। चाहे व्यवहार में या सिद्धान्त में। यदि आपके वर्ग में किसी तरह का विभाजन होता है तो मैं उसके लिए भी जान की बाजी लगा सकता हूँ जैसा कभी मैंने सम्पूर्ण हिन्दू समाज के लिए लगाया है।''

तब जाकर डॉ० अम्बेदकर के विचार में परिवर्तन आया। उन्होंने कहा, ''मैं संयुक्त मताधिकार को स्वीकार करता हूँ। आपका सुझाव कि सभी सीटों के लिए प्राइमरी चुनाव ही बहुत उचित है।'' फिर गांधी ने सुझाव दिया, ''जो पैनल बने वह केवल दो का न होकर 5 का हो।''

23 सितम्बर, शुक्रवार को 25 नेताओं की बैठक हुई। गांधी जी का सुझाव कि पैनल व्यवस्था सभी के लिए हो, सर्वसम्मति से स्वीकार हुआ। पैनल में दो सदस्यों की जगह 4 का सुझाव मान्य हुआ। प्रधानमंत्री ने अपनी घोषणा में आरक्षित 71 सीटें दी थीं, डॉ० अम्बेदकर 197 सीटें माँग रहे थे। बातचीत में निश्चय हुआ कि हिन्दुओं की आबादी में जितने प्रतिशत दलित हैं उसी अनुपात मे सीटें दी जायें तो 147 सीटें आरक्षित करने का सुझाव मान्य हुआ। सेण्ट्रल लेजिस्लेटिव एसम्बली में 18 प्रतिशत ब्रिटिश जनता की सीटें आरक्षित कर दी जायें जिसमें दलित वर्ग के लोग जायें। डॉ० अम्बेदकर अपने साथियों सहित एक-एक बात के लिए लड़ते रहे। पूरी रात वार्ता चलने के बावजूद 4 बजे भोर तक अनिश्चितता का वातावरण था। डॉ० अम्बेदकर ने सुझाव दिया कि 10 वर्ष पूरा होने पर प्राइमरी चुनावों को स्वत: समाप्त मान लिया जायेगा, किन्तु और 15 वर्ष बीत जाने पर दलितों में जनमत संग्रह कराने के बाद आरक्षण की व्यवस्था समाप्त कराने का विचार हो सकता है। पूरी बहस होते रात बीत गयी। इतने में खबर फैली कि गांधी जी की हालत बहुत खराब हो गयी है। देवदास गांधी, जो गांधी जी की बुरी स्थिति देखकर जेल से आये थे उन्होंने अम्बेदकर से व्यक्तिगत अपील की कि अब आगे केवल जनमत संग्रह की बात बढ़ाकर समझौते को न रोकें। अब समय बिल्कुल नहीं है। अम्बेदकर और उनके साथी मानने को तैयार नहीं थे उल्टे उन लोगों ने आरोप किया कि यहाँ तक कुछ ऐसे लोग इकट्ठा हो गये हैं जो उन लोगों को ऐसे प्राप्य से वंचित करना चाहते हैं जिसके लिए गांधी सहर्ष तैयार हो जाते।

तयशुदा कार्यक्रम के मुताबिक 4 बजे तक समझौता हो जाना था, लेकिन 9 बजे प्रात: डॉ० अम्बेदकर उनके पास पहुँच कर अपने रक्षा की गुहार करते हैं।[1] यहाँ उपस्थित कुछ मित्र जनमत संग्रह का विरोध कर रहे हैं। हम लोग इस प्रावधान के पक्ष में हैं क्योंकि हम जानते हैं कि एक निश्चित अवधि बीतने पर आरक्षण समाप्त किये जाने के सम्बन्ध में जनमत संग्रह दलितों का कराकर इसे समाप्त करने की बात होगी तो इससे छुआछूत मिटाने में काफी सफलता प्राप्त होगी। हम आपसे अपने दावे का समर्थन की अपील करते हैं। गांधी जी ने सवर्णों को दाँव पर रखने की बात का समर्थन किया, लेकिन पूछा, ''डॉ० अम्बेदकर यह जनमत संग्रह तत्काल अथवा कुछ समय के अन्तर पर ही क्यों न कराया जाय।'' उन्होंने सुझाव दिया कि यदि एक वर्ष की अवधि निर्धारित करना सम्भव नहीं है तो इसे 5 वर्ष किया जा सकता है। एक वर्ष या 5 वर्ष के भीतर किया हुआ जनमत संग्रह

1. महात्मा-तेन्दुलकर वाल्यूम 3, पृष्ठ 172।

यदि आगे आरक्षण के पक्ष में है तो इसे फिर 10 वर्षों के अन्तर पर कराया जाये। यह प्रक्रिया हर दस साल बाद जारी रहे। गांधी पूरी बात खत्म करने वाले थे कि डॉक्टरों ने आगे बातचीत करने से रोक दिया।

पुन: समझौता वार्ता प्रात:काल शुरू हुई, लेकिन जनमत संग्रह पर बात रुक जाती थी। डॉ० अम्बेदकर पुन: गांधी से मिलने दोपहर में राजगोपालाचारी और सोलंकी के साथ जेल में पहुँचे। उन्होंने गांधी जी से 10 वर्ष के अन्तराल पर जनमत संग्रह की बात मान लेने का आग्रह किया। गांधी जी ने कहा, "आपका तर्क काटने योग्य नहीं है। किन्तु जनमत संग्रह 5 वर्ष के अन्तराल पर मान लीजिए। निश्चित ही 5 वर्ष सवर्ण हिन्दुओं की शुभ कामना की परीक्षा नहीं करना चाहते बल्कि अग्रिम जनमत संग्रह के नाम पर दलित वर्गों को किसी व्यर्थ के काम के लिए संगठित करने का समय चाह रहे हैं।" उन्होंने परस्पर विश्वास और प्रेम का भाव पैदा करने की पुरजोर अपील की। उन्होंने इस बात को समझाया कि कैसे उन्होंने 12 वर्ष की उम्र में ही किसी अपने साथ रहने वाले मनुष्य को अछूत कहने की भावना से विद्रोह कर दिया था और कैसे तभी से इस बुराई के खिलाफ निरन्तर संग्राम छेड़े हुए हैं। आपको पूरा अधिकार है कि शत प्रतिशत कानूनी सुरक्षा की माँग करें। किन्तु मैं अपने इस मृत्यु शय्या से आपसे आग्रह करता हूँ कि अपने अधिकार के लिए इतना दबाव न दीजिए। मैं आज यहाँ अपने सवर्ण भाइयों के लिए कुछ छूट देने की अपील करता हूँ। यदि आप उनसे कानून बनाकर शत प्रतिशत अधिकार छीन लेने का प्रयास करेंगे तो आत्मशुद्धि और स्व-परिष्कार की प्रक्रिया, जो अब तेजी से चल पड़ी है वह, रुक जायेगी। कोई अछूतों के साथ होने वाला अन्याय थोड़े समय के लिए रुक जायेगा लेकिन हिन्दुत्व का काला धब्बा बना रहेगा। आखिरकार छुआछूत तो अन्तस्तल में छिपे उसी बुराई का नाम है। यदि हिन्दुत्व की इस बुराई से पूरी तरह सफाई नहीं होती तो यह बुराई किसी-न-किसी रूप में कई तरफ से प्रवेश करेगी और हमारे सामाजिक, राजनैतिक ढाँचे को जहरीला बनायेगी। मैं आपसे आग्रह करूँगा कि हिन्दुओं को एक अवसर दीजिए कि वे अपने इस पापपूर्ण बुराई से मुक्ति का प्रयास करें। मुझे भी सवर्णों में काम का एक अवसर दीजिए, यह उचित ही है। परन्तु यदि आप 10 या 15 वर्ष की बात करेंगे तो फिर कोई सम्भावना नहीं है। हिन्दू 5 वर्ष में भी अच्छे काम का उदाहरण प्रस्तुत कर सकते हैं अन्यथा वे कभी नहीं करेंगे। मेरे लिए 5 वर्ष का समय अन्तराल का आदेश है। जनमत संग्रह होना चाहिए लेकिन 5 वर्ष के बाद का कोई समय उचित नहीं है। आप अपने मित्रों से कहिए कि मैं इस विषय पर दृढ़ हूँ। मुझे जब सत्य का एहसास होता है तो मैं आस्थावान व्यक्ति होते हुए भी कमजोर हो जाता हूँ। इसलिए 5 वर्ष या मेरा जीवन।

डॉ० अम्बेदकर 10 वर्ष के लिए ही जोर देते रहे। उन्होंने अपने मित्रों की बैठक बुलाई और घोषणा कर दी कि 10 वर्ष से कम की कोई बात वे मानने को तैयार नहीं हैं, किन्तु अन्त में नेताओं ने एक रास्ता निकाला। तीन बजे राजगोपालाचारी ने गांधी जी से कहा कि मैंने अपनी जिम्मेदारी पर एक बात कह दी है इस विश्वास के साथ कि आप उसे मान लेंगे। हम इसे भविष्य के लिए आपसी सहमति के आधार पर छोड़ देने का निश्चय करते हैं। डॉ० अम्बेदकर और उनके साथी इस समाधान को मान लिये। यह भविष्य पर निर्भर है कि ऐसा बिना जनमत संग्रह के भी हो सकता है। गांधी जी सावधानीपूर्वक सुनकर केवल एक शब्द बोले, "बहुत अच्छा।" राजा जी मीटिंग में वापस आये। पूना पैक्ट लिखकर हस्ताक्षर हो गया। भूख

हड़ताल के 5वें दिन अर्थात् 24 सितम्बर को पूरा समझौता हो गया। एम० सी० राजा और अम्बेदकर दलित वर्ग के दोनों संगठन, सवर्ण हिन्दुओं की ओर से पं० मदनमोहन मालवीय, गांधी जी ने हस्ताक्षर नहीं किये लेकिन वहाँ उपस्थित कांग्रेस के सभी नेताओं ने हस्ताक्षर किये। मशहूर उदार नेताओं ने अपने हस्ताक्षर करके इसे मान्यता दी। दूसरे दिन बम्बई में मालवीय जी की अध्यक्षता में सम्मेलन करके पूरे प्रस्ताव का अनुमोदन हुआ तथा सरकार से आग्रह हुआ कि इस समझौते के अनुसार वह ऐसी व्यवस्था करे कि गांधी जी का अनशन टूट सके। प्रस्ताव के अन्त में गांधी जी द्वारा तैयार प्रस्ताव जोड़ा गया। "आज से हिन्दू समाज में जन्मना कोई अछूत नहीं माना जायेगा। जिन्हें आज तक हिन्दू समाज में अछूत माना जाता था उन्हें सार्वजनिक कुआँ, स्कूल, सड़क अथवा सार्वजनिक संस्थान के उपयोग के लिए उनका सवर्ण हिन्दुओं की ही तरह अधिकार होगा। इस अधिकार को प्रथम अवसर में ही कानूनी रूप दिया जायेगा तथा स्वराज्य की संसद में पास होने वाला पहला कानून होगा। जब तक ऐसा नहीं होता तो इस तरह की बुराइयों को समाप्त करने के लिए सभी वैध और शान्तिपूर्ण तरीकों का इस्तेमाल किया जायेगा।"

इस समझौते के अनुसार ब्रिटिश सरकार ने अपनी पूर्व घोषणा में परिवर्तन कर दिया। गांधी जी ने इस उम्मीद के साथ अनशन को तोड़ा कि उनके छुआछूत सम्बन्धी सारे कार्यक्रम जारी रहेंगे। गांधी जी ने आशा व्यक्त की कि आजादी का सन्देश प्रत्येक अछूत के घर में प्रवेश करेगा। यह तभी सम्भव है जब सुधारक सभी गाँवों में सम्पर्क करें। गांधी जी ने कहा, "सबसे बड़ा पक्ष समझौते का यह है कि सवर्ण और दलित में परस्पर विश्वास तथा सभी वर्गों की बुनियादी एकता का मार्ग प्रशस्त होगा। इससे नये प्रभावृत्त का उदय सम्भावित है। मैं मुसलमानों के लिए भी वही हूँ जो 1920-22 में था। मैं अपने जीवन को हिन्दू-मुस्लिम एकता के लिए न्यौछावर करने को तैयार हूँ जैसा कि मैंने दिल्ली में तात्त्विक और स्थायी एकता की कोशिश की थी। मैं ऐसा समझता हूँ कि उचित दिशा में एक स्वाभाविक एकता की पहल होगी और कोई वर्ग उसमें अलग नहीं रहेगा।" उन्होंने आगे कहा, "जब तक हम अपनी इच्छा से इससे भी किसी अच्छे समझौते की शर्तों पर नहीं पहुँचते तब तक कम-से-कम हम तो इस पूरे समझौते को लागू कराने के लिए वचनबद्ध हैं और कम-से-कम ऐसा करने के लिए मेरे हरिजन बन्धु इस कार्य के लिए मेरे जीवन को बंधक रूप में स्वीकार कर सकते हैं।"

27 सितम्बर को हिन्दू पंचांग के अनुसार गांधी जी का 64वाँ जन्मदिन था। उस दिन नोबुल शान्ति पुरस्कार विजेता रवीन्द्रनाथ टैगोर ने गांधी जी के सम्मान में एक मार्मिक भाषण दिया। उन्होंने काव्यात्मक शैली में कहा[1], "हमें महात्मा गांधी जी के उस कार्य में हिस्सा बाँटना है जो उन्होंने युगों से प्रचलित बोझ को समाप्त करने का संकल्प लिया है। समाज के कुछ लोग जन्म आधारित अपमान को झेल रहे हैं। मनुष्य के सम्मानपूर्ण जीवन का उन वर्गों के प्रति सभी की सहानुभूति होनी चाहिए। हम केवल भारत की नैतिक गुलामी को समाप्त करने का संकल्प नहीं ले रहे हैं बल्कि मानवता का मार्ग प्रशस्त कर रहे हैं। हम तो हर तरह के उत्पीड़न को, चाहे किसी रूप में हो उसे, चुनौती दे रहे हैं। 27 सितम्बर से 2 अक्टूबर तक छुआछूत निवारण सप्ताह मनाया गया। जनसभाओं में समझौते पढ़कर सुनाये गये और

1. महात्मा-तेन्दुलकर वाल्यूम 3, पृष्ठ 177।

छुआछूत समाप्त करने की अपील की गयी। सभी शहरों में अन्तर्जातीय भोज आयोजित हुए। अछूतों के लिए मन्दिर और कुएँ के दरवाजे खोले गये। अमृतलाल वी० ठक्कर की देखरेख में दिल्ली में हेडक्वार्टर के साथ छुआछूत मिटाओ लीग की स्थापना हुई। 25 लाख का फण्ड बनाने के लिए अपील हुई और चारों तरफ से धन आने लगा। भोपाल के नवाब ने इस पुनीत कार्य के लिए 5 हजार का दान भेजा।

इस तरह गांधी ने कैदी रूप में अनशन करके पूरे देश में छुआछूत मिटाने के पक्ष में एक नया व्यापक वातावरण बनाया। उन्होंने एक ऐतिहासिक मोड़ पर देश को खड़ा किया। साथ ही उनके विशाल व्यक्तित्व के सामने अपनी माँगों पर अडिग रहकर डॉ० अम्बेदकर ने भी दलित वर्गों के लिए राजनैतिक अधिकार प्राप्त कर इन वर्गों के उत्थान और विकास का विशाल फाटक खोला। आज हम सम्पूर्ण घटनाक्रम का सांगोपांग अध्ययन कर इस निष्कर्ष पर पहुँचते हैं कि यदि दलित वर्गों को विधायिका में आरक्षण के जरिये प्रवेश का अधिकार न मिला होता और इसके माध्यम से उनके हाथों में राजनैतिक सत्ता न आयी होती तो क्या आज इस वर्ग के लोग समाज में कहीं सम्मान प्राप्त कर पाते जो आज है। अम्बेदकर ने अपने संघर्ष और एकाकी होने के बावजूद अपनी बात पर अड़कर और गांधी जी ने अपनी भौतिक शक्ति से सवर्णों की चेतना को झकझोर कर देश की सदियों पुरानी जाति प्रथा से उपजी एक वर्ग विशेष की अपमानजनक सामाजिक दशा को सुधारने का बड़ा और ऐतिहासिक काम किया। अंग्रेज सरकार ने दलित वर्गों को अलग से खड़ा कर स्वराज्य के व्यापक उद्देश्य को पीछे करने की जो कुटिल कोशिश की थी उसे आपसी समझदारी से अम्बेदकर और गांधी ने ध्वस्त कर दिया तथा स्वराज्य के आन्दोलन को एक नयी स्फूर्ति व शक्ति मिली। भारतीय समाज के एक और विघटन की साम्राज्यवादी कोशिश को करारा झटका लगा। भारत का बहुसंख्यक सवर्ण हिन्दू वर्ग बहुत ही शिष्टता के साथ दलितों को उनकी आबादी के अनुपात में विधि मण्डलों में आरक्षण के सिद्धान्त को स्वीकार कर लिया तथा दलितों ने भी बदले में गांधी जी के आजादी के संग्राम में पूर्ण सहयोगी होने का संकल्प किया। पूना समझौता भारतीय समाज की एकता में मील का पत्थर है। गांधी जी कहते थे उनकी आजादी का मतलब बृहत्तर भारतीय समाज की एकता है। भारतीय राष्ट्रीय एकता और पुनर्जागरण के इतिहास में ऐसा ऐतिहासिक क्षण शायद कभी नहीं आया जब दलितों के युगों पुराने सामाजिक अन्याय की कालिख को धोने के लिए सवर्ण हिन्दू जनमानस बिना किसी प्रतिरोध के तैयार हुआ। इस महान् ऐतिहासिक वातावरण को उस समय गांधी ने तैयार किया जब भारतीय समाज घोर अंधविश्वासी और पीछे देखू था।

1990 में जब विश्वनाथ प्रताप सिंह सरकार ने मण्डल कमीशन की संस्तुतियों को लागू किया और पिछड़े वर्ग के युवकों को सरकारी नौकरी में 27 प्रतिशत आरक्षण लागू कर दिया तो पूरे देश में इस घोषणा के विरुद्ध कितना जबर्दस्त तूफान खड़ा हुआ यह वे लोग भलीभाँति जानते हैं जो उस समय सक्रिय थे। किन्तु वर्षों पहले जब हिन्दू समाज भयंकर रूढ़िवाद से ग्रस्त था सवर्ण मानसिकता की जकड़बन्दी से पूरा समाज आक्रान्त था। ऐसे में सवर्ण नेताओं द्वारा स्वेच्छा से और बृहत्तर हिन्दू सवर्ण मानसिकता द्वारा दलित जातियों को बिना किसी उत्तेजना के धारा सभाओं में इतनी बड़ी संख्या में आरक्षित सीटें दे देना एक ऐतिहासिक घटना है। मेरी राय में गांधी को कोसने वाले दलित नेताओं को उस समय की स्थिति का निरपेक्ष आकलन बिना किसी पूर्वग्रह के करना चाहिए। यदि महात्मा गांधी ने अपनी जान को दाँव पर लगाकर सवर्ण नेताओं व जनता पर गम्भीर दबाव न पैदा किया होता तो शायद इतनी आसानी

से इतनी बड़ी बात सवर्णों के गले नहीं उतरने वाली थी, वहीं दूसरी तरफ डॉ० अम्बेदकर ने 1919 से लगातार राजनैतिक दबाव न खड़ा किया होता तो शायद अछूत जातियों को धारा सभाओं में प्रतिनिधित्व की बात स्वीकार्य नहीं होती। हाँ, कांग्रेस पार्टी भी जो राष्ट्रीय आन्दोलन की मुख्य धारा में थी वह वयस्क मताधिकार को ही दलितों की समस्या के समाधान को एकमात्र रास्ता मानती थी और धारा सभाओं में कतिपय दलित नेताओं के मनोनयन को ही इन वर्गों के विकास का रास्ता स्वीकार करती थी। गांधी जी के जीवन की रक्षा हो इस पर डॉ० अम्बेदकर अन्तिम रूप से सहमत थे क्योंकि वे भी समझते थे कि यदि किन्हीं परिस्थितियों में उक्त आमरण अनशन के कारण गांधी का जीवन चला गया तो देश में भयंकर सवर्ण दलित दंगे होते और दोनों की खाई को खत्म करने का जो ऐतिहासिक दायित्व अम्बेदकर अपने कन्धों पर लिये थे वह बहुत दिनों तक पूरा नहीं होने वाला था फिर भी उस दौरान वह अपनी माँगों पर डटे रहे। इसका नतीजा हुआ कि देश की विभिन्न धारा सभाओं में कैबिनेट ब्रिटिश ने दलितों को 71 सीटें दी थीं, अम्बेदकर साहब का आग्रह था कि 197 सीटें दी जायें अंततः 147-48 सीटें मान्य हुईं तो उनकी भी अपेक्षा से अधिक थीं।

दूसरी महत्त्वपूर्ण बात यह है कि पृथक् मताधिकार की जगह संयुक्त मताधिकार होने से सम्पूर्ण दलित समाज भारतीय समाज की मुख्यधारा का अंग बना रहा तो भारतीय समाज की एकता की दृष्टि से महत्त्वपूर्ण है। संविधान सभा में सहमति से आजाद भारत की संसद में और सरकारी सेवाओं में आबादी के अनुपात में दलित वर्गों को आरक्षण का अधिकार जिस आसानी से प्राप्त हुआ उसकी बुनियाद तो पूना पैक्ट में ही पड़ चुकी थी। अम्बेदकर की तर्क क्षमता और दलित वर्गों के हित के लिए अड़ियल रुख अपनाने की शक्ति तथा गांधी की नैतिक शक्ति से निर्माण किये गये वातावरण ने इस फल को प्रदान किया इसमें कोई शक नहीं।

इस घटना के बाद गांधी को भी सवर्ण शक्ति के सामने डट जाने की अद्भुत शक्ति मिली। जो गांधी प्रारम्भ में चाहे किन्हीं कारणों से छुआछूत मिटाने को मुख्य मुद्दा बनाने से थोड़ा कन्नी काटते थे उन्होंने इस कार्यक्रम को स्वराज्य के कार्यक्रम का मुख्य हिस्सा बना लिया।

गांधी जी ने 1932 में हरिजन सेवक संघ की स्थापना की[1] जिसका उद्देश्य छुआछूत का सम्पूर्ण खात्मा था। जेल से रिहा होते ही गांधी जी ने संघ के कार्यकर्ताओं से पूछा, "क्या संघ के कार्यकर्ता सचमुच अपने दिल से छुआछूत के पाप को निकाल चुके हैं।" एक सदस्य ने पूछा, "आपकी इस सम्बन्ध में कसौटी क्या है?" गांधी जी ने कहा, "क्या आप विवाहित हैं?" उत्तर था, "हाँ।" इस पर गांधी जी ने कहा, "तुम्हारे पास कोई अविवाहित पुत्र अथवा पुत्री होगी तो उसमें से किसी एक पुत्र या पुत्री के लिए हरिजन बहू या दामाद ढूँढ़ो। तुम्हारे संस्कार के लिए मेरे पास सिर्फ बधाई का तार भेजने के अलावा कुछ नहीं है।" इसके बाद ही उन्होंने अपने आश्रम के प्रवासी प्रोफेसर, जो जाति से ब्राह्मण थे, की पुत्री का विवाह आश्रमवासी हरिजन के पुत्र से, जो उन्हीं का शिष्य था, कराया तथा संकल्प लिया कि वे केवल उन्हीं शादियों को आशीर्वाद देंगे जिसमें एक पक्ष हरिजन होगा।

उन्होंने 1935 में एक सन्देश भेजा।[2] स्वर्गीय लाला लाजपत राय द्वारा संस्थापित अखिल भारतीय अछूतोद्धार समिति ने पंजाब केसरी की पुण्य स्मृति में 11 नवम्बर से 17 नवम्बर

---

1. महात्मा गांधी द लाइट फ्रेज वाल्यूम I, बुक I, पृष्ठ 60।
2. सम्पूर्ण गांधी वाङ्मय, खण्ड 62, पृष्ठ 94।

तक हरिजन सप्ताह मनाने का निश्चय किया है। स्थानीय समितियाँ जो कार्यक्रम निश्चित करेंगी वे तो होंगे ही इसके अलावा निम्न कार्य भी होंगे। 11 नवम्बर की प्रभातफेरी में ऐसे गीत गाना जिसमें हरिजनों के साथ भाई-बहनों जैसा व्यवहार करने की आवश्यकता बतायी गयी हो। 12 नवम्बर को पुरोहित और पण्डित हरिजन हल्कों में रामायण, गीता, भागवत सुनायें। 13 नवम्बर को हरिजन बस्तियों या मन्दिरों में पंचायतों की बैठकें हों जिसमें हरिजनों को भी आमंत्रित किया जाये और अस्पृश्यता निवारण पर बल दिया।

14 नवम्बर : सवर्ण घरों की स्त्रियाँ हरिजन घरों में जाकर दलित महिलाओं से मिलें।

15 नवम्बर : बाल मेला जहाँ हरिजन माताओं को बच्चों के साथ पाठशाला और मन्दिरों में बुलाया जाये, आदि। सामाजिक समरसता की दृष्टि से गांधी के यह सभी कार्य अनुकरणीय थे किन्तु अम्बेदकर और गांधी के रिश्ते इसके बावजूद ठीक नहीं थे। अम्बेदकर को 'हरिजन' शब्द से चिढ़ थी। वे कहते थे कि वर्ण के बारे में उनके विचार गांधी से मेल नहीं खाते थे। उन्होंने जाति को प्रोत्साहित करने वाले शास्त्रों के ही खिलाफ बगावत की बात कही और उनकी उपस्थिति में मनुस्मृति जलायी गयी। गांधी जी ने 1935 में एक व्यक्ति को उत्तर देते हुए कहा, "आदमी अपने गुजारे के लिए अपने बाप-दादाओं का ही पेशा करे इसी का नाम वर्ण धर्म है। यह इन्सान की कारीगरी नहीं कुदरत का अटल कानून है।" अम्बेदकर का कहना था, "यह इंसान कृत है। इसे कुदरती कहने से कोई इसके आगे नहीं सोचेगा।" गांधी ने कहा, "अछूत को ज्ञान पाने का उतना ही अधिकार है जितना ब्राह्मण को। सुख, सुविधा, सच्ची आध्यात्मिकता की तलाश के लिए वर्ण सबसे बढ़िया वीणा है। आध्यात्मिक तलाश सच्ची होती है।"

अम्बेदकर ने उन पर हमला किया, गांधी अछूत और सवर्णों को बताना चाहते हैं कि वे आधुनिक मनु हैं। फिर से वे हिन्दुस्तान को उसके पूर्व निर्धारित आदर्शों पर चलने के लिए मार्गदर्शन कर रहे हैं, किन्तु इससे दलितों की दशा नहीं सुधरी। केवल अछूत ही हरिजन हो गये सवर्णों का कोई तबका हरिजन नहीं हुआ। सिर्फ अछूत या शूद्र या अवर्ण ही हरिजन हुए। अन्य वर्णों के लोग हरिजन क्यों नहीं हुए? क्या अछूत हरिजन घोषित करने से अछूत नहीं रहेगा? क्या मैला नहीं उठायेगा? झाड़ू नहीं लगायेगा? क्या अन्य वर्ण वाले उसे गले लगा लेंगे? हिन्दू समाज उसे सवर्ण मान लेगा? क्या उसे सामाजिक समता का अधिकार मिल जायेगा? हरिजन तो सभी हैं, लेकिन गांधी ने हरिजन को भी भंगी बना डाला, किसी सवर्ण ने हरिजन माना। सभी ने भंगी, मेहतर माना। यह सोचना फरेब है। वे तो आयरलैण्ड के देशभक्त डेनियल कौनल के शब्दों को दुहरा रहे थे कि कोई मनुष्य अपमानित होकर धन्यवाद नहीं दे सकता। कोई राष्ट्र अपनी स्वाधीनता खोकर धन्यवाद नहीं दे सकता। कोई नारी अपना शील भंग होने पर धन्यवाद नहीं देती। फिर अछूत कैसे केवल नाम के लिए हरिजन कहलाने पर गांधी को धन्यवाद कर सकता है। क्या ओस की बूँदों से उसकी प्यास बुझ सकती है। वह सवर्ण जाति की पाशविकता का शिकार है।" इस तरह 1932 के पूना पैक्ट के बाद भी दोनों के रिश्ते मधुर नहीं हुए।

14 नवम्बर, 1935 को सरदार बल्लभभाई पटेल को पत्र का उत्तर देते हुए वे कहते हैं, "अम्बेदकर के नाम लिखा तुम्हारा पत्र पूरी तरह पढ़ गया। यह अकाट्य है।"[1] मगर इस

---

1. महात्मा-तेन्दुलकर वाल्यूम 3, पृष्ठ 122।

समय उन पर इसका कुछ भी असर नहीं हो सकता। मेरी निन्दा किये बिना उनसे रहा ही नहीं जा सकता। फिर तुम्हें वे कैसे छोड़ सकते हैं। लन्दन की तरह यहाँ भी उनके पीछे अनेक शक्तियाँ काम कर रही हैं। दु:ख इतना ही है कि उनकी धमकियों से डर कर इस बात को बहुत बड़ा रूप दे दिया है। इसकी भी चिन्ता नहीं। परन्तु उसका सदुपयोग होने के बदले दुरुपयोग हो रहा है। अस्पृश्यता को मिटाने का जोरों से प्रयत्न करने के बदले लोग उनकी खुशामद कर रहे हैं। खैर हमें इसी वातावरण में काम करना है। जहाँ देखो वहीं भय और दुर्बलता के दर्शन होते हैं।'' इस तरह पूना पैक्ट के बावजूद दोनों में एकता न होने का मजबूत कारण राजनीति भी थी।

गांधी जी ने अपनी सम्पूर्ण शक्ति ग्रामीण उत्थान और हरिजन उत्थान में लगा दी। डॉ० अम्बेदकर उनसे गाँव मिलने भी गये। हरिजन सेवक संघ का देशव्यापी कार्य प्रारम्भ हो गया था। त्रिवेन्द्रम के एक मन्दिर में हरिजन प्रवेश एक गम्भीर मुद्दा था। मौके का लाभ उठाकर ईसाई मिशनरी त्रिवेन्द्रम में हरिजनों को ईसाई बनाने लगी। गांधी जी से इन लोगों का गहरा विवाद हुआ। बंगलोर में दक्षिण भारत के हरिजनों के एक सम्मेलन को सम्बोधित करते हुए गांधी ने कहा, ''हमारा, (हरिजन परिष्कार) आन्दोलन धार्मिक है और राजनैतिक धरातल से अलग है।[1] हमारी संख्या थोड़ी है। हजारों लोग जुटते हैं लेकिन वे केवल प्रस्ताव पास करते हैं। छुआछूत के प्रश्न पर जहाँ तक संभव हो इसका सवाल ही नहीं उठता। इसे तो जड़-मूल से जाना ही होगा। मन्दिरों से और जहाँ कहीं भी है। इसलिए जितने लोगों ने ट्रावनकोर में प्रस्ताव पास किया है यदि उनमें से संकल्पशक्ति है तो कोई ताकत उनके लिए मन्दिरों के दरवाजे बन्द नहीं रख सकती। जो लोग भी हरिजनों के बीच में काम कर रहे हैं उन्हें हमारे हरिजनों के बारे में सच्चे भाव से अवगत कराना चाहिए। यहाँ उपस्थित तमाम लोग अपने को हरिजन के सुख और दु:ख से नहीं जोड़ते वस्तुत: हमसे हरिजन वर्ग निश्चित परिणाम चाहता है। वे हिन्दू की क्षमता की सतह तक उठना चाहते हैं। इसलिए जो हमारे कार्यकर्ता हैं वे स्वेच्छा से शत-प्रतिशत हरिजन बन जायें। यदि छुआछूत खत्म नहीं हुई तो हिन्दुत्व समाप्त हो जायेगा। मैं प्रार्थना करूँगा कि ऐसा धर्म जो अपने ही में जन्मे व्यक्ति को मानव नहीं समझता वह धर्म नष्ट हो जाये। यदि यह मानवता का दाग खत्म नहीं होता तो इसे नष्ट हो जाना चाहिए। इसके लिए हमें हर अंश में हरिजन होने की जरूरत है। इसके माने जब उन्हें दु:ख पहुँचे तो हमें भी दु:खी होना चाहिए और उन्हें जो भी दु:ख पहुँचाये उसे दूर करने की कोशिश करनी चाहिए। उन्हें कभी न कहा जाये कि उनके दु:ख का कारण उनका धर्म है। हम कहें कि हमारे ऊपर उनका जो ऋण है उसका एक हिस्सा हम उतार देना चाहते हैं। हमें अपने से हर संध्या और हर सुबह पूछना चाहिए कि क्या हमने उस ऋण का कोई भी अंश उतारा है। जब तक हम ऐसा नहीं करते हमारे सारे प्रस्ताव व्यर्थ हैं।''

उन्होंने डॉ० जान मोट को उत्तर देते हुए कहा कि छुआछूत का प्रश्न हिन्दुत्व के लिए जीवन मरण का प्रश्न है। यदि यह समाप्त नहीं हुआ तो हिन्दुत्व के साथ हिन्दुस्तान भी नष्ट हो जायेगा और यदि छुआछूत समाप्त हो गया तो भारत के पास विश्व को सन्देश देने के लिए कुछ हो जायेगा।[2] डॉ० मोट ने उनसे कहा, ''सारी दुनिया में खबर छपी है कि डॉ०

---

1. महात्मा-तेन्दुलकर वाल्यूम 4, पृष्ठ 80।
2. वही, पृष्ठ 99।

अम्बेदकर 5 करोड़ लोगों को उसके हाथ सुपुर्द कर सकते हैं यदि कोई धर्म उन्हें स्वीकार कर लें।" गांधी ने कहा, "जहाँ तक अम्बेदकर के इस ख्याल का सवाल है आप पूरे आन्दोलन को निरपेक्षभाव तथा शांत चित्त होकर देखें, क्या डॉ० अम्बेदकर की अपील का कोई उत्तर है? जब वे आपके यहाँ जायें तो आपकी अन्तरात्मा जो कहे वह करें। किन्तु आज यह सोच पाना कठिन हो रहा है कि अम्बेदकर के इस कथन का अर्थ क्या है?" फिर गांधी ने कहा, "भारत की आम जनता की गरीबी हमारी परेशानी का कारण है और जिस रूप में बड़े लोगों ने गरीबों खासतौर पर हरिजनों की उपेक्षा की है वह बहुत परेशानी का कारण है। हम एक बहुत बड़े धर्म के रक्षक हैं फिर भी हम एक शर्मनाक अपराध करने के दोषी भी हैं।"

जब डॉ० मोट से उनका संवाद चल रहा था तभी एक अच्छी खबर आई कि ट्रावनकोर के मन्दिर के द्वार वहाँ के शासकों ने हरिजनों के लिए खोल दिए। गांधी ने कहा, "ऐसा महिलाओं की शक्ति से हुआ है। ऊँची जाति के बहुसंख्यक लोगों ने ऐसा करने में पूरा सहयोग किया है। यह तो अहिंसा की शक्ति का सबसे बड़ा फल है।" लेकिन उन्होंने आगे कहा, "मन्दिर के द्वार खुल जाना ही सम्पूर्ण नहीं है।" उन्होंने कहा, "आदर्श भंगी तो ब्राह्मण से भी आगे है। एक ब्राह्मण के बिना भंगी का अस्तित्व सम्भव नहीं है। अंतिम के बिना पहले का अस्तित्व नहीं है। भंगी समाज के लिए वह काम करता है जो माँ अपने बच्चे के लिए करती है। माँ बेटे की गन्दगी साफ करती है और उसे स्वस्थ रखती है। उसी तरह भंगी पूरी आबादी की गन्दगी साफ कर उसे स्वस्थ रखता है। ब्राह्मण का दायित्व है वह आत्मा की शुद्धि का काम करे और भंगी समाज के शरीर का। किन्तु व्यवहार में ब्राह्मण अपना कर्त्तव्य नहीं निभा रहे हैं जबकि भंगी अपना दायित्व पूरा कर रहे हैं। भंगी तो सभी सेवाओं की बुनियाद में है।"

हमारे समाज ने भंगी को निम्न कोटि में बिठाकर दु:खदायी काम किया है। यदि हम भंगी को ब्राह्मण के बराबर का दर्जा दें तो हमारा समाज उसकी व्यवस्था उसकी तस्वीर पूरी तरह स्वच्छ हो जायेगी। हम अपने आप बीमारियों को नियंत्रित करने से मुक्त हो जायेंगे। हमें अप्पा साहब पट्टवर्धन जैसे लोगों की सेना बनानी होगी जो स्वेच्छया अपने को भंगी मानते हैं। इस तरह उस दौर में गांधी ने हरिजन सेवा, भंगी उद्धार के लिए सवर्ण लोगों में एक बड़ी फौज खड़ी की। डॉ० अम्बेदकर इसे ग्राह्य नहीं कर पाते थे। अम्बेदकर का रास्ता टकराव का था। गांधी का रास्ता हृदय परिवर्तन द्वारा समाज में स्थायित्व कायम कर भाई-चारा का वातावरण बनाने का था।

1936 में पंजाब के जाति-पाँति तोड़ेक मण्डल ने डॉ० अम्बेदकर को भाषण के लिए बुलाया। यह अध्यक्षीय भाषण हिन्दू धर्म पर गम्भीर हमला था। उन्होंने उसमें लिखा था, "हिन्दू रूप में उनका अन्तिम भाषण है।" आयोजकों ने इस अंश को निकालने की माँग की किन्तु अम्बेदकर डटे रहे और यह सम्मेलन हुआ ही नहीं किन्तु उन्होंने अपने भाषण को 8 आने कीमत पर छपवा दिया। गांधी ने इसे पढ़ा और अम्बेदकर को सलाह दी कि पुस्तक की कीमत घटाकर 4 आने कर दें जिससे काफी लोग पढ़ सकें। उन्होंने कहा, "कोई समाज सुधारक इस पुस्तक को पढ़े बिना नहीं रह सकता। अंध विश्वासियों को इससे सबक मिलेगी। इस पर घोर आपत्तियाँ हैं। इसलिए इसे पढ़ना चाहिए।"[1] डॉ० अम्बेदकर हिन्दुत्व के लिए

---

1. अम्बेदकर सोर्स बुक 1, पृष्ठ 81।

चुनौती हैं। हिन्दुत्व में पले उसी वातावरण में पढ़े, किन्तु सवर्ण हिन्दुओं द्वारा उन पर और उनके साथियों पर होने वाले अत्याचार से वे इतने कुण्ठाग्रस्त हुए कि वे न केवल सवर्ण हिन्दुओं को छोड़ना चाहते हैं बल्कि समस्त हिन्दुत्व की धारा को भी जो उनकी सम्मिलित धरोहर रही है। वे अम्बेदकर के प्रति पूरी सहानुभूति रखते हैं किन्तु 11 जुलाई, 1936 को हरिजन पत्रिका में एक लेख लिखकर मनुस्मृति के जिन छन्दों का अम्बेदकर ने उल्लेख किया उस पर अपनी टिप्पणी सुरक्षित रख ली। किन्तु पुनः 18 जुलाई, 1936 को गांधी ने हरिजन में लिखे अपने लेख में कहा, "वेद, उपनिषद्, स्मृति और पुराण यहाँ तक कि रामायण भी, महाभारत आदि हिन्दू धर्मग्रन्थ हैं। सभी ने पढ़ी है। समय ने इस सबमें कुछ जोड़ ही किया है। इसके माने यह नहीं कि सब कुछ लिखा हुआ अथवा हस्तलिपि धर्मग्रन्थ है। स्मृति के जिन सूत्रों का उल्लेख अम्बेदकर कर रहे हैं वे अधिकृत छन्द नहीं हैं। कोई भी वस्तु ईश्वर के शब्द नहीं हो सकते। यदि उनका आध्यात्मिक और तार्किक परीक्षण न किया गया हो। कोई धर्म की बात केवल कहने से नहीं होती। यदि उसकी अनुमति सन्त और महात्माओं ने अपनी निजी साधना से न प्राप्त कर ली हो। सभी धर्मग्रन्थों के भाष्यकार भुला दिये जायेंगे। भावी पीढ़ी महात्माओं की स्वयं प्रेरणा से उत्पन्न बातों को ही शिरोधार्य करेगी। जाति को धर्म से कुछ लेना-देना नहीं है। जाति एक प्रचलन है जिसके मूल में नहीं जाना चाहता। किन्तु मैं जानता हूँ कि आध्यात्मिक और राष्ट्रीय उन्नति के लिए यह घातक है। वर्ण और आश्रम, संस्थाएँ हैं जिनका जाति से कोई नाता नहीं है। वर्ण का कानून सिखाता है कि अपने पूर्वजों के परम्परागत पेशे को अपनाकर हम अपनी रोटी कमा सकें। यह हमें हमारे अधिकार का ही नहीं कर्त्तव्य का भी ज्ञान कराता है। यह मानवता के कल्याण के लिए उपयोगी है। इसमें कोई बहुत ऊँचा नहीं, कोई नीच नहीं है। सभी अच्छे कानून सम्मत और सतह पर बराबर हैं। एक आध्यात्मिक एवं कर्मकांडी ब्राह्मण और भंगी दोनों ईश्वर के यहाँ बराबरी का सम्मान पाने के हकदार हैं और एक समय में मनुष्य रूप में भी बराबरी का दर्जा प्राप्त थे। अपनी आजीविका के दोनों हकदार थे, किन्तु उससे अधिक नहीं। वर्ण के कानून को उसका इस्तेमाल करने वालों के सतही तौर तरीके से गलत और अनुचित नहीं कहना चाहिए। वे तो खुले रूप से इसका अतिक्रमण कर रहे हैं। वर्ण के कानून में एक वर्ण को दूसरे के ऊपर या नीचे रखना वर्ण के कानूनों का निषेध है। वर्ण के कानून में छुआछूत के पालन का कोई नियम नहीं है। हिन्दुत्व का मूलतत्त्व एक और केवल एक में सच्चाई के साथ आस्था रखने में है और अहिंसा में मूलभूत निष्ठा ही मानव की एकता का सार है।"

गांधी ने कहा, "अम्बेदकर की सबसे बड़ी गलती यही है कि उन्होंने उन पुस्तकों को उद्धृत किया है जिनकी प्रामाणिकता संदेहास्पद है तथा स्तरहीन हिन्दू जिन्होंने गलत ढंग से बातों को उद्धृत किया है उन्हीं को आधार बनाकर अम्बेदकर ने अपनी स्थापना खड़ी की है। विद्वान डॉक्टर ने अपने विद्वतापूर्ण सम्बोधन में अपने पक्ष को जरूरत से ज्यादा दलीलों के साथ पेश किया है। कोई भी धर्म जिसके प्रचारक चैतन्य महाप्रभु, नामदेव, तुकाराम, तिरुवल्लुवर, रामकृष्ण परमहंस, राजाराम मोहन राय, देवेन्द्रनाथ ठाकुर और स्वामी विवेकानन्द जैसे लोग रहे हों इनमें से कहीं और का उल्लेख किया जा सकता है क्या किसी ऐसे धर्म का प्रचार कर सकते हैं जिसका उल्लेख डॉ० अम्बेदकर ने अपने सम्बोधन में किया है। कोई भी धर्म की कसौटी उसके घटिया दृष्टान्तों से नहीं हो सकती, किन्तु उसकी कसौटी तो उसने जो अधिकतम अच्छी चीजें पैदा की हैं, वह होगी। वही और केवल एकमात्र वही धर्म को नापने

की तुला होगी।"

गांधी के इन लेखों का उत्तर देते हुए अम्बेदकर ने कहा, "मैं कोई प्रचार का भूखा नहीं हूँ। किन्तु जब महात्मा खुद ही मेरे विरोध में खड़े हो गये तो जवाब देना जरूरी है। मेरे कुछ मुद्दों को महात्मा भूल गए (1) जाति ने हिन्दुओं को बर्बाद किया है, (2) वर्णाश्रम के आधार पर हिन्दुत्व के पुनर्गठन की सोच वैसे ही है जैसे टूटे बर्तन में पानी रखना या नाक के बल दौड़ना, (3) चातुर्वर्ण के आधार पर समाज को पुनः संगठित करने की बात सोचने के मायने हैं कुछ लोगों को नीच बनाकर रखना, (4) हिन्दू समाज धर्म पर ही संगठित हो जिसका आधार स्वतंत्रता, समानता, भाईचारा हो, (5) इस लक्ष्य को पाने के लिए जाति और वर्ण को धार्मिक आधार देना बन्द करना होगा, (6) वर्ण-जाति का धार्मिक आधार तभी खत्म होगा जब शास्त्रों को महत्त्व देना कम होगा। अम्बेदकर ने कहा कि कभी ऋषियों ने जाति पर हमला नहीं बोला। ज्ञानदेव को भी ब्राह्मण बनने की ही लालसा थी।[1] एकनाथ को अछूतों से प्रेम था इसलिए धर्माचार्यों ने अपनी पाँत से उन्हें अलग कर दिया। उन्होंने कभी सभी मनुष्यों को एक नहीं कहा। अपितु ईश्वर की दृष्टि में सभी एक हैं। केवल संत महात्मा जाति से अलग हो सकते हैं, किन्तु आम आदमी नहीं हो सकता। महात्माओं की प्रेरणा और अनुभूति को आधार मानकर उसे वैसे ही स्वीकार कर लेना केवल तर्क तथा तार्किक स्पष्टीकरण हो सकता है। जाति-वर्ण पर आधारित समाज गलत सम्बन्धों को जन्म देता है। उन्होंने गांधी जी को चेताया कि वे स्वयं वर्णाश्रम को नहीं मानते इसे मानने का दावा करते हैं और कहते हैं वह विगत 50 वर्षों से इसी आधार पर चल रहे हैं। लेकिन उनके पुरखे एक राज्य में दीवान थे। यह तो ब्राह्मणों का काम था, बनियों का नहीं। उन्होंने स्वयं कानूनी पेशा अपनाया। उसे भी छोड़कर अब वे आधा सन्त और आधा राजनेता हैं। उनके छोटे पुत्र ने बनिया के यहाँ नहीं, ब्राह्मण के यहाँ शादी की है। उन्होंने उसकी निन्दा नहीं की। मेरे अनुसार अपने पुरखों के आदर्शों को ही अपनाये रहना न केवल असम्भव तथा अव्यावहारिक है अपितु नैतिक रूप से भी बचाव योग्य आदर्श नहीं है।"

कोई ब्राह्मण परस्पर विरोधी दीखने वाले देवता का पुजारी हो सकता है। और यदि इसे परम्परागत पेशा मानकर चला जाये तो वह व्यक्ति बौद्धिक सम्पदा का दिवालिया पुरुष है। बिना विश्वास और निष्ठा के परम्परागत पेशा को अपनाये रखना मूल्यों और आदर्शों के अनुरूप नहीं है, अपितु अच्छे व्यवसाय का वेश्याकरण है। बहुत पहले महात्मा ने यंग इण्डिया में जाति और वर्ग पर लिखते हुए कहा था कि जाति सामाजिक स्थायित्व है यह वर्ग व्यवस्था से बेहतर है। तब तो वर्ण जो परम्परागत पेशे को कहता है उसे छोड़कर सामाजिक स्थायित्व पर ही आना चाहिए। हर व्यक्ति स्थिरता चाहता है किन्तु कोई व्यक्ति ऐसा नहीं चाहता कि वह एक ही चीज से चिपका रहे सभी परिवर्तन चाहते हैं। सभी को अपना ठिकाना चाहिए। पर सामाजिक न्याय का बलिदान कर नहीं। लचक और एकता का विनाश कर ठिकाना नहीं चाहिए। एक समय था जब महात्मा रोम-रोम से सनातनी हिन्दू थे। वे अवतार पुनर्जन्म मे यकीन रखते थे। हिन्दुत्व के नाम पर वेद, पुराण, उपनिषद् में आस्था रखते थे। वे जाति में भी विश्वास रखते थे और एक अन्धविश्वासी की तरह इसके समर्थक थे। उन्होंने अन्तर्जातीय विवाह, भोजन, पानी पीने का विरोध किया था, किन्तु अब उन्होंने इसे त्याग दिया और कहा

---

1. अम्बेदकर सोर्स बुक 1, पृष्ठ 88।

कि जाति, राष्ट्रीय व आध्यात्मिक तरक्की में बाधक है। शायद अब पुत्र द्वारा विजातीय विवाह करने के बाद उनके विचार बदले हों। आर्य समाज के संस्थापक स्वामी दयानन्द के विचारों से प्रभावित महात्मा ने अपनी कुछ राय बदली है। दयानन्द ने जन्मना जाति को इन्कार किया। वर्ण में उसके गुण के आधार पर कर्म है। जबकि जाति में जन्म के आधार पर ही कर्म है। ऐसा महात्मा का विचार है। अम्बेदकर के शब्दों में—"इस प्रश्न पर महात्मा भ्रमित हैं। वे सत्य का निरूपण करने में विफल हैं। उनमें अन्तर्निहित राजनेता का कर्म उनके सन्त के कार्य में बाधक है। प्रथमतः उनकी मनोदशा महात्मा की है। उनमें बचपन की सादगी और निर्दोष भावना है। बच्चों की तरह जिन चीजों में विश्वास करना चाहते हैं उसी पर विश्वास करते हैं। इसलिए हमें उन दिनों तक इन्तजार करना है जैसे उन्होंने जाति की व्यवस्था पर विश्वास करना छोड़ दिया वैसे ही धीरे-धीरे वर्ण की भी व्यवस्था को अस्वीकार कर देंगे। वे महात्मा रूप में राजनीति का अध्यात्मीकरण करना चाहते हैं। वे इसमें समर्थ हों या न हों किन्तु राजनीति ने सचमुच उनका व्यवसायीकरण कर दिया है। एक राजनेता को जानना चाहिए कि समाज सम्पूर्ण सच्चाई को ग्रहण नहीं कर सकता। इसलिए उसे पूरा सच नहीं कहना चाहिए। यदि वह पूरा सच बोलता है तो यह उसकी राजनीति के लिए घातक है। इसलिए महात्मा जी हमेशा जाति और वर्ग की वकालत करते हैं क्योंकि वे डरते हैं कि राजनीति में उनका आधार खत्म हो जायेगा। जो कुछ भी हो, जाति को वर्ण के नाम से प्रचारित कर वे अपने आपको और जनता को धोखा दे रहे हैं।"

"महात्मा ने मुझे मेरे हिन्दू धर्म को नापने की तुला को चुनौती दी है। लेकिन मेरे अनुसार व्यक्ति और उसके धर्म की कसौटी उसके वे सामाजिक आधार हैं जिनके मूल में कुछ सामाजिक चलन होते हैं। मैं महसूस करता हूँ कि मुझे ऐसे समाज में नहीं रहना चाहिए जो गलत आदर्शों की दुहाई दे। या ऐसा समाज जो अच्छे आदर्शों को अपने सामाजिक जीवन में प्रवेश न करने दे। मेरी राय में वे गलत आदर्शों और गलत सामाजिक जीवन पर चल रहे हैं।"

"हिन्दू समाज को नैतिक पुनर्जन्म की आवश्यकता है। इसे वे लोग खतरनाक ढंग से सीमित कर रहे हैं। इसका पुनर्निर्धारण कौन करे। निश्चित रूप से वे जो अपनी वैदिक निष्ठा को साहसिक ढंग से कह रहे हैं। हिन्दू नेतृत्व में अभी बौद्धिक पुनर्जागरण का अभाव है। महात्मा चिन्तन में विश्वास करते नजर नहीं आ रहे हैं। वे प्राचीन बातों को आदरपूर्वक शिरोधार्य कर लेते हैं। केवल इस डर से कि यदि नयी चीज चिन्तन से निकालें तो वहीं सब कुछ डूब न जाये। इसलिए हमें उनसे सहानुभूति है। हर स्वतंत्र चिन्तन में स्थिर दुनिया को संकट में डालने की शक्ति होती है। सन्तों पर निर्भरता हमें सच्चाई के रास्ते पर नहीं ले जा सकती। सन्त भी तो मनुष्य ही हैं। मुझे सचमुच लगता है कि वे हिन्दुओं के मेहराबदार सामाजिक ढाँचे को समर्थन करने की दृष्टि से तर्क जुटाने की मंशा से अपने विवेक का वेश्याकरण कर रहे है। वे सर्वाधिक प्रभावशाली क्षमाप्रार्थी तत्त्व हैं इसलिए वे हिन्दुओं के सबसे खराब दुश्मन हैं, समाज में अनेक ब्राह्मण हैं जो जूता बेचते हैं यह उनके वर्णाश्रम धर्म के परम्परागत पौरोहित्य कर्म के विपरीत है। वे अन्तर्जातीय विवाह भी कर रहे हैं। वे अपने धर्मों से वर्णाश्रम को तोड़ रहे हैं, लेकिन धर्म और वर्ण की संस्था के पक्ष में हैं। इसके विरोध में बोलने वालों को प्रताड़ित भी करते हैं। इस बौद्धिक वर्ग की बेईमानी से कैसे इन्कार किया जा सकता है। उनके सोच का फल हमारे समाज का अपमानकारक तत्त्व है। हिन्दू दो विश्व में विचरण कर रहे हैं एक मृत और दूसरा शक्ति सामर्थ्यहीन। जिस महात्मा की ओर वे

दिशा-निर्देश की उम्मीद लगाये बैठे हैं उनका विश्वास चिन्तन में नहीं है। इसलिए वे हिन्दुओं को कोई ऐसी दिशा नहीं दे सकते जो अनुभव की कसौटी पर खरा उतर सके। वे बौद्धिक वर्ग जिनकी ओर दिशा-निर्देश की उम्मीद है या तो वे बहुत बेईमान हैं या वे अनासक्त हैं, वे कोई दिशा नहीं दे सकते। हम एक दुर्भाग्यपूर्ण परिणति देख रहे हैं। इस दुर्भाग्यपूर्ण परिस्थिति में कोई भी व्यक्ति इतना ही कर सकता है और कहा जा सकता है कि ऐ हिन्दुओ, हमें तुम्हारे नेताओं को लानत भेजनी है।''

इस तरह गांधी और अम्बेदकर के रिश्ते मधुर नहीं बन सके जिसका भारतीय स्वतंत्रता आन्दोलन को काफी नुकसान उठाना पड़ा। डॉ० अम्बेदकर गांधी की नीयत पर भी हमला करते रहे। क्या कोई व्यक्ति यह कभी स्वीकार कर सकता है कि गांधी ने जाति के बन्धन ढीले करने के आन्दोलन इसलिए चलाये थे कि उनका कोई पुत्र अन्तर्जातीय विवाह कर लिया था। उन्होंने निर्विवाद रूप से इन कार्यक्रमों की शुरुआत भारतीय समाज की समरसता के लिए की और इस कार्यक्रम पर वे अन्त तक डटे रहे। जब भारत की आजादी दरवाजे पर दस्तक दे रही थी मणिपुरी लोगों ने गांधी जी से शिकायत की कि वे लोग पिछड़े वर्गों में गिने जाते हैं उनके हितों के बारे में सवर्ण नहीं सोचते। तब गांधी जी ने अपनी प्रार्थना सभा में कहा[1], ''यदि हिन्दुत्व को जिन्दा रहना है तो इसे जाति विहीन बनाना होगा।'' वे किसी सीधे बँटवारे के पक्षधर नहीं थे। यदि उच्च वर्गों का मतलब ब्राह्मण, क्षत्रिय और केवल वैश्य है तो हिन्दू तो निराशाजनक अल्पमत में हो जायेंगे। उनके समक्ष जिन्दा रहने के बहुत कम रास्ते रह जायेंगे। उन्होंने विश्वास प्रकट किया कि आजादी के तत्काल बाद उच्च जातियाँ समाप्त होंगी, विषमता बीते दिनों की याद होगी और तथाकथित पिछड़ी जातियाँ अपने पुरुषार्थ से आगे आ जायेंगी।

दलित जातियों का एक प्रतिनिधिमण्डल गांधी जी से मिला और उनसे सलाह किया कि क्या उन्हें अब अपने स्तर को ऊँचा उठाते हुए विशेष महत्त्व स्वयं लेते हुए तथाकथित ऊँची जातियों की कोटि में आ जाना चाहिए या छुआछूत को जड़ मूल से समाप्त करने के काम में लग जाना चाहिए जिससे जाति और गैर जाति के नाम का बँटवारा समाप्त हो जाये। गांधी जी ने कहा कि वे स्वाभाविक ढंग से दूसरा रास्ता चुनेंगे। वर्ग और जाति विहीन समाज ही उनका आदर्श है। जब छुआछूत समाप्त हो जायेगी तो किसी जाति का अस्तित्व ही नहीं रहेगा। सभी शुद्ध रूप से हिन्दू हो जायेंगे। इसके अतिरिक्त यदि हरिजन अपने को विशेष सुविधा प्राप्त करने के लिए लामबन्द होंगे तो इससे वर्ग विद्वेष पैदा होगा और इस तरह का वर्ग विद्वेष उन्हीं के लिए कष्टकारी होगा। इस तरह के ख्याल एक विभाजन रेखा को तैयार करेंगे। समाज में किसी भी विभाजन रेखा को समाप्त करने के पक्ष में मैं हूँ। मेरी हरिजन बन्धुओं को सलाह है कि पहले वे अपने में व्याप्त किसी जाति प्रणाली को समाप्त करें और शुद्धता के नियमों का पालन करें बजाय इसके कि अपने लिये अलग से विशिष्ट व्यवहार की माँग करने के उन्हें हिन्दुत्व के महान् सागर में विलीन होने का प्रयास करना चाहिए। उन्होंने सवर्ण जातियों से आग्रह किया कि वे जाति विहीन समाज बनाने के लिए उन कार्यों को भी अपने हाथ में लें जिसे अभी तक केवल अछूत जातियाँ किया करती थीं, उन्हें भंगी का काम करने के लिए तैयार रहना चाहिए और इस काम को निष्ठा और सफाई के साथ करना चाहिए। सुस्ती और आलस्य

---

1. **अम्बेदकर सोर्स बुक 1, पृष्ठ 185।**

के रूप में नहीं। इंग्लैण्ड में तो अच्छे भंगी प्रसिद्ध इंजीनियर्स होते हैं। मैंने यूरोप में अच्छे लोगों को अच्छी तरह सफाई करते देखा है। वहाँ बेंत की टोकरी लेकर अच्छे-अच्छे लोग सफाई के काम में लगे रहते हैं। ऐसा यहाँ भी होने से बड़े और भंगी दोनों की बस्ती अलग-अलग नहीं होगी दोनों के आवासों में समरूपता होगी। उन्होंने उच्च जाति के हिन्दुओं को स्वेच्छा से भंगी बनने की सलाह दी और ऐसा हुआ भी। उनके आन्दोलन से जुड़े तमाम ऊँची जाति के लोग सामूहिक सफाई और भंगी का कार्य करते थे। कांग्रेस के अधिवेशनों में और जेल के भीतर शौचालयों की सफाई का कार्य कांग्रेस के बड़े नेता भी करने लगे।

इस तरह गांधी जी की सोच थी कि जाति की सबसे बड़ी शक्ति छुआछूत है और इसे कटुता द्वारा नहीं ऊँच जाति के लोगों के दिल बदलकर बिना किसी कड़ुवाहट और टकराहट के किया जा सकता है। उन्होंने सत्य भविष्यवाणी की कि आजाद भारत में अपनी सरकार जो तरक्की के अवसर प्रदान करेगी उससे पिछड़े दलित अवश्य ऊपर आ जायेंगे इसलिए आजादी का कार्य प्रमुख है।

डॉ० अम्बेदकर गांधी के प्रति कटुताभाव से इतने भर गये थे कि वे धीरे-धीरे राष्ट्रीय आन्दोलन की धारा से कटते गये। उसका नुकसान उन्हें उठाना पड़ा और 1937 के चुनाव में उनके सारे परिश्रम और योगदान के बावजद महाराष्ट्र को छोड़कर देश के सभी हिस्सों में उन आरक्षित क्षेत्रों में भी कांग्रेस पार्टी जीत गई और 1946 के चुनाव में तो उनकी पार्टी का पूरी तरह सफाया हो गया फिर भी कांग्रेस पार्टी ने बुद्धिमानी का काम किया कि 1946 के बाद की सरकारों में न केवल डॉ० अम्बेदकर को अपने मंत्रिपरिषद् में महत्त्वपूर्ण पद दिया अपितु उन्हें संविधान ड्राफ्टिंग कमेटी का अध्यक्ष भी बनाया जिससे सत्ता के प्रतिष्ठान के भीतर रहकर डॉ० अम्बेदकर को दलितों के हक में तमाम प्रावधान करने का अवसर प्राप्त हो सका। यदि गांधी और अम्बेदकर के रिश्ते प्रारम्भ से ही मधुर रहते तो शायद देश की आजादी का संग्राम और दलितों के उत्थान के काम में और गहरी तीव्रता दिखाई पड़ती जो हमारे समाज के लिए आवश्यक था।

■

आर्थिक प्रश्नों पर उनके विचार

समग्र रूप से अर्थ सम्बन्धी सभी प्रश्नों पर उनके विचार कहीं एक जगह न तो संगृहीत हैं और न तो देश के सम्पूर्ण आर्थिक स्वरूप पर उन्होंने कोई व्यापक बात कही है, लेकिन संविधान सभा में अल्पसंख्यकों के प्रश्न पर विचार करने वाली समिति को एक ज्ञापन देकर तथा समय-समय पर अपने भाषणों में जो उन्होंने उल्लेख किये हैं उसके आधार पर हम कह सकते हैं कि आर्थिक मामलों में इनकी सोच कितनी उच्च थी। अपने अध्ययन के प्रारम्भिक काल में उन्होंने द प्राब्लम ऑफ रूपी इट्स ओरिजिन एण्ड सालूशन (रुपये की समस्या इसकी उत्पत्ति और विकल्प) नामक एक थीसिस लिखी जिसे 1923 में लन्दन के एक प्रकाशक ने प्रकाशित किया। समाज में आपसी विनिमय के रूप में किस तरह वस्तुओं का स्थान रुपये ने लिया। इसका स्वर्ण भण्डार से क्या सम्बन्ध है? यह मुद्रास्फीति को कैसे प्रभावित करता है। क्या इस रुपये के प्रचलन का सामाजिक चलन में कोई विकल्प है आदि प्रश्नों की बखूबी तार्किक ढंग से इस पुस्तक में विवेचना की गयी है। इस पुस्तक से भी उनके आर्थिक प्रश्नों की सूझ का गहराई से उनकी सोच पद्धति पर प्रकाश पड़ता है।

उनकी उस समय राय थी कि रुपये के प्रचलन से अंग्रेज लोगों ने भारत को आर्थिक रूप से कमजोर किया। वे स्थायी रूप से रुपये के प्रचलन को प्रतिबंधित करने का सुझाव देते हुए कहते हैं कि भारत में रुपये का भण्डार जमा करने से बेहतर होगा कि किसी धातु अथवा सोने के सिक्कों का प्रचलन आरम्भ हो और यही सिक्के आयातित-निर्यातित वस्तुओं के विनिमय के माध्यम बनें। वे किसी भी समाज की तरक्की के लिए व्यापार को महत्त्वपूर्ण ढाँचा मानते थे, और इसे निजी सम्पत्ति को प्रमुख महत्त्व देने वाले समाज के व्यक्तिगत लाभ का समर्थ मार्ग कहते थे। व्यापार के बिना कोई समाज अपनी विशेषज्ञता से उत्पादित वस्तु अथवा अपने श्रम से उत्पादित वस्तु का अपेक्षित लाभ नहीं पा सकता। मनुष्य की महत्त्वाकांक्षा, इच्छा, रुचि और प्रयासों को पूरा करने के लिए मुद्रा एक सशक्त माध्यम है, कोई भी व्यापारिक समाज मूल्य के घरौंदों में रहने के लिए मजबूर हैं। ऐसे समाज में उत्पादित वस्तु का लागत मूल्य और उसके विक्रय मूल्य के आधार पर ही उस समाज की विफलता और सफलता निर्धारित होती है। मुद्रा केवल व्यापार को संगत बनाने के लिए जरूरी नहीं है बल्कि उत्पादकता को संरक्षित कर बचाये रखने और विशेषज्ञता का प्रस्फुटन करने के लिए भी जरूरी है। मुद्रा के बिना कोई भी विशेषज्ञता अपने उत्पादित सामग्री को उन तक पहुँचाने में समर्थ नहीं हो सकता जिन लोगों तक पहुँचाना चाहता है। व्यापार तो उत्पादित वस्तु के लिए आवश्यक है। बिना व्यापार के उत्पादन में वृद्धि नहीं हो सकती।

वे मुगल जमाने में भारत की उन्नति व आर्थिक तरक्की के कायल थे। उनके अनुसार भारत का व्यापार आगे था। बैंकिंग व्यवस्था थी। आयात-निर्यात में शाख थी। अंग्रेजी जमाना आने पर भी सोना, चाँदी के सिक्कों का प्रचलन था। हिन्दू राजाओं के जमाने में भी सोने के सिक्के थे। मुसलमान राजाओं ने चाँदी के सिक्कों का प्रचलन प्रारम्भ किया था। अकबर ने

अपने जमाने में मोहरें, सोने और चाँदी के सिक्के चलाये थे। 1793 में बंगाल करेन्सी रेगूलेशन बना था। बंगाल, बिहार, उड़ीसा के प्रमुख जिलों में चाँदी की करेन्सी चलती थी और इस करेन्सी पर सभी जिलों की मुहरें अंकित थीं। रैय्यत लोग सरकार को अपने उत्पादित वस्तु पर चाँदी के सिक्कों के रूप में टैक्स अदा करते थे। जब भी बाजार में व्यापारी आते थे तो अपने अन्न को उनसे रुपये में बदलते थे। करेन्सी का मूल्य जिला स्तर पर ही निर्धारित होता था।

उनका कहना था कि भारत में विनिमय की कीमत बहुत कम थी[1] यहाँ तक कि एक आने में ढेर सारा सामान मिलता था। ऐसे देश में कागज की करेन्सी बनाने से आम लोगों की जीवनी को प्रभावित करने में कागज के नोट सफल नहीं होंगे। 1871 में पाँच रुपये के नोटों का प्रचलन आरम्भ किया गया। आम लोगों की जिन्दगी तक यह नोट नहीं पहुँच सका क्योंकि 5 रुपये के नोट की उस समय कीमत काफी थी और लोगों की क्रय शक्ति बहुत कमजोर थी इसलिए यह नोट भी लोगों के रोजमर्रा के काम न आ सका। इसलिए उनका मत था कि कागज के नोट की अपेक्षा दो देशों के पारस्परिक व्यापारिक आदान-प्रदान के लिए उन देशों में प्रचलित धातु की बनी हुई मुद्राएँ ज्यादा सक्षम माध्यम हो सकती हैं। यदि इन धातुओं की दोनों देशों में एक समान कीमत निर्धारित हो तो मुद्रा के स्तर पर कोई देश दूसरे की लूट नहीं कर सकता। जब कभी दो देश दो तरह की धातुओं से बनी मुद्राओं का अपने देश के भीतर प्रचलन रखेंगे तो दोनों देशों के बीच आदान-प्रदान का निश्चित आधार तैयार करना कठिन होगा। भारत और इंग्लैण्ड के बीच 1873 में एक रुपये में साढ़े दस स्टर्लिंग पौण्ड मिला करता था। बहुत दिनों तक लोग समझते थे कि दोनों देशों का करेन्सी स्टैण्डर्ड एक सा है। इसके बाद दोनों देशों की मुद्राओं की कीमत लगातार घटने लगी और अब इसके थमने की कोई गुंजाइश नहीं लगती। 1873 तक सोने और चाँदी के दाम में एक और साढ़े पन्द्रह का रिश्ता था उसी के बाद से यह रिश्ता में भयानक रूप से असन्तुलित हुआ है। विश्व के देशों ने इसी स्खलन के बाद चाँदी को स्टैण्डर्ड मुद्रा विनिमय मानने से मना कर दिया। यूरोप के सभी देश एक के बाद एक पहले जर्मनी फिर फ्रान्स फिर डेनमार्क ने चाँदी को स्टैण्डर्ड आधार मानने से इंकार कर दिया।

ब्रिटिश भारत का राजस्व संकलन अंग्रेजों के जाने के समय महँगा था। 1853 में सिविल सेवा सुधार अधिनियम लाया गया जिसके अन्तर्गत भारतीय लोगों की सेवा में भर्ती शुरू की गयी, किन्तु इनका भी वेतन महँगा था। 1870 में कुछ आरक्षित सीटों पर सिविल सेवाओं में भारतीयों की नामांकन द्वारा नियुक्ति शुरू की गयी। इन्हें सीमित वेतन दिया जाता था लेकिन इससे भी प्रशासकीय व्यय कम नहीं हुआ। सरकार को सिंचाई यातायात पर भी खर्च करना था इसके लिए जनता से धन उगाही की गयी, लेकिन भारत में गरीबी इतनी थी कि बचत नहीं कर सकते थे और सार्वजनिक बचत से धन उगाही के प्रयास विफल हुए। इसलिए सरकार धनी देशों की ओर संसाधन के लिए मुखातिब हुई। सभी देशों में सोने के आरक्षित भण्डार की ही करेन्सी रखने का मापदण्ड माना जाता था। स्थानीय निकाय, जिला परिषद् जो सरकारी अनुदान के मोहताज थे उनके सामने आर्थिक दबाव पैदा हुआ, वे काफी कठिनाई में पड़ गये। सरकार की आर्थिक तंगी का खुलासा इसी बात से होता है कि 2 फरवरी, 1886 को भारत सरकार के सचिव ने ब्रिटिश सरकार को पत्र लिखा कि फ्रण्टियर और फेमीन रेलवे को धन के

1. द प्राब्लम ऑफ रूपी इट्स ओरिजिन एण्ड सालूशन, पृष्ठ-56।

अभाव में कठिनाई का सामना करना पड़ रहा है। कलकत्ता और बम्बई की नगरपालिकाएँ पेयजल और ड्रेनेज की व्यवस्था के लिए पैसे की माँग कर रही हैं। कलकत्ता, बाम्बे के बन्दरगाहों को बनाने के लिए पैसे नहीं हैं।

1870 के बाद फिर से भारत की आर्थिक हालत में सुधार हुआ।[1] भारत की गणना उत्पादक देशों में होने लगी। रुई उत्पादन में यह पुराना देश था, किन्तु 1750 से 1850 के बीच रुई उत्पादन काफी घट गया। पुनः इसके उत्पादन में वृद्धि शुरू हुई और 1880 में रुई उत्पादन के कार्य में भारत में 39,537 लोग लगे थे। 1884-85 में 61,836, 1889-90 में 99,220 लोग इस उत्पादन में लगे थे। जूट उद्योग इस उद्योग में नया था 1894-95 में 64,300 लोग लगे थे। भारत के ग्रामीण लोगों के लिए जूट और रुई उत्पादन रोजगार का मुख्य साधन था।

उत्पादकता की बढ़ती रुझान से अप्रत्यक्ष रूप से कृषि के प्रति लोगों की बढ़ती दिलचस्पी का काफी योगदान था।[2] 1870 से पूर्व भारतीय कृषि का व्यापारिक रूप नहीं था। किसान लाभ के लिए खेती नहीं करते थे, अपितु आत्म-निर्भरता और अपने उपभोग के लिए ही कृषि पर जोर था। 1870 के बाद कृषकों के भाव में परिवर्तन आया। कृषि ने व्यापार का रूप लिया। कृषि घरेलू उपभोग की वस्तु न रहकर बाजार, व्यापार का मुख्य मेरुदण्ड बन गयी। गेहूँ, अफीम बीज, चावल, चाय, कॉफी आदि सभी के निर्यात में 1868 से 1892 के बीच दो गुने की वृद्धि हुई। भारत में वाणिज्य न तो मुक्त था न उद्योग सुरक्षित था फिर भी लंकाशायर के कपड़ा मिल, वहाँ के जूट मिल, अंग्रेज जो गेहूँ उत्पादक थे उन्होंने शिकायत की कि वे भारतीय वस्तु से स्पर्द्धा में कमजोर पड़ रहा है। पूर्वी दुनिया से निर्यात के क्षेत्र में भारतीयों ने अंग्रेजों को भगा दिया।

1908, 1914, 1920 में रुपये की कीमत लगातार घटी, उसकी खरीद क्षमता घटी, महँगाई बढ़ी क्योंकि उत्पादन घटा, आर्थिक संकट की जाँच के लिए चेम्बर लेन कमीशन बना। उसने कहा कि भारतीय लोगों को सोना से बहुत मोह है। वे इसे छिपाकर रखते हैं और संकट के समय निकालते हैं। भारत गरीब देश है वह सोना जैसी महँगी चीज को मुद्रा रूप में सहन नहीं कर सकेगा। भारतीय लोगों का कारोबार काफी कम है। इसलिए सोना सर्कुलेशन में नहीं आ सकेगा। इसलिए कागज की मुद्रा ही सही तरीका है।

खेती के सम्बन्ध में उनकी राय थी कि छोटी जोत ही भारतीय कृषि के लिए नुकसानदेह है। गाँव में किसान के छोटे-छोटे खेते होने से सिंचाई और जुताई में दिक्कत होती है। छोटी खेती से पैदावार में कमी होती है जिससे उद्योगों के लिए कच्चा माल निकालने में कठिनाई होती है। इसलिए चकबन्दी का कानून महत्त्वपूर्ण नहीं है बल्कि जोत के आकार को बड़ा करना जरूरी है। उन्होंने सबसे पहले इसका प्रयोग बड़ौदा राज्य में किया जब वे वहाँ के अफसर थे। प्रथमत: सभी जोत का मूल्य निर्धारित किया गया। उसमें से सड़क का हिस्सा काटकर उक्त जमीन के मूल्य की जमीन एक जगह अलग-अलग किसानों को दी गयी। इसी पद्धति को अपनाने पर उन्होंने जोर दिया। मुझे लगता है मौजूदा समय में उत्तर प्रदेश में जो चकबन्दी कानून है उसका भी स्रोत वहीं से है। किन्तु उनके विचारों से चकबन्दी से

---

1. द प्राब्लम ऑफ रूपी इट्स ओरिजिन एण्ड सालूशन, पृष्ठ 101।
2. वही, पृष्ठ 103।

महत्त्वपूर्ण जोत का बृहदीकरण है। हमारी खेती मुनाफे लायक हो। 30 एकड़ के आस-पास की जोत की सीमा होनी चाहिए। 30 से 50 बीघा के बीच में एक कुआँ घर हो यही आदर्श मिल्कियत खेती की थी और इसका प्रयोग उन्होंने बड़ौदा राज्य में किया भी था। उन्होंने एक विद्वान् को उद्धृत किया, ''खेती इतनी हो कि उसके मालिक को गुजर-बसर लायक पर्याप्त अन्न की व्यवस्था करे और उक्त मालिक अपने परिवार के उपभोग की आवश्यक चीजों का निस्तारण भी उसी उपज से कर सके।''

उन्होंने जमीन की मिल्कियत के बारे में तमाम विद्वानों की राय की परीक्षा की और कहा कि कभी-कभी छोटी जोत भी लाभकर हो सकती है और बड़ी जोत भी बिना मुनाफे की हो सकती है। यह स्थिति जमीन की गुणवत्ता, उसमें लगने वाली लागत उपज, उत्पादित वस्तु की बाजार में कीमत, उसमें लगे लोगों की मजदूरी दर, इसीलिए कभी किसी किसान की आवश्यकता और लागत कम हो सकती है और उसकी छोटी जोत भी मुनाफेलायक हो सकती है। कभी बड़ी जोत में ऐसे खर्चे हो सकते हैं। प्राकृतिक विपदा हो सकती है कि बड़ी जोत भी घाटे का सौदा हो जाये। हमारा भ्रष्ट सामाजिक अर्थशास्त्र भी कृषि की बुराइयों के लिए जिम्मेदार है। खेती पर ही हमारी पूरी निर्भरता खेती के आकार और उसके बिखराव के लिए जिम्मेदार है। कृषि के ऊपर बहुसंख्यक आबादी का रोजगार हेतु दबाव है इसलिए कृषि में रोजगार के लिए निर्भर सभी किसान अधिकांश समय काम पाने की जगह हाथ पर हाथ रखे बैठे रहते हैं जिससे मूलतः देश का बोझा बढ़ता है और राष्ट्रीय पूँजी में कमी आती है। बड़े जोतों से भूमिहीन मजदूरों की सेवा बढ़ेगी जो व्यक्तिगत रूप में दुःखदायी और राष्ट्र के लिए दिक्कत तलब होगी। जब हम पूँजीगत कृषि प्रारम्भ करेंगे तो मौजूदा जितने लोग खेती में लगे हैं उनकी संख्या घटेगी। बेरोजगारी बढ़ेगी। परम्परागत खेती में ज्यादा लोगों को खपाने की क्षमता है। खेती को यदि बड़ा नहीं कर सकते तो इसे इकट्ठा करें इससे कुछ तो समाधान सम्भव है।

उन्होंने भविष्यवाणी की कि औद्योगीकरण की प्रक्रिया खेती की जोत के विस्तारीकरण की प्रक्रिया को तेज करेगा। वह सब डिवीजन और आणविकीकरण के खिलाफ रुकावट बनेगा। किन्तु केवल औद्योगीकरण से ही एकत्रीकरण नहीं हो जायेगा। खेती पर से मजदूर का बोझ कम करना होगा। बिखरी और छोटी खेती हमारी बुराइयों की जड़ है। इसके दुरुस्त करने का उपाय औद्योगीकरण है।

बम्बई विधान परिषद् में समय-समय पर उनके दिये हुए भाषणों से भी उनके आर्थिक मामलों में सोच का पता चलता है। 24 फरवरी, 1997 को उन्होंने कहा कि प्रत्येक किसान से चाहे उसकी फसल दैवी आपदा से भले ही बर्बाद हो गयी हो, भू-राजस्व जबरन वसूल लिया जाता है। किन्तु आयकर के बारे में ऐसा नियम लागू नहीं है। आयकर तो आमदनी होने पर ही दिया जाता है। इसलिए भू-राजस्व की यह प्रथा समाप्त होनी चाहिए। मुझे लगता है कालान्तर में समाजवादियों ने बिना मुनाफा खेतीबारी से मालगुजारी माफी आन्दोलन खड़ा किया इसमें उक्त विचारों का भी योगदान रहा होगा। वे 21 फरवरी, 1928 से 19 जुलाई, 1938 तक बॉम्बे विधानसभा के सदस्य रहे और उस दौरान उन्होंने कई भाषण ऐसे किये हैं जिसमें कहा है कि कोई भी योग्य और निष्ठावान सरकार इस बात को नहीं कर सकती है कि वह गरीबों को सुख सुविधा इसलिए नहीं पहुँचा रही है कि उसके पास संसाधनों का अभाव है और वह टैक्स लगाने का दुःसाहस नहीं कर सकती। वस्तुतः यह सरकार का दायित्व है

कि बेरोजगारों को बेकारी भत्ता दे, महिलाओं को गर्भावस्था की सुविधाएँ, हम लोग तो भिखमंगों और बेगार कराने वालों तथा कुलियों के देश रूप में हैं। कोई बजट जो अमीरों को सुविधा तथा करोड़ों भूखों को भूखा रखने के लिए तैयार हो वह गलत बजट है। उन्होंने 21 फरवरी, 1929 को अपने भाषण में विधानसभा में कहा कि विद्युत का उपभोग अधिकाधिक प्रोत्साहित किया जाना चाहिए। किरासन तेल का प्रयोग स्वास्थ्य के लिए हानिकारक है, इसे बन्द कराना चाहिए तथा बिजली के उपभोग को सस्ता करना चाहिए। उन्होंने राज्य सरकार को सम्पत्ति कर लगाने के खिलाफ चेताया और कहा कि इससे स्थानीय निकाय की बढ़ती विचारधारा को धक्का लगेगा। यह कर स्थानीय निकाय के पास रहना चाहिए। बम्बई शहर के निवासियों पर 10 प्रतिशत सम्पत्ति कर लग गया है जिससे लोगों में काफी उत्तेजना है और वे आन्दोलन करने वाले हैं। वे अब केवल निगम के ही खिलाफ नहीं, पूरी बम्बई प्रदेश सरकार के खिलाफ बगावत को तैयार हैं। वे बिक्री कर के खिलाफ थे साथ ही धर्मादा कार्यों के लिए प्रयुक्त होने वाले घरों पर भवन टैक्स लगाने के खिलाफ थे। उन्होंने मद्य निषेध की वकालत करते हुए कहा कि 1919 में अमेरिका भी मद्य निषेध लागू कर चुका है क्योंकि तब वहाँ 22.43 लीटर प्रति व्यक्ति शराब की खपत हो गयी थी।

पुरुषों में लगभग 14.3% लोग मद्यपान करते हैं और महिलाओं में भी यह 2% आदत पड़ रही है। इसे रोकना होगा। उन्होंने बम्बई सरकार से प्राथमिक शिक्षा अनिवार्य करने की पैरवी की। मुझे यदि एक मूर्ख और शालीन व्यक्ति मिले तो उसके गुनाह भाफ किये जा सकते हैं, लेकिन कोई पढ़ा लिखा हो और पियक्कड़ हो तो उसे माफ नहीं किया जा सकता। उन्होंने बार-बार भू-राजस्व समाप्त करने व सभी बच्चों के लिए शिक्षा अनिवार्य करने की माँग की। उनके अनुसार उस समय बम्बई में केवल 3 बच्चों में एक बच्चा स्कूल जाता था। 12 मार्च, 1929 को विधानसभा में भाषण करते हुए उन्होंने शिक्षा के विस्तार के साथ शिक्षा का उद्देश्य, नैतिकता और मानव में सामाजिक गुणों का विकास करना बताया। उन्होंने शिक्षा जगत् में पिछड़े वर्गों तथा दलितों की नगण्य संख्या पर काफी रोष जताया।

उन्होंने अपने सम्पूर्ण चिन्तन का आधार सामाजिक और संवैधानिक पहलू को बनाया इसलिए आर्थिक मामलों में किसी गहरे चिन्तन को हम अलग से नहीं देखते, किन्तु सामाजिक परिवर्तन की दृष्टि से समय-समय पर फुटकर रूप में उन्होंने कुछ राय प्रकट की, वही उनके आर्थिक विषयों पर विचार माने जा सकते हैं। वे दलित वर्ग को ही सर्वहारा की श्रेणी में गिनते थे। वे लोकतंत्रवादी, व्यक्तिगत स्वतंत्रता के पूरे पक्षधर थे, किन्तु समानता के सिद्धान्त में आड़े आने वाले मामलों पर वे व्यक्ति स्वातंत्र्य के पक्षधर नहीं थे। वे मुक्त व्यापार के भी विरोधी थे। सितम्बर 1943 में मजदूर संघ की एक बैठक में उन्होंने कहा, "संविदा की स्वतंत्रता की राय ने लोकतंत्र को आदर्शवादी सिद्धांतों को नष्ट किया है। संसद ने आर्थिक असमानताओं को नजरन्दाज कर गैर बराबरी बढ़ाने वाले संविदा की शर्तों को मंजूर किया। संसदीय लोकतंत्र स्वतंत्रता के नाम पर गरीब, दलित पर होने वाले अन्याय को ही आगे बढ़ाया।" वे राज्य के समाजवादी स्वरूप को उभारना चाहते थे। हमने संवैधानिक सोच वाले अध्याय में इस बात का उल्लेख किया है। वे अपने देश में बिना तानाशाही के समाजवाद के इच्छुक थे। उन्होंने अपने संविधान सभा को दिये ज्ञापन में मूल उद्योगों का स्वामित्व और बीमा कम्पनियों के राष्ट्रीयकरण की पैरवी की है। वे कृषि के भी राष्ट्रीयकरण के पक्ष में थे और सरकार द्वारा सामूहिक खेती कराने की वकालत की। उनका प्रस्ताव था कि कृषि भी

राज्य का उद्योग बने और न कोई जमींदार हो, न काश्तकार, न भूमिहीन मजदूर, आर्थिक शोषण के खिलाफ संरक्षण प्रदान करने को उन्होंने मूल अधिकारों में समावेश करने की पैरवी की। समाज के कमजोर वर्गों को दिये जाने वाले सरंक्षण को भी वह मूल अधिकारों में शामिल करना चाहते थे।

जवाहरलाल नेहरू ने उन्हें मई, 1947 में पत्र लिखकर कहा—"हम सिद्धान्त रूप में इन उपबन्धों को संविधान में शामिल कर सकते हैं। यद्यपि वे मूल अधिकारों की परम्परागत कल्पना के अनुरूप नहीं हैं। आपका कहना ठीक है कि पुरानी मान्यता को व्यापक बनाकर आर्थिक लोकतंत्र को भी इसमें शामिल करना चाहिए। हमने संविधान की प्रस्तावना तैयार करते समय इसका उल्लेख किया है। किन्तु इसे मूल अधिकारों में रखना ठीक नहीं है। हमारा इस समय प्रमुख उद्देश्य है—देश में स्थिर और मजबूत सरकार जो देश में गड़बड़ी फैलाने वालों से निपट सके और देश की प्रगतिशील शक्तियों को आगे बढ़ा सके। अगर हम इसी समय मूलभूत आर्थिक प्रश्नों को सुलझाने लगेंगे तो सम्भव है गड़बड़ी फैलाने वाले तत्त्वों के हाथ मजबूत हों और हमें कुछ भी प्राप्त न हो। समय महत्त्वपूर्ण है हमें इस समय समस्याओं को नहीं उलझाना चाहिए।" इस तरह नेहरू ने बहुत बारीक ढंग से उनके आर्थिक मामलों को संविधान द्वारा सुलझाने के प्रयासों पर पर्दा डाल दिया।

फिर भी उनके आर्थिक विचार भारत के लोकतांत्रिक समाजवाद में आस्था रखने वाले समाजवादियों से मेल खाते थे। स्वतंत्रता संग्राम के दौरान समाजवादी आन्दोलन के नेताओं को भी भ्रम था कि नेहरू एक आर्थिक क्रान्तिकारी और सामाजिक समानता के सिद्धान्तों को निष्ठापूर्वक स्वीकार करते हैं। सम्भवत: इसी खुशफहमी का शिकार होने के कारण डॉ० अम्बेदकर ने भी नेहरू को पत्र लिखा दिया था किन्तु नेहरू द्वारा अम्बेदकर को लिखा उक्त पत्र इस बात की पुष्टि करता है कि स्वतंत्रता संग्राम के दौरान नेहरू द्वारा अपने को समाजवादी चित्रित करना वस्तुत: उनकी राजनैतिक रणनीति का हिस्सा था, उनकी कोई निष्ठा समाजवादी विचारों में नहीं थी। इसलिए आजादी के बाद आर्थिक प्रश्नों पर उनकी प्रतिगामिता ने अम्बेदकर सहित समाजवादी नेताओं को भी काफी दु:खी किया। यह अलग बात है कि सहकारी खेती के डॉ० अम्बेदकर के सुझाव और नेहरू द्वारा भी बहुत बाद में इस सिद्धान्त का प्रतिपादन व्यावहारिक रूप में कितना उचित था। क्या सचमुच ऐसा करने से कृषि की तरक्की होती और वस्तुत: भूमिहीन मजदूर किसानों को भू-स्वामित्व प्राप्त होता।

जाति एवं छुआछूत

डॉ० अम्बेदकर को सर्वाधिक गुस्सा हिन्दू समाज में व्याप्त जाति प्रथा और उससे उत्पन्न छुआछूत के प्रति था। उन्होंने अपने जीवन में जाति से उत्पन्न उत्पीड़न को झेला था इसलिए इस समाज की इस भयंकर बीमारी पर गहराई से सोचने का काम भी उन्होंने किया। अमेरिका के कोलम्बिया विश्वविद्यालय में एन्थ्रोपोलॉजी के ऊपर हुई परिचर्चा में वहाँ के एक प्रमुख विद्वान् डॉ० गोल्डेन वेजर के सान्निध्य में एक पर्चा तैयार किया और उसे बहस के लिए प्रस्तुत किया।[1] जिसका शीर्षक था 'भारत में जाति व्यवस्था'। उन्होंने जाति के निहित सिद्धान्त और उसके व्यावहारिक दुष्परिणामों की विशद व्याख्या की। जाति व्यवस्था के बहाने भारत में अनन्तकाल से अनाचार का दौर चल रहा है। हिन्दुओं में बाह्य रूप में बहुत ही कठिनाई के साथ वैवाहिक सम्बन्ध अथवा मेल-जोल की व्यवस्था है। यदि हिन्दू भारत छोड़कर पृथ्वी के दूसरे हिस्से में निष्क्रमण करें तो जाति भी विश्व व्यवस्था का रूप ले लेगी। वहाँ के दार्शनिकों ने परिभाषित कर समाज में स्थायी रूप से प्रतिष्ठित कर दिया है। उन्होंने एक विद्वान् के विश्लेषण को उद्धृत करते हुए कहा कि भारतीयजन अनेक माननीय हिस्सों के मिश्रण से बने हैं। इनमें आर्य, द्रविड़, मंगोल आदि नस्लों को मिलाकर भारतीय समाज बना है। उपर्युक्त सभी जाति के लोग भारत में आक्रमणकारी के रूप में आये और वहाँ के स्थायी निवासी होकर अपने अवशेष को छोड़ते गये। उन्होंने परस्पर सम्बन्धों से एक मिली-जुली सभ्यता और संस्कृति को जन्म दिया तथा अपने मूल स्वभाव से अलग होते गये। उनके अनुसार भारतीय संस्कृति ने सभी तत्त्वों को अपने से जोड़ रखा है। सम्भवतः दुनिया में यह एक अनोखी चीज है। केवल इसमें भौगोलिक एकता ही नहीं है, अपितु बहुत गहराई में मूलभूत सांस्कृतिक एकता भी है, किन्तु जाति व्यवस्था एकताबद्ध इकाई की फिसलनवादी स्थिति है। उन्होंने एक फ्रांसीसी विद्वान् का उद्धरण देते हुए कहा, "जाति व्यवस्था सिद्धान्त रूप में एक निगम जैसा है जो परम्परागत रूप में दृढ़ होकर कुछ परम्पराओं के साथ आनुवंशिक हो जाता है। यह एक संघात्मक रूप में एक मुखिया के नेतृत्व में परम्परागत स्वतंत्र संगठन की तरह काम करता है। इसकी समय-समय पर बैठकें होती हैं तथा मौके बेमौके किसी समारोह के बहाने लोग एकत्रित होते हैं। इसके एकता की कड़ी एक जैसा धन्धा, व्यवसाय होता है जिसका सीधा सम्बन्ध वैवाहिक कार्यों, सामूहिक भोजों व परम्परागत समारोहों से होता है। यह स्वयं के ही लोगों द्वारा शासित संस्था है। सामूहिक सत्ता की भावना से ही इसका कार्य संचालन होता है। कभी-कभी इसके संचालन के नियमों को न मानने वाले का दण्ड स्वरूप जाति से बहिष्कार भी होता है।"

एक अन्य विद्वान का उल्लेख करते हुए वे कहते हैं, "किसी समुदाय के एक वर्ग द्वारा दूसरे वर्ग के किसी समुदाय को अलग रखने वाली धारा का नाम ही जाति है। इस व्यवस्था के अनुसार इतर वर्ग के साथ वैवाहिक सम्बन्ध नहीं होते हैं, न तो साथ जल ग्रहण करने की अनुमति होती है, न तो सम्मिलित योजना के प्रावधान होते हैं। हाँ, ऐसे सम्बन्ध अपने वर्ग के आदमी के साथ हो सकता है। जाति की परिभाषा ऐसे परिवारों के झुण्ड से की जा सकती है

---

1. **डॉ० बाबा साहेब अम्बेदकर राइटिंग एण्ड स्पीचेज, वाल्यूम I, पृष्ठ 6।**

या गुटों की समूह से की जा सकती है जिनका एक जैसा नाम हो जिनमें एक जैसा व्यवसाय हो और जो एक पूर्वज के वंशधर हों। जहाँ जाति को धर्म का जामा पहना दिया जाता है वहाँ जाति का चरित्र प्रदूषित हो जाता है।''

डॉक्टर अम्बेदकर ने उपर्युक्त सभी विचारों को उद्धृत कर उनकी समीक्षा की और भारत के सन्दर्भ में जाति के विषय में उन्होंने कहा, ''सम्पूर्ण भारतीय समाज को एक इकाई और निश्चित ढाँचे में बाँध दिया गया है। इसमें कोई निश्चित ढाँचा दूसरे से किसी तरह का सम्पर्क नहीं बना सकता। इन सभी ढाँचों के अपने परम्परागत रीति-रिवाज और रहन-सहन के ढंग हैं। झुण्ड की भावना ही जाति की विशिष्टता है। आधुनिक विश्व का कोई भी समाज आदिम युग के अवशेष से इस तरह चिपका हुआ नहीं मिलेगा जिस तरह भारत का समाज चिपका है। इसका धर्म मूलत: आदिम संस्कारों से युक्त है और इसमें आदिवासी मान्यताएँ हैं। समय के विकास के बावजूद और सभ्यता में उत्तरोत्तर वृद्धि के बावजूद यह आदि तत्त्व दृढ़तापूर्वक भारतीय समाज में फल-फूल रहे हैं। एक रक्त के लोग (सपिण्ड) विवाह वर्जित है, एक गोत्र के लोग (सगोत्र) आपसी वैवाहिक सम्बन्ध स्वीकार्य है। एक पत्नी प्रथा प्रचलन में है। कोई इसका उल्लंघन नहीं कर सकता। इसका दृढ़ता के साथ पालन होता है और ऐसा न करने पर दण्ड की व्यवस्था है, लेकिन बहुपत्नीवाद भी है और यह उतना प्रचलन में नहीं है।'' इस तरह इण्डोगेमी का इक्जोगेकी पर दबाव से (Super positions) से जाति का प्रादुर्भाव हुआ।[1]

उन्होंने जाति के मशीन की बृहद व्याख्या करते हुए कहा कि विधवा का सती होना अथवा सम्पूर्ण जीवन वैधव्य को अंगीकार करके रहना साथ ही विधुर पुरुष को आजीवन विधुर रहना यह सभी पद्धति जाति की शक्तिशाली संस्था को बनाये रखने के लिए हुआ। बहुपत्नी प्रथा जाति की एकमात्र विशिष्टता है और सम्भवत: इसी से जाति का उद्‌गम भी हुआ। अर्थात् कहा जाये तो इण्डोगेमी के मेकेनिज़ा को विकसित करने के लिए जाति व्यवस्था जन्मी। सभी देशों की सभी जातियों में उनके विश्वास के अनुसार कुछ जाति धर्म का कानून बनाने वाले पैदा हुए जो जब कभी पाप कर्म बढ़ता है तो अवतार लेते हैं। ऐसे ही अवतारी पुरुषों में एक मनु हुए[2] जिन्होंने भारत में जाति प्रथा को संहिताबद्ध किया। यद्यपि उनके पूर्व भी भारत में जाति प्रथा थी, उन्होंने इसे दार्शनिक आधार दिया। उनके अनुसार भारत में ब्राह्मण जाति के लोग बहुत सारी बुराइयों के लिए जिम्मेदार हैं। लेकिन जहाँ तक गैर ब्राह्मण जातियों में भी जाति व्यवस्था के प्रचलन का सवाल है यह उन ब्राह्मणों की सामर्थ्य के ही कारण है। उन्होंने अपने दार्शनिक अन्दाज से इस प्रक्रिया को तेज किया, लेकिन वे अपने दायरे से बाहर इसे नहीं पहुँचा सके। इस प्रथा को तीव्र करने में शास्त्रों का विशेष योगदान है।

उन्होंने जाति के चार सूत्र गिनाये (1) हिन्दू जाति[3] में अनेकता के बावजूद गहरी सांस्कृतिक एकता है, (2) बृहद् सांस्कृतिक ढाँचे में जाति एक रमणशील तत्त्व है, (3) जाति व्यवस्था का प्रारम्भ एक जाति से है, (4) वर्ग ही अनुसरण और नकल की प्रवृत्ति से जाति का रूप ग्रहण कर लिये।

दिसम्बर, 1935 में लाहौर में जाति-पाँति तोड़क मण्डल का सम्मेलन होना था जिसकी

---

1. डॉ० बाबा साहेब अम्बेदकर राइटिंग एण्ड स्पीचेज, वाल्यूम I, पृष्ठ 14।
2. वही, पृष्ठ 16।
3. वही, पृष्ठ 22।

अध्यक्षता के लिए डॉ० अम्बेदकर का नाम निश्चित हुआ। उन्हें आमंत्रित किये जाने के विरोध में सवर्ण हिन्दू उत्तेजित हो गये। महासभा के पूर्व अध्यक्ष भाई परमानन्द, हंसराज गुप्त, डॉ० गोकुलचन्द्र नारंग, राजा नरेन्द्रनाथ एम० एल० सी० ने इस संगठन से ही त्यागपत्र दे दिया। इस सम्मेलन में अध्यक्षीय भाषण करने के लिए पहले ही आलेख भेजा जाता था। स्वागत समिति ने उनके आलेख के अंतिम हिस्से को आपत्तिजनक माना। इसमें हिन्दू धर्म की कड़ी निन्दा की गयी थी तथा निष्कर्ष रूप से इस धर्म को ही खत्म कर देने का आह्वान किया गया था। डाक्टर साहब से स्वागत समिति ने उस अन्तिम हिस्से को काट देने का आग्रह किया जिसके लिए वे तैयार नहीं हुए। उन्होंने अपने सम्बोधन में कहा था, ''शास्त्रों ने ब्राह्मणों को सभी वर्गों का गुरु घोषित किया है और ब्राह्मण गुरु सन्त रामदास ने ही शिवाजी को हिन्दू राज स्थापित करने की प्रेरणा दी। वह सन्त अपने दशबोध ग्रंथ में कहता है कि किसी अन्त्यज को चाहे वह कितना भी बड़ा पण्डित क्यों न हो, हम अपना गुरु कैसे मान सकते हैं?

भारत जैसे देश में समाज सुधारक का कार्य काफी कठिन है। कांग्रेस की स्थापना के समय सामाजिक सुधारक और राजनैतिक सुधारक एक साथ बैठकर सम्मिलित सम्मेलन करते थे। तिलक जी सामाजिक सुधार के प्रेरणास्रोत थे, लेकिन बाद में राजनीति सुधारकों ने समाज सुधारकों को कांग्रेस से अलग कर दिया। 1892 में इलाहाबाद के कांग्रेस अधिवेशन में अध्यक्ष पद से भाषण में डब्ल्यू० सी० बनर्जी ने कहा, ''समाज सुधार के बिना राजनैतिक परिवर्तन का आन्दोलन तीव्र नहीं हो सकता। क्या हम समाज सुधार की आवश्यकता महसूस नहीं करते, क्योंकि हमारे देश की विधवाएँ अविवाहित रह जाती हैं और अन्य देशों की तुलना में हमारे देश में बाल-कन्याओं का विवाह विशेष प्रचलित है। हम लोगों के मित्रों के घर तक हमारी पत्नियाँ, पुत्रियाँ नहीं जातीं। क्योंकि हम अपनी पुत्रियों को आर्म्स फोर्ड कैम्ब्रिज पढ़ने के लिए नहीं भेजते।'' अम्बेदकर के अनुसार बनर्जी के भाषण से उस समय की समाज व्यवस्था का एक चित्र हमारे सामने आता है।

उन्होंने कहा, ''पेशवा राज्य में महाराष्ट्र में अछूत उस रास्ते से नहीं जा सकता जिससे सवर्ण जाता है। यदि शूद्र उस रास्ते से जाये तो साथ में झाड़ू लेकर जाये, अपने-अपने चले रास्ते को साफ करता चले जिससे वह मार्ग अपवित्र न रहे। अछूत अपने हाथ अथवा छाती पर काला धागा बाँधे जिससे सवर्ण हिन्दू को जानकारी हो जाये और वह उसे छूकर अपवित्र न हो जाये। पूना में अछूत गले में घड़ा बाँधकर चलते थे उसी में घूमते थे और अपने गन्तव्य पर ही उसे फेंके अन्यथा सवर्ण अछूत हो जायेंगे।'' उन्होंने महाराष्ट्र गुजरात के कई इलाकों का उल्लेख किया जहाँ के सवर्ण हिन्दुओं ने अछूतों को धोती पहनने, सोने की वस्तु धारण करने से मना किया। कई सरकारी स्कूलों में अछूत बच्चों को जाने से रोका गया। इस आधार पर वे सवर्ण हिन्दुओं से सवाल करते हैं क्या आप राजनैतिक सत्ता के लिए उपयुक्त हैं। जब आप अपने समाज के बहुसंख्यजन को सार्वजनिक स्कूल में जाने से रोकते हैं? सार्वजनिक कुएँ में जाने से रोकते हैं? सार्वजनिक सड़कों से नहीं जाने देते हैं? गहने नहीं पहनने देते, उन्हें उनकी रुचि का भोजन नहीं करने देते। जान मिल की बात दुहराते हुए उन्होंने कहा कि यदि एक देश दूसरे देश पर शासन नहीं कर सकता तो क्या एक समुदाय दूसरे समुदाय पर शासन कर सकता है।

उन्होंने समाज सुधारकों को दो हिस्सों में बाँटा। एक वे जो हिन्दू समाज में सुधार चाहते हैं। दूसरे वे जो हिन्दू समाज का पुनर्निर्माण और पुनर्संगठन चाहते हैं। प्रथम में विधवा विवाह

व बाल विवाह को रोकना शामिल है और दूसरे में जाति व्यवस्था का खात्मा का कार्यक्रम शामिल है। कांग्रेस के साथ काम करने वाले समाज सुधारक संगठन केवल उच्च वर्णीय परिवारों को अन्धविश्वास से मुक्त कराकर उसमें सुधार का एक प्रयास करते थे। इसीलिए वह प्रयास समाप्त हो गया। राजनैतिक क्रान्ति का इतिहास में हमेशा सामाजिक और धार्मिक क्रान्तियों ने पीछा किया है। लूथर के धार्मिक आन्दोलनों ने यूरोपीय जनता में राजनैतिक आजादी का द्वार खोला। इंग्लैण्ड में पवित्रतावाद ने राजनैतिक आजादी प्राप्त की। अमेरिकी आजादी की जड़ में भी यही आन्दोलन है जो मूलतः धार्मिक था। अरब में भी राजनैतिक स्थिरता तभी आयी जब हजरत पैगम्बर मुहम्मद के नेतृत्व में धार्मिक संग्राम हुआ। चन्द्रगुप्त मौर्य के नेतृत्व में राजनैतिक परिवर्तन की बुनियाद बुद्ध के धर्म में ही निहित है। महाराष्ट्र के सन्तों के कारण ही शिवाजी राजनैतिक परिवर्तनों के अगुआ बने। यह स्पष्ट करने के लिए काफी है कि जनता की राजनैतिक परिवर्तन के लिए आत्मा और मस्तिष्क की मुक्ति बुनियादी शर्त है।

उन्होंने समाजवादी दर्शन के इस सिद्धान्त का मखौल उड़ाया जिसके अनुसार मनुष्य आर्थिक परिस्थितियों की उत्पत्ति है। यूरोप के समाज में अर्थ प्रधानता है इसीलिए समाजवादी विचारकों ने इस सिद्धान्त को प्रतिपादित कर दिया। वहाँ सम्पत्ति ही सत्ता हथियाने का मुख्य साधन है। भारत के लिए भी यही यथार्थ है। धर्म, सामाजिक स्तर, सम्पत्ति, यही सब सत्ता हथियाने के मुख्य मार्ग हैं। कभी कोई तत्त्व प्रधान होता है, कभी कोई तत्त्व। यदि स्वतंत्रता ही आदर्श है और यदि स्वतंत्रता का अर्थ आधिपत्य की समाप्ति है और मनुष्य इसी आधिपत्य के भाव को रखना चाहता है तो इसे केवल आर्थिक सुधारों से ठीक नहीं किया जा सकता है। समाज के सर्वांगीण परिवर्तन के लिए सामाजिक, धार्मिक सुधारों की गति को भी उतना ही तीव्र करना होगा। भारत जैसे देश का सर्वहारा केवल आर्थिक सवालों को उठाने पर ही नहीं खड़ा होना चाहिए। वह तो जाति और धर्म में बँटा है। इसलिए सर्वहारा द्वारा सत्ता पर कब्जा कर लेने की बात एक मजाक है।

भारतीय समाज जो पवित्र अपवित्र, ऊँच और नीच के खाने में बँटा है, ऐसे में यदि समाजवाद को स्वप्न से वास्तविकता के धरातल पर लाना है तो सामाजिक सुधार ही इसकी बुनियाद होगी। जब तक सामाजिक क्रान्ति नहीं होगी सामाजिक समस्याएँ बनी रहेंगी। जाति का राक्षस आपके मार्ग का रोड़ा है। आपकी राजनैतिक, आर्थिक सुधार की उपलब्धि नहीं होगी। जब तक जाति के राक्षस का आप संहार नहीं करेंगे। जाति प्रथा केवल श्रम का विभाजन नहीं है। यह स्वाभाविक तथा प्राकृतिक ढंग से नहीं है। किसी भी व्यक्ति को अपने व्यक्तित्व के विकास के लिए अपनी क्षमता, अपनी विशिष्टता के विकास हेतु अपना रास्ता चुनने की स्वतंत्रता होनी चाहिए। जाति प्रथा इस सिद्धान्त का निषेध है। कोई हिन्दू भूखा मरना पसन्द करेगा, लेकिन दूसरे का पेशा नहीं अपनायेगा। यह श्रम विभाजन उसकी इच्छा पर नहीं है। स्वेच्छया हम अपना पेशा नहीं चुन सकते। आर्थिक संगठन के रूप में जाति विनाशकारी संस्था है। इसमें व्यक्ति के प्राकृतिक गुणों, शक्तियों, भावनाओं की परतंत्रता निहित है। यह गुलामी सामाजिक नियमों से संचालित है। यह ऐसी समाज व्यवस्था है जिसमें संकीर्णता और स्वार्थपरता का भाव है। हिन्दू समाज के उच्चासन पर बैठें कुछ लोगों के हाथ में ऐसा हथियार है जो अपने सामाजिक श्रेष्ठता के भाव को अपने से निम्न लोगों पर जबरन आरोपित करते हैं।

जाति प्रथा सामूहिक गतिविधियों को बाधित करती है। इसने हिन्दुओं को एक समाज

होने से रोका है। इस प्रथा के कारण हिन्दुओं में ऐक्यभाव समाप्त हुआ है, अपने ही लोगों के प्रति अपनत्व का भाव मर गया है। अगर मुसलमान निर्दयी रहे हैं तो हिन्दुओं में नीचता का भाव रहा है और मेरी समझ में नीचता का भाव क्रूरता के मुकाबले अत्यन्त बदतर है। चातुर्वर्ण्य की परम्परा को जिन्दा रखना कलंक है। राम ने शम्बूक का वध किया, क्योंकि रामराज्य का आधार चातुर्वर्ण्य था, उन्होंने राज्य के कानून की रक्षा के लिए ऐसा किया। मनु का कहना है कि शूद्र यदि वेद पढ़ें तो उसके कान में राँगा डालो और कण्ठ काट लो। इसीलिए शम्बूक वध की कथा आती है।

इसलिए इसका विकल्प यही है कि शास्त्रों की महत्ता को समाप्त किया जाये। शास्त्रों ने कुछ लोगों के दिमाग में भर दिया है कि यह जाति प्रथा ईश्वर प्रसूत है। इसलिए जैसे गौतम बुद्ध और गुरु नानक ने शास्त्र की सत्ता को अस्वीकार किया वैसे ही इसे अस्वीकार करो और हिन्दुओं से साहस के साथ कहो कि उनके धर्म में कहाँ-कहाँ गलत है। जाति के आधार पर भेद शास्त्रों की देन है।[1] कुछ निश्चित विश्वासों पर आधारित जाति है जिसे शास्त्रों और वेदों ने पैदा किया है। आपको वेदों और शास्त्रों की सत्ता को नष्ट करना होगा। जाति समाप्त होने से पहली चोट ब्राह्मण पर होगी। वे कैसे तुम्हें इजाजत देंगे कि तुम शास्त्र पर प्रहार करो। मनु कहते हैं—केवल ब्राह्मण ही तुम्हारा अध्यापक हो सकता है। हम पूछते हैं ऐसे शास्त्र का हम सम्मान कैसे करें जिसने स्पष्ट रूप से ऐसी बात कही है। क्या किसी ब्राह्मण की कही बात पर सन्देह न किया जाये? उनके अनुसार श्रुति और स्मृति में विवाद उत्पन्न होने पर स्मृति की बात मान्य है। स्मृतियों में विवाद उत्पन्न होने पर मनुस्मृति मान्य है। हिन्दू को वेद, स्मृति या सदाचार मानना चाहिए, इसके अलावा कुछ नहीं। वेद और स्मृति की व्याख्या में तर्क और व्याख्या निन्दनीय है। हिन्दुत्व की रक्षा तभी सम्भव है जब तुम ब्राह्मणवाद का खात्मा कर दो। समता, स्वतन्त्रता और बन्धुत्व पर स्थापित समाज ही लोकतांत्रिक समाज होगा। इस बात को कुछ लोग धर्म के विरुद्ध जंग कहेंगे कुछ इसे धर्म में क्रान्ति कहेंगे। लेकिन यह बात स्वराज्य से ज्यादा महत्त्वपूर्ण है। स्वराज्य के कोई माने नहीं यदि आप इसकी हिफाजत न कर सकें। स्वराज्य से महत्त्वपूर्ण प्रश्न स्वराज्य में हिन्दुओं का संरक्षण।[2] "जब हिन्दू समाज जाति विहीन हो जाये तभी वह अपनी रक्षा कर सकेगा। बिना आन्तरिक शक्ति के स्वराज्य हिन्दुओं के लिए गुलामी में बदल जायेगा।"

उन्होंने कहा, "गुलामी अति प्राचीन संस्था है[3] जिसे हिन्दुओं ने पाल रखा है। इसे मनु ने पुनर्संगठित किया। हिन्दू कानून निर्माताओं ने इन नियमों को संस्थाबद्ध किया तथा विधि व्याख्या की तथा मनु समर्थक शास्त्रकारों ने इसे आगे बढ़ाया। इसे अंग्रेजों ने 1843 में कानून बनाकर समाप्त किया अन्यथा अभी तक यह व्यवस्था चलती रहती। इसी तरह की दशा में कभी रोम गुलाम रहते थे तथा अमेरिका में अफ्रीकी गुलाम रहते थे। क्या भारतीय अछूतों की दशा में ऐसी कोई स्थिति है जो उन्हें अमेरिकी अश्वेत गुलामों तथा रोमन गुलामों से अलग दिखाई दें।" वे प्रश्न करते हैं कि कितने अछूत व्याकरणाचार्य रूप में, संगीतज्ञ रूप में, दार्शनिक रूप में, अध्यापक रूप में, डॉक्टर और कलाकार के रूप में कार्यरत हैं जिससे इन्हें

---

1. डॉ० बाबा साहेब अम्बेदकर राइटिंग एण्ड स्पीचेज, वाल्यूम I, पृष्ठ 69।
2. वही, पृष्ठ 80।
3. वही, वाल्यूम 5, पृष्ठ 14।

यूरोपीय गुलामों से अलग कहा जा सके। गुलामी कभी बाध्यता नहीं है, लेकिन छुआछूत तो बाध्यता बन गयी है। एक के बाद एक साम्राज्य नष्ट होते गये क्रान्ति के बाद क्रान्तियाँ हुईं, हिन्दू, पठान, मुगल, मराठा, सिख अंग्रेज आदि सभी दिग्विजयी राजे आये लेकिन ग्रामीण स्तर की वास्तविकताएँ जैसी की तैसी हैं।

कृषि का मौसम समाप्त होते ही अछूतों के लिए कोई काम नहीं है।[1] 6 करोड़ अछूतों के लिए सवर्णों से भीख माँग कर अन्न खाना ही उनकी जीविका का मुख्य साधन है। अछूत परिवार सवर्णों की दया पर निर्भर हैं। यह रिश्ते इतने गम्भीर हैं कि अक्सर सवर्ण यह कहते हुए पाया जायेगा कि अमुक अछूत हमारा आदमी है जैसे कि वह उस व्यक्ति का गुलाम है। इस पद्धति ने अछूतों को सवर्णों से खाद्यान्न माँगने के लिए विवश कर दिया है। यह ग्रामीण तंत्र है जिसके ऊपर सवर्ण हिन्दू गर्व करते हैं। यह स्थापित व्यवस्था सवर्णों द्वारा कानूनी रूप से लागू है तथा वंशानुगत रूप से सभी समारोहों और समाज व्यवस्था में इसे लागू किये हुए हैं। वे उल्लेख करते हैं कि गांधी जी द्वारा प्रकाशित 'यंग इण्डिया' पत्रिका में 1929 में काठियावाड़ की एक घटना छपी जिसके अनुसार किसी अछूत बच्चे के बीमार होने पर डॉक्टर ने देखने से मना कर दिया फिर उस बच्चे की माँ नगर के एक सेठ के पास गयी। सेठ ने बच्चे को देखने के लिए डॉक्टर को दो रुपये फीस देने का प्रस्ताव किया। तब डॉक्टर ने उस बच्चे को अछूत बस्ती के बाहर देखने को कहा। अन्त में डॉक्टर ने कहा कि इसे निमोनिया हो गया है, लेकिन उसे बुखार नापने के लिए थर्मामीटर नहीं लगाया। दूसरे दिन तो देखने से ही मना कर दिया और अन्ततः वह बच्चा मर गया।

डॉक्टर अम्बेदकर ने 6 जून, 1945 को लखनऊ से प्रकाशित होने वाले नेशनल हेराल्ड में प्रकाशित एक घटना का उल्लेख करते हुए कहा है कि अछूतों के बच्चों को सरकारी स्कूलों में भी प्रवेश नहीं दिया जाता। उत्तराखण्ड के गढ़वाल जिले में रिंगवारी गाँव के अछूतों ने गांधी जी व स्वामी श्रद्धानन्द द्वारा चलाये जा रहे अछूतोद्धार आन्दोलन में हिस्सा लिया तथा जनेऊ पहनने की कोशिश की, इस पर पूरे गाँव ने उन्हें दौड़ा लिया। वे मारे गये और अन्ततः गाँव छोड़ने के लिए मजबूर किये गये। बड़ी कठिनाई से पुलिस ने उन्हें उनका घर वापस कराया।

'हिन्दू एण्ड वाण्ट आफ पब्लिक कांसस' में डॉक्टर अम्बेदकर कहते हैं[2] कि दूसरे मुल्कों में जाति की व्यवस्था आर्थिक व सामाजिक कसौटियों पर टिकी हुई है। गुलामी और दमन को धार्मिक आधार नहीं मिला हुआ है, किन्तु हिन्दू धर्म में छुआछूत के रूप में उत्पन्न गुलामी को धार्मिक स्वीकृति है। इसलिए गुलामी खत्म भी हो जाये तो छुआछूत नहीं खत्म होगी। छुआछूत[3] तभी खत्म होगा जब सम्पूर्ण हिन्दू सामाजिक व्यवस्था खासतौर से जाति व्यवस्था को ध्वस्त कर दिया जाये। प्रत्येक संस्था को कोई-न-कोई धार्मिक स्वीकृति मिली हुई है और प्रत्येक धर्म वह मान्यता जिसे धार्मिक स्वीकृति प्राप्त है, एक तरह से पवित्र व्यवस्था बन जाती है। राजधानी से लेकर गाँवों तक पूरा प्रशासन सवर्ण हिन्दुओं के चंगुल में है। चाहे वह राज्य, पुलिस न्याय की व्यवस्था क्यों न हो, सभी पर सवर्ण प्रभुत्व है। स्थापित

1. डॉ० बाबा साहेब अम्बेदकर राइटिंग एण्ड स्पीचेज, वाल्यूम 5, पृष्ठ 13-24।
2. वही, पृष्ठ 89।
3. वही, पृष्ठ 102।

व्यवस्था चल रही है क्योंकि उसे सवर्ण अधिकारियों का वरद हस्त है। उनका सिद्धान्त सभी को समान न्याय देना नहीं है। उनका नारा है—स्थापित मान्यता के अनुसार न्याय।

उन्होंने दलितों की गणना के सम्बन्ध में पक्षपात[1] का आरोप लगाते हुए कहा कि इस सम्बन्ध में मुसलमान भी हमारा साथ नहीं देते। पंजाब की फ्रेंचाइज कमेटी में केवल एक मुसलमान ने हमारा साथ दिया। बंगाल के हिन्दू मुसलमानों ने इस प्रश्न पर मुँह तक नहीं खोला। यह तो मुसलमानों के हित में है कि अछूत एक अलग राजनैतिक समुदाय मान लिए जायें। दलित सवर्ण के रूप में हिन्दू समाज का बँटवारा इनके हित में है क्योंकि मुसलमान अपनी आबादी के अनुपात से ज्यादा हिस्सा माँग रहे हैं इसलिए वे इस प्रश्न पर मौन हो जाते हैं। उन्हें अधिक हिस्सा मिलने से सवर्ण हिन्दुओं का हिस्सा इन्हें मिलता रहेगा। यद्यपि इस्लाम जाति वर्ण के ऊपर उठा हुआ है लेकिन हिन्दुस्तानी मुसलमानों में भी जाति वैसे ही घुसी हुई है जैसे हिन्दुस्तानी हिन्दुओं ने 1935 के अधिनियम में हमारी परिभाषा निश्चित कर दी है इसलिए हमें मुसलमानों के मदद की कोई जरूरत नहीं है।

31 मई 1936 को बम्बई में महारों[2] ने सम्मेलन करके हिन्दू धर्म छोड़ देने का प्रस्ताव किया। डॉ० अम्बेदकर ने कहा, "इस प्रस्ताव को देश भर के अछूतों का समर्थन प्राप्त है।" उन्होंने कहा, "धर्म एक निश्चित सामाजिक उद्देश्य से सामाजिक व्यवस्था बनाने में सहायक होता है। अछूतों को सवर्ण हिन्दुओं से यह पूछने का अधिकार है कि क्या उनका हिन्दुत्व अछूतों को जीव मात्र के रूप में प्रतिष्ठित करने को तैयार है? क्या उनका धर्म इन्हें बराबरी का दर्जा दिलाने को तैयार है? क्या उन्हें स्वतंत्रता का लाभ मिलेगा जिससे भाईचारा कायम हो सके? क्या सवर्ण हिन्दू सोचते हैं कि अछूत उनके बच्चे हैं? क्या अछूतों के साथ जानवरों जैसा नहीं मनुष्य जैसा व्यवहार होगा? क्या सवर्णों का धर्म उन्हें कभी सिखायेगा कि वे अछूतों के साथ न्यायिक मानवीय व्यवहार करें। उनके साथ मित्रवत पेश आवें, उन्हें प्यार करें, आदर करें? हिन्दुत्व बिना किसी भेदभाव के जीवन का आधार व्यापक बनायेगा? हिन्दुत्व में उच्चता का भाव इसी से जगता है कि उसके नीचे करोड़ों अछूत हैं। कोई अछूत किसी सवर्ण का कष्ट नहीं काट सकता, फिर भी उसे स्कूल में प्रवेश नहीं मिलेगा। हिन्दुत्व अछूत के स्वाभिमान के भाव को नकारता है और उन्हें समाज से वंचित करता है। इसलिए यदि अछूत हिन्दुत्व का त्याग करें तो इसमें उनकी क्या गलती है? यद्यपि धर्म त्यागने से अछूतों को कोई धन नहीं मिलेगा राजनैतिक रूप में भी वे अपने अधिकारों से वंचित हो जायेंगे जो उन्हें अछूत होने के नाते प्राप्त हुआ है, लेकिन अछूतों को सामाजिक बहिष्कार से मुक्ति मिलेगी। हीन भावना से मुक्ति मिलेगी, इनका सामान्य सामाजिक स्तर बढ़ेगा। अछूत तो गन्दा नाम है यह तरक्की से रोकता और अधोमुखी बनाता है।"

डॉ० अम्बेदकर चातुर्वर्ण को संकीर्ण सिद्धान्त मानते थे। यह समाज का चार हिस्सों में वर्गीकरण करने के अलावा कुछ नहीं है। किन्तु ये विकृत रूप में सतहबद्ध गैरबराबरी का रूप धारण कर लिया है। यह कानूनी और दण्डात्मक है। उन्होंने सेटिंग जैसे विद्वान् की किताब '*हिन्दू ट्राइब्स एण्ड कास्ट*' जिसमें शूद्रों को आर्यों से अलग कहा गया है, का खण्डन करते हुए कहा कि इण्डो आर्यन समाज में ब्राह्मणों ने दण्डात्मक विधान द्वारा कुछ लोगों को शूद्र घोषित कर दिया। समय के थपेड़ों से ब्राह्मणों ने इन्हें अन्तिम छोर पर पहुँचा दिया। वे

1. डॉ० बाबा साहेब अम्बेदकर राइटिंग एण्ड स्पीचेज, वाल्यूम 5, पृष्ठ 244।
2. वही, पृष्ठ 403।

घृणित सामाजिक जीवन जीने के लिए मजबूर कर दिये गये। यह चातुर्वर्ण की अन्तिम जाति न रहकर नीच जातियाँ घोषित हो गयीं। पहले तो यह सभ्यता, संस्कृति, इज्जत और प्रतिष्ठा की दृष्टि रखते और इतिहास के इस तत्त्व को महसूस करते कि मूलतः शूद्र आज की मौजूदा नीच जातियों से भिन्न थे तो इस तरह का दुखांत क्रूर सामाजिक पतन न होता। आज भी संहिता को क्रूर ढंग से शूद्रों पर लादा जाता है जैसे प्राचीन काल में लादा जाता था। संस्कृत भाषा के ज्ञान के अभाव में ऐसी बातों को गहराई से जानने का अधिकार नहीं है। ऐसा कुछ पण्डित मेरे बारे में कहते हैं। लेकिन सभी ग्रन्थों का अंग्रेजी[1] अनुवाद पढ़ने के बाद इस निष्कर्ष पर पहुँचा हूँ। उन्होंने कहा—(1) शूद्र भी आर्यों की ही धारा के हैं खासतौर से सूर्यवंशी खानदान के, (2) एक समय था जब आर्यों का समाज केवल तीन वर्ण को स्वीकारता था, ब्राह्मण, क्षत्रिय, वैश्य, (3) शूद्र कभी अलग वर्ण के नहीं थे इण्डो आर्यन शाखा के क्षत्रिय थे, (4) शूद्र राजाओं व ब्राह्मणों के बीच लगातार द्वन्द्व था, ब्राह्मण अनादर और उपेक्षा के शिकार थे, (5) शूद्रों के अपमान के शिकार होकर तथा अपने ऊपर होने वाले अन्याय से ऊबकर ब्राह्मणों ने उनका उपनयन संस्कार छोड़ दिया, (6) उपनयन न होने से क्षत्रियों की एक शाखा बहुत नीचे हो गयी और वैश्य से भी नीचे शूद्र हो गये।

उन्होंने हिन्दुओं की 5 धाराएँ मानीं। एक अन्धविश्वासी कट्टरपन्थी, दूसरे आर्यसमाजी जो अन्धविश्वासों के खिलाफ तो हैं किन्तु वेदों के कट्टर समर्थक हैं। तीसरे वे जो हिन्दू धर्म की गलतियों को स्वीकार करते हुए भी उनकी निन्दा नहीं करते हैं। वे भगवान भरोसे हैं कि अब स्वतः यह गलतियाँ खत्म हो रही हैं। चौथे वे हैं जो राजनीतिक हैं, इन पचड़ों में पड़ने से परहेज करते हैं और कहते हैं स्वराज्य का काम ही मुख्य काम है। सामाजिक सुधार तो आजादी के बाद हो ही जायेगा। पाँचवें वे हैं जो सामाजिक सुधार के काम को स्वराज्य से भी महत्त्वपूर्ण मानते हैं। अम्बेदकर के अनुसार—वर्णों को धार्मिक मान्यता के ही कारण सामाजिक मान्यता मिली है। किसी राजनैतिक हिन्दू को निष्ठापूर्वक छुआछूत के काम को खत्म करने में नहीं लगा सकते। उन्हें तो तात्कालिक लाभ चाहिए। वे दूरगामी परिणामों के पक्षधर नहीं हैं। वे कम-से-कम प्रतिकार के पक्षधर हैं। वे समझते हैं कि यदि छुआछूत खत्म करने की बात पर वे जोर देंगे तो उनकी प्रसिद्धि कम हो जायेगी, इसलिए जहाँ तक सम्भव हो इस मामले को स्थगित करते रहो। वे आर्यसमाज के वेदवाद के सिद्धान्त के भी इसलिए विरोधी थे कि वेदों में कालान्तर में ब्राह्मणों ने पुरुष सूक्त को जोड़ दिया। अतः जब तक वेदों को सनातन चिरन्तन माना जाता रहेगा तब तक छुआछूत नहीं खत्म होगा। अतः आर्यसमाज ही मिट जायेगा, छुआछूत नहीं मिटेगा। चारों वेदों में आर्य केवल ऋग्वेद को मानते हैं। अथर्ववेद को क्यों नहीं वही मान्यता प्रदान करते क्योंकि इसके अनुसार आर्यों की दो धारा हो गयी, दोनों अलग-अलग नस्ल के माने गये। उन्होंने वेदों, तैत्तिरीय संहिता, शतपथ ब्राह्मण, महाभारत, रामायण आदि सभी में वर्णित सृष्टि की उत्पत्ति की कहानियों की मिसाल देते हुए कहा कि सभी ग्रन्थ सृष्टि रचना की अलग-अलग कथाएँ कहते हैं। मेरी समझ में यह सभी ग्रन्थ आर्यों की अलग-अलग धाराओं का ही वर्णन करते हैं। आर्यों में शूद्र और दास एक ही थे। ऋग्वेद में दासों की चर्चा है। मुझे लगता है दास ही शूद्र हैं। इस सन्दर्भ में वे के० पी० जायसवाल की अनोखी पुस्तक 'हिन्दू पालिटी' का उल्लेख कर अपनी बात की पुष्टि करते

---

1. डॉ० बाबा साहेब अम्बेदकर राइटिंग एण्ड स्पीचेज, वाल्यूम 7, पृष्ठ 11।

हैं।

नीति भयूखा[1] के लेखक नीलकण्ठ बाद वाले दिनों में राज्यारोहण की कक्षाओं में कहते हैं कि राज्यारोहण के समय चार मुख्यमंत्री होते थे। ब्राह्मण, क्षत्रिय, वैश्य और शूद्र। वे सभी मिलकर राज्यारोहण की प्रक्रिया पूरी करते थे। तब सभी वर्णों के लोग यहाँ तक कि सबसे नीच वर्ण के लोग भी राजा को नहलाते थे। युधिष्ठिर के राज्याभिषेक के समय शूद्रों को भी बुलाया गया था। महाभारत के सभापर्व में इस बात का उल्लेख है कि जनपद और कुलों में शूद्र भी सदस्य बनाये जाते थे। युधिष्ठिर को राजनीति का उपदेश देते हुए भीष्म ने शान्तिपूर्व में कहा है कि आप तीन तरह के मंत्री नियुक्त करें चार ब्राह्मण जो वेद में पारंगत हों उन्हें स्नातक परम्परा की प्रतिष्ठा प्राप्त हो तथा शुद्ध आचरण के हों, 8 मंत्री क्षत्रिय कुल के हों जिनमें शारीरिक शक्ति अद्वितीय हो तथा शस्त्र धारण कर सकें, 20 मंत्री वैश्य परम्परा के हों और वे धनवान हों तथा 3 शूद्र हों जो विनयी स्वभाव के हों जिनका आचरण शुद्ध हो नित्य प्रति कर्त्तव्यों के पालन में दक्ष हों। पुराणों का ज्ञाता सूत भी एक मंत्री बनाया जाये। शूद्र मंत्री का दर्जा ब्राह्मणों के बराबर था, वह गरीब और नीच नहीं था। अब प्रश्न है कि पश्चिमी देशों के विद्वान् इस बात की खोज अभी तक नहीं कर पाये कि हिन्दुस्तान में शूद्रों को गुलाम का दर्जा कब और क्यों मिला?

शिवाजी ने हिन्दू राज्य स्थापित कर वैदिक रीति[2] से राज्याभिषेक की बात कही, लेकिन यह संस्कार ब्राह्मण के अलावा कोई नहीं कर सकता था। किन्तु उन्हें बताया गया कि जब तक वे क्षत्रिय नहीं होंगे तब तक वैदिक रीति से उनका संस्कार नहीं हो सकेगा। यदि वे क्षत्रियत्व ग्रहण करते हैं तो भी उपनयन संस्कार कराना होगा। उसके बिना संस्कार नहीं हो सकता। शिवाजी ने दावा ठोंका कि वे क्षत्रिय हैं, किन्तु उनके दावों का विरोध हुआ। उनके खुद के ब्राह्मण मंत्री मोरोपन्त पिंगले ने उनके दावे का विरोध किया। किन्तु वाराणसी से पण्डित बुलाया गया और गंगाभट्ट नामक ब्राह्मण ने वाराणसी से जाकर 6 जून 1674,को उनका उपनयन संस्कार कराया। प्राप्त जानकारी के अनुसार इसके एवज में शिवाजी ने गंगाभट्ट को लाखों रुपये की अशर्फी, हाथी, घोड़े, सोने आदि दान में दिये। डॉ० वैद्य ने लिखा है कि एक करोड़ से अधिक का दान इस समारोह में ब्राह्मणों, योगियों और साधुओं को दक्षिणा रूप में दिया गया। फिर भी शिवाजी के मंत्री ही कहते हैं कि वे शूद्र हैं क्षत्रिय नहीं हैं। इसलिए राज्यारोहण नहीं हो सकता। किन्तु दक्षिणा पाने के बाद ब्राह्मणों ने उनका संस्कार कर दिया अर्थात् ब्राह्मण तो पैसे से भी खरीदे जा सकते हैं। इसके बावजूद शिवाजी की ही वंशावली के कोल्हापुर के राजे हैं और उनका आज तक ब्राह्मण संस्कार नहीं कराते हैं। शिवाजी की ही वंशावली के साहूजी महाराज के बच्चों का संस्कार ब्राह्मणों ने नहीं कराया। इस तरह उपनयन कराने का अधिकारी केवल ब्राह्मण है और वे ही बता सकते हैं कि किसका उपनयन संस्कार हो, किसका न हो। ब्राह्मणों का यह बताना किसी कानूनी अथवा धार्मिक सिद्धान्त पर नहीं है। यदि ब्राह्मण उपनयन कराने से मना करे तो इसकी अपील ब्राह्मण परिषद् में ही हो सकती है। इसी अधिकार का प्रयोग कर ब्राह्मणों ने शूद्रों का उपनयन कराने से मना कर दिया और कालान्तर में एक बिखरे हुए मानव को शूद्र रूप में गाँव के बाहर बसाया जाने लगा। इस इतिहास की विडम्बना को ठीक करना ही होगा। ■

---

1. डॉ० बाबा साहेब अम्बेदकर राइटिंग एण्ड स्पीचेज, वाल्यूम 7, पृष्ठ 111।
2. वही, पृष्ठ 175।

पाकिस्तान : एक विश्लेषण

भारत विभाजन के अनेक कारण थे। राष्ट्रीय आन्दोलन के सभी बड़े नेता भारत का बँटवारा करने के पक्ष में नहीं थे, लेकिन वे ही नेता जिन्होंने बार-बार भारत के बँटवारे का विरोध किया वे ही इस निष्कर्ष पर पहुँचे कि भारत बाँटकर स्वशासन प्राप्त कर लिया जाये। राष्ट्रीय संघर्ष के दौरान बार-बार कांग्रेस पार्टी आरोप लगाती थी कि हिन्दू-मुस्लिम फसाद साम्राज्यवादी औपनिवेशिक सरकार की देन है। इसमें कोई दो राय नहीं कि 1857 के प्रथम स्वातन्त्र्य संग्राम के बाद अंग्रेज सरकार ने यह समझ लिया कि अपनी सत्ता को स्थायित्व प्रदान करने के लिए हिन्दू-मुस्लिम वैमनस्य को प्रोत्साहित करना बहुत जरूरी है। भारतीय समाज के आपसी बँटवारे के बिना ब्रिटिश सत्ता को मजबूत करना सम्भव नहीं था। अत: ऐसा करना समस्या एक मात्र यही पहलू था, ऐसा नहीं था। हिन्दू मुस्लिम एकता के नाम पर महात्मा गांधी ने जिस तरह खिलाफत आन्दोलन का साथ दिया और उस समय के सभी मुस्लिम नेताओं ने सहकार कर इस आन्दोलन को हवा दी, वह भारतीय समाज की एकता के लिए गैर उत्पादक साबित हुआ। डॉ० अम्बेदकर ने 'पाकिस्तान आर दि पार्टीशन आफ इण्डिया' पुस्तक जो 1946 में प्रकाशित हुई, में इस समस्या की गहन पड़ताल की। वे जहाँ एक तरफ हिन्दू दकियानूसी विचारों के प्रबल विरोधी थे। उनके अनुसार जहाँ हिन्दुओं में जन्मना जाति से उत्पन्न छुआछूत की बुरी प्रवृत्ति ने भारतीय समाज को बर्बाद किया, वहीं दूसरी तरफ कट्टरपन्थी दकियानूसी मुसलमान नेतृत्व ने भी इस समाज को बर्बाद किया है।

उन्होंने गांधी द्वारा खिलाफत आन्दोलन के समर्थन को बुरी तरह कोसा। उन्हें इस बात पर घोर आपत्ति थी कि गांधी जी ने खिलाफत जैसे आन्दोलन का न केवल समर्थन किया, अपितु इस आन्दोलन का मित्र और पथ-प्रदर्शक बनने की भी कोशिश की। मामला तो तुर्की का था। कमाल अता तुर्क स्वयं अपने देश को राष्ट्र राज्य के रूप में बदलना चाहते थे। सुल्तान खलीफा को बनाये रखने के लिए तुर्कों पर जोर डालना सम्पूर्ण विश्व में मुस्लिम पोंगापन्थ को बढ़ावा देना है। इस आन्दोलन से गांधी को क्या वास्ता होना चाहिए था। लेकिन गांधी जी की सोच थी कि इस आन्दोलन में भारतीय मुसलमानों का साथ देने से हिन्दू-मुस्लिम एकता के द्वार खुलेंगे। डॉ० अम्बेदकर की मान्यता थी कि हिन्दू समाज को दुर्बल बनाने वाले हजारों साल पुराने सामाजिक गठन ने प्रमुख भूमिका निभायी है। समाज के सतह पर कट्टरवादी हिन्दू जमे थे जिन्होंने बहुसंख्यक हिन्दू समाज को मानसिक रूप से कुण्ठित बनाये रखा, वहीं दूसरी तरफ विगत 800-900 वर्षों से हिन्दू-मुसलमान आपस में संघर्ष करते रहे। केवल ब्रिटिश साम्राज्य के आगमन के साथ भारत में हिन्दू-मुस्लिम तनाव नहीं पैदा हुआ अपितु इसकी जड़ें हजारों वर्ष पुरानी जाति व्यवस्था और 900 वर्ष पुराने विदेशी मुस्लिम साम्राज्य के आगमन के साथ जुड़ी हुई हैं।

राष्ट्रीय आन्दोलन के हिन्दू नेतृत्व का विचार था--एक व्यक्ति एक वोट के सिद्धान्त से न केवल भारतीय राष्ट्र राज्य कल्पना साकार होगी अपितु राष्ट्र बिखरने से बचेगा। मुस्लिम नेतृत्व

ने कांग्रेस के इस विचार को मुस्लिम समाज पर सवर्ण हिन्दू मानसिकता की गुलामी के रूप में देखा और डॉ० अम्बेदकर को भी यही भय परेशान करता था कि एक व्यक्ति एक वोट के सिद्धान्त से हजारों वर्षों से जन्मना जाति प्रथा के कारण पीड़ित भारतीय मानवता राजनैतिक आजादी होने के बावजूद अनन्त काल तक गुलाम बनी रहेगी। इसलिए जहाँ हिन्दू प्रमुख के भय से मुस्लिम नेतृत्व ने आत्म निर्णय के सिद्धान्त की वकालत की तो वहीं डॉ० अम्बेदकर ने भी कम्युनल एवार्ड का समर्थन करते हुए अछूतों के लिए पृथक् मताधिकार की माँग की। जिन्ना, नेहरू एवं पटेल 1946 तक भारत का बँटवारा नहीं देख पा रहे थे। ये तीनों हस्तियाँ गांधी जी के साथ इस मत के थे कि भारत-पाकिस्तान का बँटवारा रोका जा सकता है किन्तु अम्बेदकर पूरे विश्लेषण के बाद इस निष्कर्ष पर पहुँचे थे कि हमारे पुरखों की गलतियाँ तथा समस्याओं का बोझ हमें बँटवारे के लिए मजबूर करेगा। यदि हिन्दू-मुसलमान में उदारता ने प्रारम्भ में ही जन्म ले लिया होता तो भारत का विभाजन रोका जा सकता था।

1940 में मुस्लिम लीग ने लाहौर अधिवेशन में आत्म निर्णय और स्वशासन प्राप्त करने का जो प्रस्ताव पास कर दिया था उसकी डॉ० अम्बेदकर ने विद्वतापूर्ण व्याख्या की। उनका उद्देश्य अपने लोगों को जगाना और आगे करना था। इसलिए वे जान बूझकर उत्तेजक शैली का इस्तेमाल करते थे। उन्होंने बहुमत वाले हिन्दू समाज को चेतावनी दी कि वे इस गलतफहमी में न रहें कि अंग्रेज उन्हें इतनी आसानी से सत्ता सौंप कर दलितों को गुलाम बनाये रखने का अधिकार दे देंगे। हिन्दू न चाहते हुए भी पाकिस्तान के प्रश्नों की अनदेखी नहीं कर सकते। अंग्रेज तो भारत के कई टुकड़े कर सकते हैं। अंग्रेजी हुकूमत और हिन्दू बहुमत दमन करके भी पाकिस्तान की माँग को समाप्त नहीं कर सकता। 1946 की अन्तरिम सरकार में लीग के मंत्रियों के साथ काम करने वाले कांग्रेस के नेताओं-मंत्रियों को कटु अनुभव हुए। पटेल जैसे व्यक्ति जो 1946 तक किसी भी कीमत पर पाकिस्तान बनाने के विरोधी थे जब एक साथ कैबिनेट में काम करने पर परेशान हुए तो जल्दी पाकिस्तान बनाकर मुस्लिम समस्या से पिण्ड छुड़ा लेना ही बेहतर समझा और पाकिस्तान बाँटने के पक्ष में हो गये।

डॉ० अम्बेदकर इसे ऐतिहासिक विरासत की महत्त्वपूर्ण उपज मानते थे और अपरिहार्य समझते थे। खासतौर पर लीग के 1940 के लाहौर सम्मेलन के प्रस्ताव के बाद उन्हें यह सम्भावना अटल दीखने लगी थी। उन्होंने मुस्लिम राजनीति के विकास का गहराई से विश्लेषण किया था और वे समझ रहे थे कि मुस्लिम नेता कदम-ब-कदम अपनी माँग पाकिस्तान के प्रति आगे बढ़ रहे हैं। 1931-32 में ब्रिटिश गोलमेज सम्मेलन के समय उन्होंने समझ लिया था कि मुस्लिम नेतृत्व भारत के उन 5 राज्यों में जहाँ मुसलमान बहुसंख्यक हैं वहाँ स्वायत्त राज्य कायम करने के सवाल पर अडिग है। मुस्लिम नेतृत्व किसी कीमत पर ऐसे मजबूत केन्द्रीय व्यवस्था को स्वीकार करने के लिए तैयार नहीं था जो अल्पसंख्यक, मुसलमानों पर जुल्म करता रहे। हिन्दुस्तानी मुसलमान समझते थे कि अंग्रेजों के जाने के बाद बहुसंख्यक हिन्दू जमात की सरकार अल्पसंख्यक मुसलमानों पर जोर जुल्म की एक राक्षसी सत्ता होगी। इसीलिए जब गांधी ने यह सुझाव रखा कि पहले अंग्रेज भारत छोड़कर स्वदेश चले जायें, उनके जाने के बाद हिन्दू और मुसलमान भारत को आपस में बैठकर एक भाई और मित्र की तरह बँटवारा कर लेंगे। मुस्लिम नेतृत्व गांधी के चालाकी से भरे इस सुझाव के अन्तर्निहित शब्दार्थ को समझता था। जिन्ना ने बहुत पहले मुसलमानों के लिए चौदह सूत्रीय कार्यक्रम प्रस्तुत किया था।

जनवरी, 1929 में कलकत्ता में संविधान निर्माण के सम्बन्ध में एक सर्वदलीय बैठक हुई थी जिसमें नेहरू रिपोर्ट में जिन्ना ने संशोधन का प्रस्ताव रख दिया था। उस समय गरमदलीय राष्ट्रवादी मुसलमानों तथा हिन्दू महासभाई मिल गये और उन्होंने मिलकर जिन्ना के प्रस्ताव को गिरा दिया। मुसलमानों में अंग्रेजों के पिट्ठू जिन्ना को मुस्लिम समाज से अलग कर देना चाहते थे। उन लोगों ने मुस्लिम कान्फ्रेंस बनाकर अंग्रेजों के साथ मिलकर काम करना शुरू कर दिया था। अंग्रेजों ने गोलमेज सम्मेलन के बाद अपने कैबिनेट प्रस्तावों में जिन्ना के सुझावों का समावेश किया था। लेकिन यह महत्त्वपूर्ण है कि भारतीय स्वतंत्रता संघर्ष के दौरान जब भी उदारवादी हिन्दू और उदारवादी मुस्लिम नेतृत्व में एकता की शुरुआत हुई इनके विरोध में हिन्दू और मुसलमानों के रूढ़िवादी कट्टरपन्थी नेता एक हो गये और उन्होंने अपनी एकता से हिन्दू-मुस्लिम एकता प्रयासों को खण्डित कर दिया।

मुस्लिम लीग को आशा थी कि 1935 के अधिनियम के बाद देश में जो चुनाव हुए थे उसके कारण 1937 की प्रान्तीय सरकारों में उन्हें प्रान्तीय स्वायत्तता और सरकारों में भागीदारी मिलेगी, किन्तु इसका उल्टा हुआ। हिन्दू बहुल राज्यों में जहाँ कांग्रेस पार्टी का कहना था कि इससे संयुक्त उत्तरदायित्व के सिद्धान्त का हनन होगा, बल्कि उल्टे उत्तर प्रदेश में जिन नेताओं ने मुस्लिम लीग की सदस्यता छोड़कर कांग्रेस पार्टी की सदस्यता ग्रहण कर ली ऐसे हाफिज मुहम्मद इब्राहिम को मंत्रिमण्डल में शामिल कर लिया गया। उत्तर प्रदेश सरकार में कोई दलित, कोई मुसलमान मंत्री नहीं हुआ। बाद में दल बदल कराकर मुसलमानों को मंत्री बनाया गया। कांग्रेस के इस कृत्य से लीग को गहरा धक्का लगा और दोनों दलों के बीच खाई काफी चौड़ी हो गयी। इसीलिए डॉ० अम्बेदकर ने प्रश्न किया कि कांग्रेस पार्टी मुस्लिम लीग को मुसलमानों की एकमात्र संस्था मानने से इनकार करती है। यह उसकी कल्पना मात्र है। वह अपने को मुसलमानों की भी पार्टी समझती है तथा इसी मानसिकता के कारण अपने मंत्रिमण्डलों में लीग के साथ संयुक्त मंत्रिमण्डल बनाने से इनकार करती है। वह लीग को छोड़कर दूसरे मुस्लिम लीग संगठनों से संवाद रखना चाहती थी। डॉ० अम्बेदकर के विश्लेषण[1] के अनुसार कांग्रेस की इन गम्भीर कोशिशों ने भी लीग को हिन्दुओं के काफी खिलाफ किया। कांग्रेस की नीति बाल की खाल निकालने वाली थी। गैर लीग मुस्लिम संगठनों को मुसलमानों का बड़ा सीमित समर्थन था। कांग्रेस की इस कुटिल कोशिश ने जिन्ना को काफी कुपित किया तथा हिन्दू मुसलमान की गहरी दीवार और भी गहरी हुई। सामूहिक उत्तरदायित्व के निर्वहन का सिद्धान्त अनर्गल और असंगत था। जिन प्रान्तों में कांग्रेस अल्प संख्या में थी वहाँ उसने दूसरी पर्टियों के साथ बिना किसी नीति कार्यक्रम के संयुक्त सरकारें बनायी थीं। मुसलमानों को यह पूछने का वैध अधिकार था कि संयुक्त सरकारें एक राज्य में अच्छी और दूसरे में कैसे बुरी हो गयीं।

मुस्लिम जनता से सीधे सम्पर्क करने की जवाहरलाल की योजना को उन्होंने पागलपन कहा और यह कहा कि मुसलमानों में कांग्रेस का प्रभाव तो नहीं बढ़ा किन्तु लीग और कांग्रेस की दूरी बढ़ी। मुस्लिम जनता से सम्पर्क की यह सीधी योजना पाकिस्तान आन्दोलन को तेज करने में काफी सहायक हुई। डॉ० अम्बेदकर[2] ने मुस्लिम नेताओं को दबाने, किनारे करने

1. पाकिस्तान आर पार्टिशन आफ इण्डिया—डॉ० अम्बेदकर, पृष्ठ 28।
2. वही, पृष्ठ 38।

वाली इस योजना को घृणित कहा है। वे कोई मुस्लिम समर्थक नहीं थे। उन्होंने तथ्यात्मक निष्पक्ष विश्लेषण में यह कहा कि मुसलमानों में यह भाव पैदा हुआ कि कांग्रेस उन्हें एक गुलाम प्रजा के रूप में रखना चाहती है। उनके अनुसार, मुसलमान सदियों तक भारत में प्रभुत्व की स्थिति में रहे हैं। मराठा शक्ति के उदय के साथ भारत के कई हिस्सों में यह स्थिति बनी रही। वस्तुतः ब्रिटिश सत्ता ने ही मुसलमानों का काफी अहित किया। अंग्रेजों ने जो प्रशासनिक, न्यायिक कार्यकारी कानून बनाये इससे मुसलमानों के पारस्परिक धार्मिक कानूनों पर सांघातिक चोट पहुँची। अंग्रेजों ने धर्म पर आधारित मुस्लिम दण्ड कानून व विधि प्रक्रिया को समाप्त करने के साथ उनकी अदालतों को भी खत्म किया। उनके विकल्प रूप में अपनी अदालतें और कानून बनाये। अंग्रेजों ने ही शरीयत और मुसलमानों के निजी कानूनों को सीमाबद्ध करके पहले से मुस्लिम काजियों के फैसले करने की पद्धति को समाप्त किया। बिना किसी धार्मिक पक्षपात के अंग्रेजों ने जज और मजिस्ट्रेटों की नियुक्ति की।[1] वे ही मुस्लिम कानूनों की व्याख्या करने और उनके अनुसार निर्णय देने लगे। मुसलमानों का शासक से शासित होने का यह दौर था। अब इस सीमा से अलग हटकर हिन्दुओं के अधीन रहना उन्हें अपमानजनक लगता था।

डॉ० अम्बेदकर ने इस शताब्दी के तीसरे दशक में जो साम्प्रदायिक दंगे हुए उस पर बृहद् टीका-टिप्पणी की है। उन्होंने मुसलमानों की जोर जबर्दस्ती और हिंसा की राजनीति की निन्दा की और शान्तिपूर्ण समाधान का सुझाव दिया। वे समझते थे कि नैतिक मूल्यों के द्वारा ही शक्ति को सत्य में बदलने की पैरवी की। वे मुसलमानों की माँग के साथ सहानुभूति और पाकिस्तान निर्माण को अवश्यम्भावी मानते हुए भी मुस्लिम लीग की गुण्डा राजनीति को बुरी तरह से कोसते थे। वे बुद्धिवादी और धर्म निरपेक्ष जिन्ना[2] के समर्थक थे। किन्तु उन्होंने जिन्ना के अबुद्धिवाद की भी कटु निन्दा की। उनकी राय थी कि जब तक जिन्ना कट्टर नहीं थे धर्मनिरपेक्षतावादी थे। उन्हें वह लोकप्रियता अपने समाज में नहीं थी, लेकिन जब से उन्होंने अपने को मुस्लिम राष्ट्रवाद का प्रतीक बना लिया तभी से वे जन नेता बने। वह पाकिस्तान निर्माण को रोग की शल्य चिकित्सा मानते थे। उन्होंने इसमें किसी तरह की नैतिकता, अनैतिकता नहीं देखी। वे कहते थे, "अगर मुसलमानों के लिए पृथक् पाकिस्तान जरूरी है तो पंजाब और बंगाल के गैर मुस्लिमों के लिए पाकिस्तान से अलग रखना भी जरूरी है और इसके लिए गैर मुस्लिम क्षेत्रों को अलग किया जाये।" इस काम के लिए इन राज्यों की सीमाओं के पुनर्निर्धारण के वे पक्षधर थे। इसीलिए 1946 में कैबिनेट मिशन ने जिन्ना के समक्ष शर्त रख दी कि या तो सीमित केन्द्रीय सत्ता के पक्षधर स्वीकार करो या बँटा हुआ पाकिस्तान। जिन्ना पहले तो सीमित केन्द्रीय सत्ता के पक्षधर हो गये अर्थात् सुरक्षा, विदेश नीति, डाक-तार, रेलवे आदि विषय केन्द्र के पास शेष सभी विषय राज्यों के अधीन रहे और ऐसी स्वायत्त इकाई बनने पर वे पाकिस्तान की माँग को पीछे रखने को तैयार हो गये, लेकिन उन्होंने देखा कांग्रेस ही त्रिस्तरीय योजना को लागू करने के पक्ष में नहीं है। उन्होंने अम्बेदकर के सुझाव के अनुसार ऐसे पाकिस्तान को मान लिया जिसके अनुसार वहाँ सिर्फ मुस्लिम बहुल क्षेत्र ही शामिल होने वाले थे।

---

1. पाकिस्तान आर पार्टिशन आफ इण्डिया—डॉ० अम्बेदकर, पृष्ठ 32।
2. वही, पृष्ठ 377।

अम्बेदकर ने मुसलमानों को सुझाव दिया[1] कि ब्रिटिश भारत और देशी रियासतों के सम्बन्ध में उन्हें अपने विचार, विवेक और सिद्धान्त पर खड़ा करना चाहिए, स्वनिर्णय का अधिकार तो जनता का होना चाहिए। यह राजा का सिद्धान्त नहीं होना चाहिए। उन्होंने लीग को इस सम्बन्ध में बेईमानी तथा सिद्धान्तहीनता से बचाने की अपील की। उन्होंने लीगी नेताओं से प्रश्न किया, "आप कश्मीर पर दावा करते हैं क्योंकि वहाँ की बहुसंख्यक जनता मुसलमान है, आप हैदराबाद पर भी दावा करते हैं क्योंकि वहाँ का राजा मुसलमान है। इस दोगली नीति से बचिये।" अम्बेदकर की सलाह न मानने का नतीजा यह हुआ कश्मीर और हैदराबाद दोनों पाकिस्तान के हाथ से चला गया।

डॉ० अम्बेदकर गांधी के देश आजाद होने के बाद बँटवारे के सुझाव को महत्त्वहीन मानते थे और उन्हें राजा जी की योजना स्वप्न लोक में विचरण जैसी लगती थी। राजा जी 1943-44 में ही सुझाव दिये थे कि एक अस्थायी सरकार लीग कांग्रेस की बने। अम्बेदकर के अनुसार, इस सरकार में दोनों पक्ष झगड़ते। जिन्ना भावी आश्वासनों पर यकीन करने वालों में नहीं थे। अम्बेदकर कहते हैं, "पहले प्रभुसत्ता सम्पन्न अस्थायी सरकार बनाकर बँटवारे का काम उसको सुपुर्द करने की बात जिन्ना किसी कीमत पर स्वीकार नहीं करते। संवैधानिक परिवर्तन का एकमात्र सत्ता है ब्रिटिश संसद ही अधिनियम बनाये जिसमें ब्रिटिश भारत के राष्ट्रीय जीवन में महत्त्वपूर्ण घटकों द्वारा स्वीकृत प्रावधान शामिल किये जायें।" डॉ० अम्बेदकर की यह बात[2] बाद के घटनाक्रमों से उनको सही साबित करती है। वे भारत की आजादी के भी प्रबल पक्षधर थे, लेकिन इस काम में मुख्य समस्या साम्प्रदायिक है उसकी उपेक्षा नहीं की जा सकती। वे साथ-साथ एक भारत के प्रेम को भी नहीं छोड़े थे। उनके लिए भारत का बँटवारा मजबूरी है और हमारे इतिहास की विरासत का फल है, लेकिन भविष्य में एकता के सूत्र खो न जायँ इसकी भी तैयारी रहे, इसके लिए वे भारत परिषद् की व्यवस्था के पक्षधर थे। यह परिषद् सर्वोपरि प्रभुसत्ता वाली संस्था ही नहीं, बल्कि दो प्रभुसत्ता सफल राज्यों की प्रतिनिधि संस्था थी। उन्होंने कहा, "यह न तो संघ होगा, न महासंघ अपितु यह हिन्दुस्तान पाकिस्तान को तब तक जोड़ने का काम करेगी, जब तक वे एक संविधान के अन्तर्गत एक नहीं हो जाते।"[3] उन्होंने आशा प्रकट की कि दोनों देश मिलकर शान्तिपूर्ण और सद्भाव के साथ विभाजन स्वीकार करें और विभाजन के बाद दोनों मित्र देशों की तरह रहें। उनके बीच सद्भाव रहे, शत्रुता नहीं। उन्हें आशा थी कि दुर्बल पाकिस्तान देखकर मुसलमान स्वतः एकता के पक्ष में होंगे। वे अन्तर्मन से मानते थे कि विभाजन अस्थायी होगा किन्तु यह जोर जबर्दस्ती से पुनः एक नहीं होगा।

उन्होंने सम्पूर्ण भारत के इतिहास की तथ्यपरक जाँच करने के बाद भारत के रक्षा सम्बन्धी प्रश्नों को उपस्थित किया। वे समझते थे कि बार-बार मुस्लिम आक्रमणों के कारण उत्तर पश्चिमी क्षेत्र जिसे पाकिस्तान में शामिल किया जाना था, उस क्षेत्र की संस्कृति और स्वरूप में इतना बदलाव आ गया है कि उस क्षेत्र का शेष भारत के साथ एकता का कोई सवाल नहीं अपितु वास्तविक विरोध है। कमजोर केन्द्र और कमजोर सेना के कारण भारत कमजोर बना

---

1. पाकिस्तान आर पार्टिशन आफ इण्डिया—डॉ० अम्बेदकर, पृष्ठ 370।
2. वही, पृष्ठ 410।
3. वही, पृष्ठ 393।

रहेगा। उन्होंने कैबिनेट मिशन को जो ज्ञापन दिया था उसमें कहा था मिशन को पहले पाकिस्तान का प्रश्न हल करना चाहिए। उन्हें किसी कीमत पर कमजोर केन्द्र स्वीकार नहीं था। इसलिए वे लीग की स्वायत्तता के सुझाव को मानने को तैयार नहीं थे। उन्होंने भारत की रक्षा व्यवस्था के बारे में कहा था कि 1857 के विद्रोह से पहले जो बंगाल सेना थीं उसमे मुख्य रूप से गंगा क्षेत्र की ब्राह्मण और क्षत्रिय जातियाँ थीं। विद्रोह के दिनों में यह सेना छिन्न-भिन्न हुई और बची यूनिटों को तोड़ दिया गया। विद्रोह के बाद जान-बूझकर अंग्रेज सरकार ने सेना का रूप बदला। अंग्रेजों ने मार्शल रेस की कल्पना की। मार्शल रेस और गैर मार्शल रेस का बँटवारा बनावटी है व मूर्खतापूर्ण है। यह हिन्दुओं की जाति प्रथा की तरह योग्यता के सिद्धान्त का तिरस्कार करता है।

डॉ० अम्बेदकर उत्तर पश्चिम के मुसलमानों के सेना में बढ़ते प्रभाव को देश के भविष्य के लिए खतरनाक मानते थे। वे विश्व इस्लामाबाद और मुस्लिम शक्तियों के भारत के विरुद्ध संगठित होने के प्रचार मात्र से भयभीत होते थे। यदि सेना साम्प्रदायिक भावना से प्रेरित होगी तो यह देश के भविष्य के लिए ठीक नहीं होगा। उत्तर-पश्चिम की मुस्लिम सेना को विदेशी हमले से देश की एकमात्र रक्षक बनाने के वे खिलाफ थे। उन्होंने कहा कि उत्तर पश्चिम के मुसलमान अपनी विशेष सामरिक स्थिति के प्रति विशेष जागरूक हैं और अपने को भारत का द्वारपाल मानते हैं। हिन्दुस्तान की रक्षा के लिए हिन्दू इन द्वारपालों पर कैसे भरोसा कर सकते हैं। अगर हमलावर रूसी होंगे तो यह द्वारपाल द्वार की रक्षा बड़ी निष्ठा और मजबूती से करेंगे। लेकिन मान लो अफगानिस्तान अकेले ही या अन्य मुस्लिम देशों के साथ मिलकर हिन्दुस्तान पर आक्रमण करता है[1] तो क्या वे द्वार खोलकर उन्हें अन्दर नहीं आने देंगे। हिन्दुओं के सामने कठिन विकल्प है कि वे निरापद सेना को चुनें या सुरक्षित सीमा को। मुसलमानों का बाहर रहकर विरोध करना भीतर रहकर विरोध करने की तुलना में बेहतर होगा। उन्होंने कहा, "जिन्ना खिलाफत आन्दोलन में इसलिए शामिल नहीं हुए कि वे इस बात के विरुद्ध थे कि हिन्दुस्तानी मुसलमान देश के बाहर के मुसलमानों के बारे में बिना मतलब क्यों उलझे। जिन्ना तो हिन्दुस्तानी मुस्लिम राष्ट्र राज्य के पक्षधर थे, वे किसी भावी विश्व इस्लामी सल्तनत का एक प्रान्त नहीं बनना चाहते थे। जब वे संयुक्त हिन्दुस्तान के प्रबल समर्थक थे तभी उन्हें खिलाफत आन्दोलन से कोई सहानुभूति नहीं थी और वे गांधी की इस प्रश्न पर निन्दा करते थे।" जिन्ना ने कहा, "क्या कोई एक क्षण के लिए मान सकता है कि अफगानिस्तान अपने ऊपर ईरान का शासन चलने देगा? क्या कोई मान सकता है कि अरैबियन जैसे छोटे उप-महाद्वीप में जहाँ यमन, सऊदी अरब, इराक आदि राज्य हैं कोई राज्य एक दूसरे के हक में अपनी प्रभुसत्ता छोड़ेगा। क्या ईरान तुर्की को अपने ऊपर राज्य करने देगा। आप ऐसा क्यों मानते हैं कि जब उत्तर-पश्चिम के इलाके में मुसलमानों का स्वाधीन राज्य बन जायेगा तो किसी दूसरे को हम अपने ऊपर राज्य करने देंगे क्योंकि हिन्दुओं पर राज करने से पहले उन्हें हमारे ऊपर कब्जा करना पड़ेगा।"

जिन्ना की उक्त धारणा के बावजूद कुछ पोंगापन्थी मुसलमान नेता विश्व इस्लामाबाद की ढोल पीटते थे और उनसे अधिक कुछ साम्प्रदायिक हिन्दू नेता इस बात का प्रचार करते थे कि सचमुच ऐसा इस्लामाबाद आ ही रहा है। डॉ० अम्बेदकर भी इस भय से अछूते नहीं थे। वे

---

1. पाकिस्तान आर पार्टिशन आफ इण्डिया—डॉ० अम्बेदकर, पृष्ठ 61-68।

हिन्दुओं को आश्वस्त कर रहे थे कि मुस्लिम बहुल इलाकों को अलग करने से उनकी रक्षा व्यवस्था प्रभावित नहीं होगी बल्कि मजबूत होगी। कोई कौम जन्म से ही योद्धा नहीं होती। पाकिस्तान के अलग होने के बाद भारत उचित प्रशिक्षण और आधुनिक हथियारों के साथ एक अच्छी सेना तैयार कर सकता है। सुरक्षित सेना सुरक्षित सीमा से हमेशा बेहतर होती है। वैसे सुरक्षित और प्राकृतिक सीमा का भी अपना सामरिक महत्त्व है।

वे महाकवि मोहम्मद इकबाल के 'नियति' शब्द का भाष्य करते हुए कहते हैं[1]— ''मुसलमानों की निष्ठा अपने देश में नहीं, बल्कि अपने धर्म से होती है। वे इस्लामी बन्धुत्व के बारे में डरे से लगते हैं। वे नियति शब्द पर कहते हैं, ''यह नियति मूर्त्त रूप में हिन्दुस्तान के मानचित्र पर फैली हुई है। कोई भी जो इस मानचित्र को देखेगा उसकी नजरों से यह छिपेगा नहीं। गोया ईश्वर से सोच समझकर हिन्दुस्तानी मुसलमानों के लिए पृथक् राष्ट्र राज्य के रूप में इसे अंकित किया है। यह नियति केवल आसानी से अमल में लाई जा सकती है और मूर्त्तरूप में बदली जा सकती है और इसका एक और आकर्षक गुण भी है। सब मुसलमानों को यह एक मुस्लिम राष्ट्र राज्य के रूप में इकट्ठा कर सकती है। इस प्रकार विभिन्न देशों में रहने और वहाँ की नागरिकता स्वीकार करने में इस्लामी बन्धुत्व से खण्डित होने का जो खतरा पैदा होता है उसमें यह नियति बचाव कर सकती है। हिन्दुस्तान से पाकिस्तान के अलग होने के बाद, ईरान, इराक, अरब, तुर्की और मिस्र आदि मुस्लिम देशों का ऐसा संघ बनेगा जिसका एक धर्म होगा और जिसका विस्तार इस्तांबूल से लाहौर तक होगा। वह मुसलमानों को मूर्ख मानेंगे जो इस नियति से आकर्षित नहीं होगा और हिन्दुस्तान में मुसलमानों के स्थान के विषय में उनके विचारों में सम्पूर्ण परिवर्तन नहीं आयेगा।'' क्या इतिहास साक्षी नहीं है कि डॉ० अम्बेदकर की यह स्थापना सही नहीं निकली। आज सभी मुसलमान राज्य अलग-अलग दिशा पकड़ रहे हैं। मुझे लगता है पाकिस्तान की अनिवार्यता के सम्बन्ध में वे भय से पीड़ित थे कि यदि भारत में मजबूत केन्द्रीय हुकूमत नहीं आयी तो भारत की सीमाओं की रक्षा नहीं हो सकेगी।

लखनऊ में कांग्रेस लीग पैक्ट ने मुसलमानों को विधि मण्डलों में 33% प्रतिनिधित्व दिया था। मुस्लिम लीग केन्द्रीय कैबिनेट में कांग्रेस के बराबर का प्रतिनिधित्व माँगने लगी तथा गृह और रक्षा विभाग की माँग करने लगी। केन्द्रीय विधान मण्डल में भी बराबरी चाहते थे। इससे अम्बेदकर आशंकित हो गये होंगे कि अगर सवर्ण हिन्दू नेतृत्व पर ज्यादा दबाव आयेगा तो वे दलित व अनुसूचित जातियों की कीमत पर लीग से समझौता कर लेंगे। उन्हें डर था कि सरकारी नौकरियों में मुसलमानों का आरक्षण स्वीकार करने से अनुसूचित जातियों, जनजातियों का अधिकार छिन जायेगा। उन्हें सन्देह पैदा हुआ कि कांग्रेस देश की एकता बनाये रखने के नाम पर मुसलमानों को रियायतें देती जायेगी इससे अनुसूचित जातियों के सवाल पिछड़ जायेंगे। उन्होंने कहा, ''क्या हिन्दुओं के शासक वर्ग ने जिसने हिन्दू राजनीति पर अपना अधिकार बना लिया है शूद्रों और अस्पृश्यों की तुलना में मुसलमानों के अधिकारों और हितों की रक्षा की ज्यादा चिन्ता नहीं की है? क्या अस्पृश्यों के राजनैतिक अधिकारों का विरोध करने वाले गांधी मुसलमानों के हक में कोरे चेक पर हस्ताक्षर करने को तैयार नहीं हैं? वास्तव में हिन्दुओं का शासक वर्ग शूद्रों और अस्पृश्यों की अपेक्षा मुसलमानों के साथ सत्ता की

---

1. **पाकिस्तान आर पार्टिशन आफ इण्डिया—डॉ० अम्बेदकर, पृष्ठ 325।**

साझेदारी करने में अधिक तत्पर रहा है? निःसन्देह हिन्दू समाज के लोकतंत्र विरोधी चरित्र के बारे में शिकायत करने का मुसलमानों के लिए कोई कारण नहीं।''

यदि हम डॉ० अम्बेदकर के निष्कर्षों का पूरा परीक्षण करें तो भिन्नवत बँटवारे की बात करने के बावजूद आज भारत, पाक, बांग्लादेश के आपसी सम्बन्ध मधुर नहीं हैं। दोनों में संघर्ष की स्थिति है इसके विपरीत अस्पृश्यों की हालत में अपेक्षित सुधार हुआ है। मुझे लगता है डॉ० अम्बेदकर अपनी अनोखी प्रतिभा और बृहद् ज्ञान के बावजूद निष्कर्ष निकालने में परिस्थितियोंवश शायद दुविधा में पड़ जाते थे इसीलिए बहुत से प्रश्नों पर उनके निष्कर्ष समय की कसौटी पर सही नहीं उतरे।

मुस्लिम लीग ने 1940 में पाकिस्तान के सम्बन्ध में लाहौर में प्रस्ताव पास किया था तभी डॉ० अम्बेदकर ने 'पाकिस्तान या भारत का बँटवारा' शीर्षक से पुस्तक लिखी जिसका उन्होंने 1946 में प्रकाशन कराया। इस पुस्तक में हिन्दू-मुसलमान के विवाद का गहराई से अध्ययन झलकता है। उन्होंने सम्पूर्ण भारतीय इतिहास की विवेचना कर डाली। उस समय लीग की आलोचना हो रही थी कि उसने पाकिस्तान बनाने का प्रस्ताव पास कराकर सर दर्द की दवा खोजने की कोशिश की है। डॉ० अम्बेदकर ऐसा नहीं मानते थे। उनका मानना था कि[1] यह माँग राजनैतिक लीपापोती के लिए नहीं है और न तो यह समय के प्रवाह के साथ दबने वाला है। उनके अनुसार मुस्लिम जन-जीवन में जिस तरह की जीव ग्रन्थियाँ घर गयी हैं यह प्रस्ताव उसी का प्रकटीकरण है। हिन्दू और मुसलमान में अस्तित्व की रक्षा का संघर्ष है। मैं पाकिस्तान की माँग से आहत नहीं हूँ, मैं इसके बारे में क्षमाशील भी नहीं हूँ। इस माँग को ज़ोर से दबाया भी नहीं जा सकता, अबुद्धि के साथ जुड़ा उपमा हमेशा उसी रूप में रहेगी चाहे वह नये ढंग से पेश की जाये। कोई उपमा कभी तर्क का रूप नहीं लेगी। इस माँग को अस्वीकृत करना कोई बुद्धिमानी नहीं है इसके पीछे 90% मुसलमानों की भावनाएँ हैं। इसके सभी पक्षों का अध्ययन कर इसके परिणामों को समझते हुए इस पर बुद्धिमत्तापूर्ण निर्णय होना चाहिए। उन्होंने कहा कि अंग्रेज ऐसा नहीं करने वाले हैं कि बहुसंख्यक हिन्दुओं के हाथ में सत्ता सौंपकर अल्पसंख्यक मुसलमानों का भाग्य उनके हाथ में कर दें फिर यह उपनिवेशवाद स्थापित हो जायेगा। हिन्दू-मुसलमान मिल कर ही इसका समाधान कर सकते हैं। अंग्रेजों को क्या रुचि है कि इसके विवाद को शान्त करें। हिन्दुओं को यह सोचना बन्द करना चाहिए कि अंग्रेज ताकत से पाकिस्तान की माँग को दबा देंगे।[2] मुसलमानों को उत्पीड़क कार्रवाई से नहीं दबाया जा सकता और न ही अंग्रेज ऐसा करने वाले हैं। भारत के कई टुकड़े हो जायें इसमें अंग्रेजों को क्या हानि है?

''मुसलमानों को आत्म निर्णय के सिद्धान्त से डिगाया नहीं जा सकता। विदेशी आक्रामक उपनिवेशवाद के मुकाबले राष्ट्रीयता का अधिकार और बहुसंख्यक के आक्रामक उपनिवेश के मुकाबले अल्पसंख्यक के अधिकार की माँग एक जैसी ही है।'' पाकिस्तान एक केन्द्रीय सत्ता की जगह दो केन्द्रीय सत्ता चाहते हैं। इस मामले को संविधान निर्माण से पूर्व ही हल करना होगा। यह सोच गलत है कि यदि पाकिस्तान की माँग अभी दबा दी जायेगी तो आगे नहीं उठेगी। मुसलमान देख रहे हैं कि 5 राज्यों में उनके बहुमत वाली आबादी है। वहाँ उनकी

---

1. **डॉ० अम्बेदकर कलेक्टेट वर्क्स, Vol. 8, पृष्ठ 6।**
2. **वही, पृष्ठ 9।**

सरकार बनेगी। लेकिन केन्द्र में तो हिन्दू बहुमत सरकार होगी जो उनके अन्दरूनी मामलों में हस्तक्षेप करेगी और उन्हें आशंका है कि ऐसी सरकार उन्हें तरक्की नहीं करने देगी। फिर गोलमेज सम्मेलन में मोहम्मद एकबाल ने दो केन्द्रीय सरकारों की पैरवी की थी।

"दुर्भाग्य तो यह है कि हिन्दू राज्यों में भी एकता नहीं है। सिख बंगालियों को नहीं मानते। मद्रासियों की अपनी अलग ही दुनिया है। मराठे तो मुस्लिम साम्राज्य के खात्मे की जड़ हैं। उनकी अलग भूमिका है। इसलिए सभी हिन्दुओं को एक राष्ट्रीयता में रखना एक गम्भीर प्रश्न है। हिन्दू राज्यों की सम्मिलित परम्परा नहीं है। भाषा, नस्ल भूतकाल का द्वन्द्व, वर्तमान में सत्ता हड़प की राजनीति यही टकराव को जन्म देते हैं। केन्द्रीय सत्ता संचालन के लिए धन एक महत्त्वपूर्ण मुद्दा है। सभी राजस्व राज्यों से आता है। केन्द्र के पास ही धन संग्रह के सभी स्रोत हैं इसके न्यायोचित बँटवारे का भी विवाद खड़ा होगा।" इसलिए इस प्रस्ताव को हल्के से नहीं गम्भीरता से लेने की जरूरत है। इस पुस्तक की विवेचना को पढ़कर गांधी और जिन्ना दोनों ने इस विषय पर अधिकाधिक चर्चा की और कहा कि कभी भी इस पुस्तक का अध्ययन कर विषय को गहराई से समझा जा सकता है। इस पुस्तक की पाकिस्तान चाहने वाले और न चाहने वाले दोनों ने कड़ी आलोचना की।

डॉ० अम्बेदकर ने 11 जनवरी, 1945 को पृथ्वीराज रोड 22 नं० कोठी नई दिल्ली में इस पुस्तक की भूमिका लिखी और उसमें कहा, "इस राजनैतिक माँग के पीछे सामाजिक तथा ऐतिहासिक पृष्ठभूमि है। इसमें सामाजिक बुराइयों से उपजी समस्याओं की झलक है। इसमें भारत के ऐतिहासिक, राजनैतिक परम्परा की साम्प्रदायिक पृष्ठभूमि की विवेचना की गयी है। यह पुस्तक पाकिस्तान प्रकरण की पड़ताल के अतिरिक्त भी बहुत कुछ है। मैं जानता हूँ इस विवेचना से हिन्दू-मुसलमान दोनों नाराज हैं। यद्यपि दोनों की नाराजगी के आधार अलग-अलग हैं। मैंने तमाम देशों का उद्धरण देते हुए कहा है कि परस्पर विरोधी राष्ट्रीयता के लोग भी एक देश में रहते हैं और ऐसी ही सलाह मैंने दोनों पक्षों को दी है।"

26 मार्च, 1940 को लाहौर में मुस्लिम लीग ने निम्न प्रस्ताव पास किया, उसका सार है "गवर्नमेंट आफ इण्डिया 1935 में वर्णित संघीय व्यवस्था पूरी तरह अनुपयुक्त और अव्यावहारिक है।" अक्टूबर 1939 में ब्रिटिश सरकार की ओर से वायसराय ने घोषणा की है कि 1935 का अधिनियम तिभिन्न वर्गों, समूहों की राय से पुनर्विचार कर नये स्वरूप में होगा। इसलिए मुसलमान तब तक नये विधान को नहीं मानेंगे जब तक वह उनकी मर्जी के अनुसार नहीं बनेगा।

भौगोलिक दृष्टि से राज्यों का पुनर्निर्धारण और नयी सीमा रेखा बने। उत्तर, पश्चिम, पूर्वी संभाग जहाँ मुसलमान बहुसंख्या में हैं वहाँ स्वतंत्र राज्य जिसके निवासी सार्वभौम और स्वायत्तशासी हों, वहाँ अल्पसंख्यकों के धार्मिक, सांस्कृतिक, आर्थिक, राजनैतिक, प्रशासकीय अधिकारों के सुरक्षा की गारण्टी हो और भारत के जिन राज्यों में मुसलमान अल्पसंख्यक हैं वहाँ उन्हें भी ऐसी ही गारण्टी दी जाये।

लीग के सम्मेलन ने अपनी राष्ट्रीय समिति को अधिकृत किया कि वह प्रस्ताव की रोशनी में एक संविधान तैयार करे जिसमें दोनों घटकों की सुरक्षा, वैदेशिक मामले, संचार, कस्टम में पूरी शक्ति केन्द्रीय सत्ता की हो।

भाषावार राज्यों के बँटवारे

आजादी के बाद प्रशासनिक सुविधा को ध्यान में रखते हुए आजाद भारत के राज्यों की सीमाओं के पुनर्निर्धारण के लिए फजले अली, हृदयनाथ कुंजरू और के० एम० पणिक्कर का तीन सदस्यीय आयोग गठित हुआ। ब्रिटिश भारत में राज्यों की संख्या कम थी। देशी रियासतों की संख्या ज्यादा थी। पाकिस्तान बँटवारे के बाद सरदार पटेल के चातुर्य से देशी रियासतों का भारतीय संघ में विलीनीकरण हो गया। आजाद भारत का कानून जब पास हो रहा था तो देशी रियासतें भारतीय संघ अथवा पाकिस्तानी संघ में जाने के लिए स्वतंत्र थीं, जो अपवाद स्वरूप थीं, केवल तीन रियासतों को छोड़कर सभी रियासतों ने अपने को भारतीय संघ में विलीन कर दिया। उस समय आजाद भारत का मानचित्र नया हो गया और कुछ इलाके प्रशासन की दृष्टि से काफी बड़े हो गये इसलिए राज्यों की सीमा के पुनर्निर्धारण की आवश्यकता थी। इसके लिए 1953 में एक आयोग बना। इस आयोग की रिपोर्ट आने पर देश के विभिन्न हिस्सों में काफी झगड़े खड़े हुए। कमीशन ने राज्यों की सीमा निर्धारण का एक आधार रखा वहाँ उन क्षेत्रों में बोली जाने वाली भाषा का।

आजादी की लड़ाई के ही दौरान कांग्रेस पार्टी ने अपने संगठनात्मक कामकाज के लिए देश को विभिन्न हिस्सों में बाँटकर वहाँ अपने कामकाजी कार्यालय खोल रखे थे। वे इस प्रकार थे—

राज्य	भाषा	हेडक्वार्टर
अजमेर मारवाड़	हिन्दुस्तानी	अजमेर
आन्ध्र	तेलुगू	मद्रास
आसाम	आसामी	गोहाटी
बिहार	हिन्दुस्तानी	पटना
बंगाल	बंगाली	कलकत्ता
बॉम्बे सिटी	मराठी / गुजराती	बम्बई
दिल्ली	हिन्दुस्तानी	दिल्ली
गुजरात	गुजराती	अहमदाबाद
कर्नाटक	कन्नड़	धारवाड़
केरल	मलयालम	कालीकट
महाकौशल	हिन्दुस्तानी	जबलपुर
महाराष्ट्र	मराठी	पूना
नागपुर	मराठी	नागपुर

नार्थ वेस्ट फ्राण्टियर प्रोविन्स	पश्तो	पेशावर
पंजाब	पंजाबी	लाहौर
सिन्ध	सिन्धी	कराची
तमिलनाडु	तमिल	मद्रास
उ०प्र०	हिन्दुस्तानी	लखनऊ
उत्कल (उड़ीसा)	उड़िया	कटक
विदर्भबरार	मराठी	अकोला

ऐसा कहा जाता है कि कांग्रेस पार्टी ने अपने संगठनात्मक कामकाज को भाषावार ढंग से उक्त राज्यों में बाँट रखा था। आजाद भारत में जो पुनः राज्य सीमाओं का रेखांकन हुआ उसकी मूल कसौटी कांग्रेस का संगठनात्मक कामकाज का ढंग रहा। आजादी के बाद जब देशी रियासतों का भारतीय संघ में विलय हुआ तो संविधान सभा ने राज्यों को तीन हिस्सों में बाँट रखा था, जो निम्न प्रकार थे—

पार्ट—ए	पार्ट—बी	पार्ट—सी
आन्ध्र	हैदराबाद	अजमेर
आसाम	जम्मू एण्ड कश्मीर	भोपाल
बिहार	मध्यभारत	
बॉम्बे	मैसूर	दिल्ली
मध्य प्रदेश	पटियाला	हिमाचल
मद्रास	राजस्थान	कच्छ
उड़ीसा	सौराष्ट्र	मणिपुर
पंजाब	ट्रावनकोर कोचीन	त्रिपुरा
यूनाइटेड प्रोविन्स	विन्ध्य प्रदेश	

उपर्युक्त इन्हीं राज्यों के स्वरूप को आपस में विलीन कर आयोग ने निम्न प्रस्ताव दिया—

1. मद्रास	लगभग 3 करोड़ आबादी	तमिल भाषी
2. केरल	लगभग 1.36 करोड़	मलयालम भाषी
3. कर्नाटक	लगभग 1.90 करोड़	कन्नड़ भाषी
4. हैदराबाद	लगभग 1.13 करोड़	तेलुगू भाषी
5. आन्ध्र	लगभग 2.09 करोड़	तेलुगू भाषी
6. बॉम्बे	लगभग 4.02 करोड़	मिश्रित भाषा, मराठी, गुजराती, हिन्दी
7. विदर्भ	लगभग 0.76 करोड़	मराठी
8. मध्य प्रदेश	लगभग 2.61 करोड़	हिन्दी
9.राजस्थान	लगभग 1.60 करोड़	राजस्थानी

10. पंजाब	लगभग 1.72 करोड़	पंजाबी
11. उत्तर प्रदेश	लगभग 6.32 करोड़	हिन्दी भाषी
12. पश्चिम बंगाल	लगभग 2.65 करोड़	बंगाली भाषी
13. आसाम	लगभग 0.97 करोड़	आसामी
14. बिहार	लगभग 3.82 करोड़	हिन्दी
15. उड़ीसा	लगभग 1.46 करोड़	उड़िया
16. जे० एण्ड के०	लगभग 0.14 करोड़	कश्मीरी

किन्तु आयोग द्वारा प्रस्तावित उक्त पुनर्निर्धारण के खिलाफ कई राज्यों में भयंकर आन्दोलन हुए जिसके चलते केन्द्र सरकार को आयोग के सुझावों से अलग राज्यों के नेतृत्व से समझौते करने पड़े और आज के सभी राज्य उसी आयोग और उसकी रिपोर्ट से उपजे आन्दोलन की देन हैं।[1] उस समय डॉ० अम्बेदकर ने इमरसन जैसे महान् विचारक का उद्धरण देते हुए कहा कि स्थायीपन गदहेपन का लक्षण है और मैं अपने आपको गदहे की श्रेणी में नहीं रखना चाहता। कोई भी विचारवान पुरुष अपने आप को उन्हीं विचारों के साथ सदा सर्वदा के लिए चिपकाकर नहीं रख सकता जिन विचारों को कभी किन्हीं परिस्थितियों में व्यक्त किया हो। स्थायीपन से ज्यादा महत्त्व व्यक्ति में दायित्व बोध है। एक जिम्मेदार व्यक्ति को सीखी बात को अनसीखा करने की सलाहियत होनी चाहिए। जिम्मेदार व्यक्ति में अपने विचार पर पुनर्विचार करने तथा विचारों में बदलाव करने का साहस होना चाहिए। कभी विचार में अन्तिम चीज नहीं होती। इसलिए राज्यों का पुनर्गठन यद्यपि बहुत आवश्यक है लेकिन यह हुड़दंगी से हल नहीं किया जा सकता। उन्होंने कमीशन की रिपोर्ट को जहर से भरा हुआ बताया। उनका कहना था कि आयोग ने जो तजबीज पेश की है इसमें आकार पर ध्यान नहीं दिया गया है। वे दुनिया के संविधान से नसीहत लेने का सुझाव देते हुए कहते हैं कि जर्मनी, फ्रांस, इटली, इंग्लैण्ड, यूनाइटेड स्टेट्स आफ अमेरिका में एक राज्य और एक भाषा का सिद्धान्त चलता है। आस्ट्रिया आदि जो पुराने राज्य थे उनमें कई भाषाएँ चलती थीं, लेकिन वे अब समाप्त हो गये। एक भाषी राज्यों में स्थायित्व जरूर है। बहुभाषी राज्य अस्थिर हुआ करते हैं। एक भाषा-भाषी स्वाभाविक ढंग से अपने लोगों के साथ एक जैसा बर्ताव करता है। परभाषी के साथ स्वभावत: उसका व्यवहार बदल जाता है। लोकतंत्र तो द्वन्द्व के बिना चल नहीं सकता, लेकिन इसमें समरसता लाने के लिए एक राज्य के निवासियों में परस्पर अपनापन का भाव होना चाहिए। मिली-जुली आबादी वाले राज्यों में प्रशासन में पक्षपात नेतृत्व संघर्ष के लिए दाँवपेंच स्वाभाविक नियम है और लोकतंत्र के दोष भी हैं। बम्बई प्रान्त की मौजूदा मिश्रित आबादी लोकतंत्र की विफलता का एक दु:खद संकेत है। मुझे खेद है कि राज्य सीमा पुनर्निर्धारण आयोग ने इस बम्बई प्रांत को उसी रूप में रखने की अनुमति दी है जिसके आधार पर बहुभाषी राज्यों का प्रयोग चलाया जा सके। उनका तर्क है कि विगत 20 वर्षों से भी अधिक समय से गुजराती-महाराष्ट्री एक साथ रह रहे हैं। मद्रास का भी प्रयोग इसी तरह किया गया है। मेरी राय में ऐसा प्रयोग करने वाले बेवकूफ हैं।

---

1. डॉ० अम्बेदकर राइटिंग एण्ड स्पीचेज, वाल्यूम I, पृष्ठ 140।

डॉ० अम्बेदकर ने कहा, "एक भाषा एक राज्य ही सामाजिक अन्तर्विरोधों का एक मात्र निदान है। तमिल भाषी आन्ध्र से, हैदराबादी तेलुगू से, मराठी गुजराती से और गुजराती मराठी से घृणा क्यों करते हैं। उन्हें एक सामूहिक सर्किल में रहने के लिए मजबूर किया जा रहा है। जब तक सरकारी दबाव में सामूहिक रिहायश की मजबूरी रहेगी इन परस्पर विरोधी तत्वों में कभी समरसता नहीं आयेगी।"

उनके अनुसार जो लोग भी कनाडा, स्विटजरलैण्ड, साउथ अफ्रीका का उदाहरण देते हैं कि वहाँ बहुभाषी राज्य जिन्दा हैं उन्हें यह तथ्य नहीं भूलना चाहिए कि अभी यह राज्य पुराने नहीं हैं। कुबैत का कनाडा से अलग होने का विवाद अभी जिन्दा है। (जिन लोगों को, पता होगा वे जानते हैं कि कुबैत ने कनाडा से अलग होने के लिए वर्ष 1995 में जनमत संग्रह कराया। इसमें 49 प्रतिशत लोगों ने अलग होने के पक्ष में वोट दिया।) उनका कहना है कि कनाडा की फेडरल सरकार उनकी भाषा फ्रेंच के साथ पक्षपात करती है। पाकिस्तान के बँटवारा के पीछे भी भाषा मुख्य प्रश्न था। अम्बेदकर ने इस बात की चुटकी ली कि पूरे देश को कांग्रेस ने एकता के सूत्र में बाँध रखा है। तो उनके शब्दों में कांग्रेस का अर्थ जवाहरलाल नेहरू और नेहरू का अर्थ कांग्रेस था तो क्या नेहरू अमर हैं? अम्बेदकर ने भविष्यवाणी की कि यह झगड़े अगले चुनाव अर्थात् 1957 के चुनाव से पहले ही खड़े होंगे और बॉम्बे जैसे राज्य में तो गृहयुद्ध होगा। इसलिए मेरी राय है कि राज्यों का भाषाई आधार पर शीघ्र बँटवारा कर दें तभी लोकतंत्र और सामाजिक सांस्कृतिक एकता कायम की जा सकती है।

कोई भी राज्य अपनी स्वयं की राष्ट्रीयता के साथ एक भाषा के ही आधार पर जो वहाँ की क्षेत्रीय और राजकीय भाषा भी हो, आसानी से तरक्की कर सकता है। किसी भी राज्य की अस्मिता और स्वतंत्र अस्मिता की राह में बहुत बारीक अन्तर है।[1] इस दीवार को पाटा नहीं गया तो भारत आधुनिक देश बनने से वंचित हो जायेगा। हम लोग मध्यकालीन भारत के युग में प्रवेश कर जायेंगे। जैसे उस युग के राज्य परस्पर प्रतिद्वन्द्विता और संघर्ष में उलझे रहते थे।

भाषावार राज्यों की भी अपनी स्वाभाविक कठिनाइयाँ हैं और भाषायी राज्यों को न रखना भी खतरनाक है, किन्तु दूसरे में खतरे की सम्भावनाएँ ज्यादा हैं और उनके ऊपर काबू पाना एक असम्भव काम है। इस खतरे से बचने का एक ही उपाय है कि राज्यों के भीतर राजकाज की भाषा क्षेत्रीय भाषाएँ न हों। वहाँ भी हिन्दी ही राजकाज की भाषा हो। जब तक हिन्दी को वहाँ कामकाज के लिए बना पाना कठिन हो तो अन्तरिम काल के लिए अंग्रेजी को राजकाज की भाषा बनाया जाये। वे प्रश्न करते हैं कि क्या भारतीय उनके इस फार्मूले को स्वीकार कर लेंगे? ऐसा न करने पर भाषावार राज्यों का बँटवारा भविष्य के लिए कठिनाइयाँ पैदा करेगा।

लोगों की एकता के लिए एक भाषा का होना जरूरी है। दो भाषाएँ आपसी बँटवारा करती हैं। किसी भी देश की संस्कृति भाषा से ही सुरक्षित रहती है। यदि भारत देश को एकता सूत्र में बाँधे रखना है और मिलीजुली संस्कृति का निर्माण करना है तो सभी को हिन्दी भाषा स्वीकार करनी होगी। जो इस फार्मूले को नहीं स्वीकार करता है वह भारतीय नहीं हो सकता वह मराठी, गुजराती तमिल हो सकता है। केवल भौगोलिक नजरिये से वह भारतीय हो सकता है, किन्तु वास्तविक दृष्टि से वह भारतीय नहीं है। यदि मेरा सुझाव मान्य नहीं होगा तो भारत, भारत नहीं रहेगा। यह विभिन्न राष्ट्रीयता का फण्ड रहेगा जो अपने स्वार्थों के लिए

---

1. डॉ० अम्बेदकर राइटिंग एण्ड स्पीचेज, वाल्यूम I, पृष्ठ 147।

एक दूसरे के विरुद्ध संघर्षरत रहेंगे।

मैंने पाकिस्तान की वकालत केवल इसलिए की थी क्योंकि इसके बिना हिन्दू स्वतंत्र तो होते, लेकिन आजाद नहीं होते। सभी राज्यों में जहाँ हिन्दू बहुलता रहती वहाँ मुसलमान गुलाम रहते और जहाँ मुस्लिम बहुलता रहती वहाँ के हिन्दू गुलाम रहते। यहाँ एक देश की सरकार रहती, लेकिन अन्दर से दो राष्ट्रीयता रहती। इन दोनों राष्ट्रीयता में से निःसन्देह मुसलमान राजकीय ताकत होते। हिन्दू महासभा और भारतीय जनसंघ कभी ताकतवर हालत में नहीं हो सकते थे। जब बँटवारा हुआ तो इसीलिए मैंने ईश्वर को धन्यवाद दिया और उनसे प्रार्थना की कि अवशेष भारत अब और समृद्धशाली हो। लेकिन मुझे अब फिर लगता है कि दुर्भाग्य भारत को घेर रहा है जो लोग भाषावार राज्य की वकालत कर रहे हैं वे क्षेत्रीय भाषाओं को भी अपनायेंगे और यही संयुक्त भारत के मृत्यु की घण्टी होगी। हम अन्तिम तौर पर और प्रथम रूप में भारतीय हैं यह भाव मर जायेगा और भारत पूर्व की भाँति अन्दर से विभक्त रहेगा।

राज्यों के पुनर्निर्धारण से दक्षिणी राज्य छोटे और उत्तर के राज्य बड़े राज्यों के वर्चस्व के खिलाफ बगावत होगी। हिन्दी उत्तरी भारत की भाषा बन कर रह जायेगी और इससे चिढ़ पैदा होगी। उन्होंने संविधान सभा के अनुभव के आधार पर कहा कि सबसे बड़ा विवाद भाषा के ही सवाल पर हुआ। पूरा सदन और पूरी कांग्रेस पार्टी विभाजित थी। धारा 115 पर मत विभाजन हुआ। 78 वोट हिन्दी के पक्ष में और इतने ही वोट हिन्दी के विरोध में आये। बराबरी के कारण राष्ट्रभाषा का निर्णय नहीं हो सका। मुझे ड्राफ्टिंग कमेटी का अध्यक्ष होने के नाते कांग्रेस पार्टी की बैठकों पर-दृष्टि रखनी होती थी। सदन के भीतर इसका निर्णय नहीं हो सका तो पार्टी के भीतर विचारार्थ यह प्रकरण आया। वहाँ भी लम्बी बहस हुई। वहाँ भी वोट हुआ और 77 और 78 वोट आये। इस तरह एक वोट के बहुमत से हिन्दी जीत सकी।

उन्होंने प्रश्न किया कि जवाहरलाल के प्रधानमंत्री होने पर बनारस के पण्डितों ने विशेष यज्ञ किया और राजदण्ड लेकर जवाहरलाल को दिया। अभी राष्ट्रपति बनारस में जाकर ब्राह्मणों का चरण स्पर्श किये, गंगाजल लेकर उनके पाँव पखारे। उत्तर भारत में सती प्रथा आज भी विद्यमान है। छुआछूत भारी पैमाने पर है क्या इन कुरीतियों के खिलाफ कभी बगावत होगी। उत्तर के लोग तो इन कुरीतियों के खिलाफ नहीं बोलेंगे लेकिन दक्षिण में इसके खिलाफ बगावत होगी।

मद्रास के नेता थे चक्रवर्ती राजगोपालाचारी। जिन दिनों मैं भारत का कानून मंत्री और संविधान ड्राफ्टिंग कमेटी का अध्यक्ष था उन्हीं दिनों वे मद्रास के गवर्नर थे। उनसे कई बार मेरी भेंट हुई। उन्होंने मुझे बार-बार चेताया कि संविधान बनाने में आप एक काफी गलती कर रहे हो।

एक ही संघ होने से देश भर में उत्तर वाले हिन्दी भाषी राज्यों का पूरे देश पर वर्चस्व हो जायेगा, दक्षिणी राज्यों में गुलामी रहेगी। इसलिए भारतीय संघ को दो हिस्सों में होना चाहिए। एक हिन्दी भाषी उत्तरी राज्यों का संघ और दूसरा दक्षिणी भाषी राज्यों का अलग संघ। इन दोनों संघों को मिलाकर एक महासंघ बनना चाहिए। किन्तु मैं व्यक्तिगत रूप से सम्पूर्ण भारत की एकता का पक्षधर था और उनकी राय का घोर विरोधी था। यह विचार एक घनघोर कांग्रेसी के अन्तर्मन से निकला हुआ विचार था। मुझे ऐसा लगता है कि राजाजी एक भविष्यवक्ता थे जो भारत का विभाजन उत्तर और दक्षिण के बीच में देख रहे थे। हम लोगों को

पूरी ताकत लगाकर राजाजी की भविष्यवाणी को गलत सिद्ध करने की कोशिश करनी चाहिए। अमेरिकी इतिहास साक्षी है कि उसका भी गृह युद्ध दक्षिण और उत्तर हुआ था। कमीशन को समझ नहीं थी कि उत्तर और दक्षिण के बीच केवल भाषायी विवाद नहीं अपितु राजनैतिक विवाद भी है। इसलिए एक योग्य राज पुरुष की तरह भारत के भवितव्यता को समझकर उसके परिकार के कदम अभी से उठाने होंगे।

डॉ० अम्बेदकर ने उत्तर प्रदेश को तीन हिस्सों[1] में बाँटने की बात करते हुए कहा कि अभी संसद में हुई बहस में गृहमन्त्री पं० पन्त ने भी कहा है कि उत्तर प्रदेश को बाँटकर उसे छोटा करने में उन्हें कोई आपत्ति नहीं है। उत्तर प्रदेश में मेरठ, कानपुर, इलाहाबाद को अलग-अलग राजधानी मानकर तीन हिस्से किए जायें। उसी तरह पटना और राँची को राजधानी बनाकर उसे दो हिस्सों में बाँटा जाये। मध्य प्रदेश के भी दो हिस्से हों और महाराष्ट्र एक अलग, बॉम्बे शहर राज्य अलग, पश्चिम महाराष्ट्र सेंट्रल और पूर्वी इनके अलग-अलग भेद हैं उस पर विचार किया जाये। मुगल सल्तनत के समय में भारत की दो राजधानी दिल्ली और श्रीनगर थी। अंग्रेजों ने भी दिल्ली की तरह शिमला को दूसरी राजधानी का दर्जा दिया था। दक्षिणी राज्यों से दिल्ली बहुत दूर है। यह रक्षात्मक दृष्टि से भी उपयुक्त नहीं है। इसलिए दूसरी राजधानी के तौर पर हैदराबाद को स्वीकार करने में क्या कठिनाई होनी चाहिए।

यदि हम डॉ० अम्बेदकर के भाषायी राज्यों के विचारों की पूरी समीक्षा करें तो समय और परिस्थिति ने उनकी बहुत सी स्थापनाओं को गलत सिद्ध कर दिया है। भाषायी आधार पर टकराव की स्थिति कम होती जा रही है। तमिलनाडु के कुछ जिलों को छोड़ दें तो पूरे दक्षिण भारत में हिन्दी के लिए वह दुराग्रह नहीं रह गया है जो उस समय था। अभी कर्नाटक की सरकार ने अपने राज्य में गैर कन्नड़ फिल्मों को मनोरंजन कर बढ़ाकर उसे महँगा कर दिया है, लेकिन वहाँ के युवक-युवती इस व्यवस्था के खिलाफ लड़ रहे हैं। वे हिन्दी फिल्मों के पक्ष में हैं। राजनैतिक स्तर पर भी उत्तरी भारत का वह वर्चस्व नहीं रहा जो उस समय माना जाता था। राजगोपालाचारी की आशंका भी गलत सिद्ध हो रही है। दो-दो प्रधानमंत्री दक्षिण भारत से हो गये और उत्तर भारत के जनमानस में कोई उनके प्रति दुर्भाव इस आधार पर नहीं पैदा हुआ कि वे दक्षिण भारतीय हैं। भाषावार राज्यों के प्रश्न पर उनके विचारों पर पूरी तरह एकरूपता नहीं है। वे कभी बम्बई को महाराष्ट्र में मिलाने के पक्ष में थे और कभी उसे अलग कर स्वतंत्र राज्य बनाने के पक्ष में थे। अन्य राज्यों के भी पक्ष में उनके तर्क समीचीन नहीं लगते जैसे उत्तर प्रदेश के सम्बन्ध में तीन राजधानी बनाकर इसका बँटवारा करना, फिर भी उनकी राय को आलेख में प्रस्तुत करना मेरा कर्त्तव्य था जिसे मैंने किया है। ■

---

1. डॉ० अम्बेदकर राइटिंग एण्ड स्पीचेज, वाल्यूम I, पृष्ठ 171।

अम्बेदकर की दृष्टि में : हिन्दुत्व

हिन्दू धर्म दर्शन का डॉ० भीमराव अम्बेदकर ने गहन अध्ययन किया। तमाम तात्विक विषयों पर गम्भीर चिन्तन के बाद अपनी विवेचना प्रस्तुत की। हिन्दुत्व दर्शन पर सम्भवतः उनका सम्पूर्ण आलेख उपलब्ध नहीं हो सका, किन्तु जितनी भी उपलब्ध सामग्री है, वह उनके समालोचक गहन दृष्टि को झलकाने के लिए पर्याप्त है।

धर्म की निश्चित व्याख्याओं की विवेचना के बाद उनका मत है कि[1] धर्म शब्द का एक शब्द में अर्थ नहीं किया जा सकता। धर्म Theology शब्द से मिलता-जुलता है, लेकिन Theology की भी अपने-अपने कार्यों के हिसाब से व्याख्या है। वे एक शब्द में Natural Theology कहते हैं, जिसका अर्थ ईश्वर अथवा सर्वशक्तिमान है। इस सिद्धान्त के अनुसार (1) ईश्वर की सत्ता अस्तित्व में है और वही प्रकृति अथवा ब्रह्माण्ड का जन्मदाता अथवा संचालक है, (2) प्रकृति की प्रत्येक गतिविधि को ईश्वर ही नियंत्रित करता है, (3) ईश्वर अपने सार्वजनीन नैतिक सिद्धान्तों द्वारा ही सदा सर्वदा सम्पूर्ण मानव मात्र पर राज्य करता है। उनकी मान्यता है कि धर्म एक ऐसी परिवर्तनीय शक्ति है, जिसके माध्यम से मनुष्य को सामाजिक रस्सियों में बाँध कर नैतिकता के सहारे जीवन जीने की राह दिखाई जाती है। यह एक आदर्श व्यवस्था है, जिसके अनुसार प्राणि मात्र का जीवन मर्यादित किया जाता है।

धर्म में कुछ आवश्यक अवयव हैं, जिन्हें उसके अनावश्यक अवयवों से अलग कर पाना एक कठिन काम है। सकारात्मक धर्म के अवयव अनादि धर्मों से प्रस्फुटित नहीं होते हैं। बीच-बीच में धर्मों के उदय के साथ कुछ खामोश तरीके से असंगत बातें भी उभरती हैं, जिन्हें धर्मों से अलग नहीं किया जा सकता है, इसलिए धर्मों की शुचिता के लिए समय-समय पर प्रख्यात धर्मपुरुष पैदा होते हैं, जिनके उपदेशों को ग्रहण कर धर्म की शुद्धता पुनः प्रवाहित होती रहती है। धर्म समाज की एक ऐसी प्रवाहमान धारा है, जिसमें खामोश तरीके से गन्दी और प्रयास के द्वारा अच्छी बातों का निरन्तर प्रवेश होता रहता है, सशक्त धर्म की तीव्र धाराएँ स्वतः गन्दगी को साफ करती रहती हैं। हिन्दुत्व भी जूडाइज्म, ईसाई और इस्लाम की ही तरह एक सकारात्मक धर्म है। यह अलिखित संविधान जैसा नहीं है। सर्वसत्ता संचालन की हिन्दू व्यवस्था लिखित रूप में है, जो मनुस्मृति आदि धर्म ग्रन्थों में देखी जा सकती है और जिसके माध्यम से सामाजिक जीवन संस्कार आदि संचालित होते हैं, इसे हिन्दुओं का बाइबिल कहा जाये तो अतिशयोक्ति न होगी।

वे धर्म के इतिहास को इंगित करते हुए कहते हैं कि एक जमाना था, जब धर्म ने सब कुछ आत्मसात कर लिया था। मानव ज्ञान का सम्पूर्ण क्षेत्र चाहे Astronomy हो या ब्रह्माण्ड का सिद्धान्त, सूर्य, चन्द्र, ग्रह आदि सभी धर्म के विषय थे। वनस्पति शास्त्र से लेक . जीव विज्ञान तक में धर्म की ही छाया मँडराती रहती थी। मानवीय विकार अथवा रोग ईश्वरी कोप

---

1. डॉ० अम्बेदकर राइटिंग एण्ड स्पीचेज, वाल्यूम 3, पृष्ठ 6।

दृष्टि से होता है, जिससे मुक्त होने के लिए तीर्थ यात्राएँ अथवा पवित्र जलों से स्नान और भूत-प्रेत से मुक्ति हेतु आराधना के नियम तक में धर्म प्रवेश कर गया था, किन्तु समय-समय पर चिन्तकों ने मसलन डार्विन के विकासवादी सिद्धान्त और कोपरनिकन क्रान्ति आदि ने धर्म के सार्वजनीन शक्ति को धूल धूसरित किया। विज्ञान ने अपने 400 वर्षों के संघर्ष से धर्म की व्यापक सत्ता को काफी हद तक कमजोर किया।

धार्मिक क्षेत्र में क्रान्ति ने मानव सभ्यता को बहुत से आशीर्वाद दिये। इसने विचारों की आजादी को जन्म दिया। इसने मनुष्य को अन्धविश्वासों पर विजय प्राप्त स्वयं चेता बनाने की कोशिश की। मानव ने इस व्यावहारिक क्रान्ति के जरिये अपनी निर्विघ्न यात्रा और स्वतंत्र चिन्तन के भाव को जाग्रत किया। धार्मिक नर और नारी इस निष्कर्ष पर पहुँचे कि धार्मिक जीवन ने अनावश्यक रूप से उनके प्रगति मार्ग को रोक रखा था। इस क्रान्ति ने प्रकृति और पुरुष तथा मानव और ईश्वर के रिश्तों को बदल दिया। इससे मानव सभ्यता के नये आयाम खुले हैं, जिनका स्वागत किया जाना चाहिए। धर्म के ऊपरी रूप में यज्ञ और आयोजनों के प्रावधान को मानकर चलना पड़ता है। जन्म और मृत्यु भी जादू टोने का शिकार होकर रह जाती है। प्रथम बच्चे का जन्म, विवाह, बीमारी, मृत्यु, संघर्ष सब कुछ दैनिक जीवन में कार्य के मूल रूप गायब होकर टोटका और जादू टोना ही मूल हो जाते हैं। जादू, टोना, टोटका का धर्म से कुछ भी लेना-देना नहीं, लेकिन धर्म के नाम पर तर्कहीन समाज इन बातों को गठियाकर रखे रहता है।

समाज में बड़े लोगों के पूजा भाव से ही ईश्वर की धारणा ने जोर पकड़ा होगा। ईश्वर की विचारधारा धर्म के साथ संयुक्त विचारधारा नहीं है। धर्म के साथ ईश्वर को जोड़ने का विचार समाज में कब आया इसे कह पाना कठिन है, किन्तु धर्म के साथ नैतिकता का भाव शाश्वत है। सभ्य समाज में ईश्वर धर्म के आगे आता है और सभ्य समाज में नैतिकता को धार्मिक स्वीकृति प्राप्त होती है। इसे ही अम्बेदकर जी धर्म में क्रान्ति का नाम देते हैं। इस तरह, धर्म के इतिहास की विवेचना करते समय उनका निष्कर्ष है कि प्राचीन समाज में मनुष्य और ईश्वर दोनों ने मिलकर धार्मिक, राजनैतिक और सामाजिक इकाई का गठन किया। ईश्वर और भक्तों ने मिलकर धर्म की सत्ता स्थापित की। आधुनिक समाज ने ईश्वर की सत्ता को हटाकर अपनी ही सत्ता स्थापित कर ली। प्राचीन समाज में ईश्वर को पिता का दर्जा प्राप्त था। आधुनिक समाज ने दैवी पितृ सत्ता को अस्वीकार कर प्राकृतिक पितृ सत्ता को अंगीकार कर लिया है।

उनकी मान्यता है कि प्राचीनतम विश्व में राष्ट्र का बदलाव बिना धर्म परिवर्तन के साथ सम्भव नहीं था। अर्थात् प्राचीन राष्ट्रवाद की कल्पना धर्म आधारित थी। सभी धर्म अपनी-अपनी राष्ट्रीयता के घेरे में कैद थे। प्राचीन मनुष्य को धर्म परिवर्तन और राष्ट्रीय परिवर्तन साथ-साथ चलने वाली प्रक्रिया थी, किन्तु आधुनिक समाज में ऐसा सम्भव नहीं है। राष्ट्र और धर्म एक दूसरे से अलग निकल कर स्वतन्त्र अस्तित्व कायम कर लिये हैं और इसलिए आधुनिक मनुष्य के लिए धर्म निजी आस्था की विषयवस्तु है, इसका राष्ट्रीयता से कुछ भी लेना-देना नहीं है। धर्म में मानवीय, ईश्वरीय सम्बन्धों, संस्कारों, धर्म के बाह्य स्वरूपों में इतिहास के प्रवाह में मूलभूत परिवर्तनों की डॉ० अम्बेदकर ने गम्भीर विवेचना की है, जो उनके गहन चिन्तन का परिचायक है।

धर्म की विवेचना करने के साथ उन्होंने धर्म की पड़ताल की और उनकी मान्यता थी कि हिन्दू दिमाग अपने धर्म की समीक्षा करने से कतराता है। वह हर पड़ताल के समय उ : देगा

कि सभी धर्म अच्छे हैं या धर्म के लिए कोई महत्त्वपूर्ण बात कहने से भागेगा, किन्तु हिन्दू जीवन दर्शन में हर क्रिया धर्म से संचालित है। जीवन से मृत्यु तक संस्कारों से वांछित जीवनशैली में धार्मिक क्रियाएँ फँसी हुई हैं। धर्म एक सामाजिक शक्ति भी है, जो लोग धर्म की महत्ता से इनकार करते हैं, वे नहीं समझते कि धर्म की ताकत व सत्ता काफी गहरी है। सम्पूर्ण मानव मात्र पर अधार्मिक सत्ता के प्रभाव से धर्म सत्ता विशेष प्रभावी है। धर्म की सत्ता की अनदेखी करना जीवन रेखा को नकारना है। उन्होंने सभी धर्म अच्छे हैं, ऐसे विचार की धज्जियाँ उड़ाईं और कहा कि धर्म बहुत समाज को ऊँचा भी उठाता है और बहुत समाज के पतन के कारणों में धर्म एक मूलमन्त्र है। इसलिए हिन्दुओं को अपने धर्म की समीक्षा करने से नहीं कतराना चाहिए।

उन्होंने न्याय की तीन धाराओं—स्वतन्त्रता, समानता और मातृत्व के सिद्धान्त की कसौटी पर हिन्दुत्व को कसने की कोशिश की। उनका निष्कर्ष था कि जाति व्यवस्था के चलते हिन्दू धर्म से समानता का सिद्धान्त विलीन हो गया। वर्ण व्यवस्था जननी है। जातियाँ उसी से पैदा हुई हैं। वे मनु को जाति व्यवस्था का आविष्कारक नहीं मानते, बल्कि वे उसे संहिताबद्ध करने वालों में से हैं। ब्राह्मण, क्षत्रिय, वैश्य और शूद्र तथा उसमें अति शूद्र का श्रेणीकरण समता के सिद्धान्त का निषेध है। यह राज दरबार में इकट्ठा प्रजाजन का तात्कालिक वर्ग विभाजन नहीं है अपितु समाज व्यवस्था का स्थायी गठन का सिद्धान्त है। मनु ने असमता को स्थायी सिद्धान्त बना दिया। मनु गुलामी की व्यवस्था को अंगीकार करते हैं, लेकिन यह गुलामी केवल शूद्रों तक स्थायी रूप से सीमित रहे। उच्च जाति के लोग शूद्रों के गुलाम नहीं हो सकते। चूँकि उन्हें प्रारम्भिक जीवन में जाति आधारित जुर्मों को खुद भुगतना पड़ा था, इसलिए जातिगत उत्पीड़न की तह में जाने की उन्होंने कोशिश की। उनकी मान्यता थी कि मनु अन्तर्जातीय विवाहों के खिलाफ थे, लेकिन किन्हीं परिस्थितियों में अन्तर्जातीय विवाह सम्भव थे, तो ब्राह्मण अपने नीचे की सभी जातियाँ क्रमशः क्षत्रिय, वैश्य, शूद्र और अतिशूद्रों में विवाह का हकदार था। क्षत्रिय अपने नीचे शूद्र, वैश्य में अन्तर्जातीय विवाह कर सकता था। वैश्य शूद्र और अतिशूद्र में कर सकता था तथा शूद्र अतिशूद्र में लेकिन नीचे से ऊपर पहुँचने की कोशिश करने वाली जातियों को अन्तर्जातीय विवाहों पर पाबन्दी थी। इसी तरह की पाबन्दी ने जातियों को टूटने से रोका। यदि शूद्र भी किन्हीं परिस्थितियों में द्विज के साथ विवाह कर्म का अधिकारी होता अथवा उन्हें गुलाम बनाकर रखने का पात्र धर्मशास्त्रों के अनुसार होता, तो शायद जाति के बन्धन पहले ही हट गये होते।

कानून का शासन ही कानून के समक्ष समता के सिद्धान्त को[1] प्रतिपादित करता है। उन्होंने मनुस्मृति के अनेक छन्दों को उद्धृतकर इस बात को स्पष्ट करने की कोशिश की है। जुर्म के अनुसार दण्ड की प्रथा नहीं थी। जाति के अनुसार दण्ड का प्रावधान बदल जाता है। यदि अपराधी उच्च कुल का है और घोर अपराधी है, तो उसको सामान्य सजा दी जायेगी, लेकिन अपराधी शूद्र कुल का है, तो घोर दण्ड का भागी होगा। उन्होंने इस आधार पर हिन्दू धर्म के प्रति आक्रोश और उत्तेजना के वशीभूत होकर उसके विरुद्ध बगावत का आवाहन किया।

---

1. डॉ० अम्बेदकर राइटिंग एण्ड स्पीचेज, वाल्यूम 3, पृष्ठ–28–29।

संस्कार और आश्रम की व्यवस्था के भी वे कटु आलोचक थे।[1] उनका कहना था कि मनु ने आश्रम व्यवस्था में शूद्रों को इससे वंचित रखा था। संस्कार और आश्रम व्यवस्था हिन्दू धर्म में भेद-भाव उत्पन्न करने वाली है और इस आलोचना का उनका आधार मनुस्मृति में वर्णित स्थापनाएँ हैं। मनु कहते हैं, ''संन्यास ईश्वर तक पहुँचने का मार्ग है, जो केवल उच्च जातियों का विशेषाधिकार है। संस्कार और संन्यास का रास्ता शूद्रों के लिए नहीं खुला है। वे विषम समाज के संस्थापक थे। यदि हम ईश्वर की निगाह में एक हैं, तो धरती पर हम अनेक क्यों हैं? यह अम्बेदकर का यक्ष प्रश्न है। इस हिन्दू दर्शन के मूल में ही सामाजिक और धार्मिक अनेकता छिपी हुई है। मनुष्य को पाप से मुक्त होने से रोकना मनुष्य को ईश्वर के नजदीक होने से रोकना, इस तरह मनु ने मनुष्य के सम्पूर्ण व्यक्तित्व के विस्तार को रोका। उनके अनुसार ब्राह्मण का[2] नामकरण संस्कार करते समय उसमें प्रसन्नता सूचक गुण हों। क्षत्रिय का नामकरण करते समय रक्षात्मक विवेक हो, वैश्य का धनधान्य सम्पन्नता सूचक और शूद्र के नामकरण दासत्व को बोध करने वाला हो। वेदों में भी जो वर्णाश्रम की व्यवस्था की गई, उसके अनुसार ब्राह्मण को वेद पढ़ना और पढ़ाना, क्षत्रिय को वेद पाठन को संरक्षण देना, वैश्य भी वेद पढ़ सकता है। द्विज को शूद्र की उपस्थिति में कभी वेद पाठ नहीं करना चाहिए। स्त्री को तो वेद पाठ से कोई दूर-दूर का वास्ता नहीं रखना चाहिए। वे गौतम को उद्धृत करते हुए कहते हैं कि यदि शूद्र जान-बूझकर वेद सुनने की गलती करता है, तो उसके कानों में राँगा लावा डाल देना चाहिए। वेद पढ़ता है, तो उसका कण्ठ काट लेना चाहिए। यदि उसने वेदों पर विद्वता प्राप्त कर ली है, तो उसके शरीर के टुकड़े कर देने चाहिए। इस तरह कात्यायन ऋषि के सूत्रों को उद्धृत कर उन्होंने कहा कि हिन्दू धर्म समता का शत्रु है। उन्होंने विस्तार से विश्वामित्र और वशिष्ठ की जंग, राजर्षि से ब्रह्मर्षि होने की कथा का उल्लेख किया है। विष्णु पुराण में राजा निमि और ब्राह्मणों के संघर्ष के कथानक का उल्लेख किया है तथा जमदग्नि पुत्र परशुराम द्वारा क्षत्रियों के विरुद्ध किये गये संघर्षों का विशेष उल्लेख कर उन्होंने निष्कर्ष निकालने की कोशिश की है कि यह सभी वर्ण संघर्षों का अन्तहीन सिलसिला है। इस तरह हिन्दुत्व[3] न तो सामाजिक यथार्थ की कसौटी पर सही उतरता है और न तो व्यक्ति को निजी स्तर पर न्याय देने वाला है।

मनुस्मृति के अनुसार ब्राह्मण ही विश्व का जन्मदाता है। यह संहारक और शिक्षक है, इसलिए उसे किसी भी मनुष्य को कटु वचन अथवा अपमानकारक बात नहीं कहनी चाहिए। शूद्र को चाहिए कि ब्राह्मण की सेवा करें, जो ब्राह्मण का सेवक होगा, उसे ही दूसरे जन्म में भी अच्छी गति प्राप्त होगी। ब्राह्मण की सेवा शूद्र का सबसे सुन्दर व्यवसाय है। इसके अतिरिक्त कोई व्यवसाय वह करेगा, उसे इच्छित फल नहीं मिलेगा। यदि शूद्र धन संग्रह में सक्षम हो, तो भी उसे नहीं करना चाहिए। जो शूद्र धन संग्रह कर लेता है, वह ब्राह्मण को पीड़ित करता है। इन बातों से अम्बेदकर की निश्चित राय बनी कि हिन्दू धर्म दर्शन केवल उच्चवर्गीय नैतिक जीवन दर्शन है। उनके अनुसार नीत्से का धर्म दर्शन ही हिन्दू धर्म की बराबरी कर सकता है। दर्शन रूप में ही यहाँ से भाईचारा का सिद्धान्त समाप्त है। हिटलर और नाजी लोगों

---

1. डॉ० अम्बेदकर राइटिंग एण्ड स्पीचेज, वाल्यूम 3, पृष्ठ 34-35।
2. वही, पृष्ठ 48-49।
3. वही, पृष्ठ 74।

ने नीत्से से ही अपने विचार लिये थे और उनका कहना था कि हिटलर की विचारधारा का जन्म नीत्से के विचारों से हुआ। डाक्टर साहब हिन्दुत्व के विचारों की तुलना नाजी राजनैतिक विचारधारा से करने लगे थे।

उनके अनुसार हिन्दुत्व की नैतिकता विशुद्ध रूप से सामाजिक है।[1] नैतिकता का स्तर मूलत: परम्परागत और कष्टभरी है। इसमें निर्दोषता व नियत की पवित्रता नहीं है। हिन्दू एथिक्स, जो उच्चकुलीन लोगों की पूजा का नाम है। डॉक्टर साहब इस बात से सावधान थे कि उनके ऊपर आरोप लग सकता है कि हिन्दू धर्म दर्शन के बारे में उन्होंने अपनी राय बनाने में केवल स्मृतियों को ही आधार क्यों बनाया? उन्हें थोड़ा उपनिषदों की ओर भी दृष्टि दौड़ानी थी। इसमें आत्मा की समग्रता मनुष्य-मनुष्य में विभेद के खिलाफ, स्त्री के स्थान के बारे में कुछ उल्टी दृष्टि है, किन्तु डाक्टर साहब का मत है—उनका आग्रह था कि मैं धर्म के दर्शन की परीक्षा कर रहा हूँ। मैं हिन्दू दर्शन की समीक्षा नहीं कर रहा हूँ।[2] उपनिषद् हिन्दू दर्शन है और स्मृतियों में हिन्दू धर्म दर्शन की संहिताएँ हैं, जिन्होंने व्यावहारिक जीवन में अपना व्यापक असर और जिसके कारण हिन्दू समाज बुरी तरह वीभत्स हो गया। हिन्दुत्व के सामाजिक और राजनैतिक व्यवस्था पर उपनिषदों का रंचमात्र प्रभाव है। इनका नैतिक व सामाजिक मूल्यों पर कोई प्रभाव नहीं है। यह अति प्रभावहीन आत्मविभोर करने वाली स्थापनाएँ बनकर रह गयीं। वे कहते हैं 'मैक्समूलर के शब्दों में उपनिषद् का दर्शन अपने आपको जानो' इतने में ही रह कर सिमट आया और इसी अधूरी रचना के कारण हिन्दू समाज पर व्यापक प्रभाव न छोड़ सका। केवल सत्य को जानने से काम नहीं चलेगा। सत्य को प्यार करने का ढंग सीखना होगा। दर्शन Static है और धर्म Chynamic (प्रवहमान) दर्शन केवल सत्य से साक्षात्कार करता है, जबकि धर्म सत्य के साथ प्यार सिखाता है, किन्तु हिन्दुत्व ने इस परिभाषा को बिगाड़ दिया इसलिए मैं कहता हूँ 'हिन्दुत्व तुम्हारा नाम विषमता है' विषमता ही हिन्दुत्व की आत्मा है।

उन्होंने हिन्दुत्व के सामाजिक धारा के मूलतत्त्वों की जम कर आलोचना की। उनका बार-बार कहना था कि हिन्दू[3] सामाजिक धारा में व्यक्तिगत मेधा और व्यक्ति को न्याय के समक्ष समानता के अधिकार नहीं थे। वर्ण प्रधानता ने समूचे सामाजिक संगठन को छिन्न-भिन्न कर दिया है। सम्पूर्ण प्रतिभा की कसौटी वर्ण आधारित है। कोई व्यक्ति प्रतिष्ठा, यश और सभ्यता का इकरार केवल इसलिए है कि वह किसी वर्ण विशेष में पैदा है। कोई व्यक्ति कष्ट झेलने के लिए इसीलिए मजबूर है कि वह किसी नीच जाति में पैदा है, प्रतिभा और अकुशलता दोनों स्वाभाविक लक्षण नहीं, अपितु जन्मना आरोपित गुण अथवा दोष है। मनु ने वर्ण आधारित उपनयन संस्कार की व्यवस्था दी, यदि ब्राह्मण परिवार में कोई उत्पन्न है तो उसका उपनयन 8वें वर्ष में, क्षत्रिय का 11वें वर्ष में और वैश्य का 12वें वर्ष में करना चाहिए अर्थात् जो द्विज जातियाँ थीं उनमें भी विभेद की स्थिति है। उनके अनुसार तीनों द्विज जातियों में पोशाक, पहनावा, आभूषण आदि में भी भेद किया गया तथा उपनयन संस्कार की पद्धति और प्रक्रिया भी अलग-अलग निर्धारित की गयी। वेद का अध्ययन करने की तैयारी करने

---

1. **डॉ० अम्बेदकर राइटिंग एण्ड स्पीचेज, वाल्यूम 3, पृष्ठ 84।**
2. **वही, पृष्ठ 86।**
3. **वही, पृष्ठ 49।**

वाले ब्रह्मचारी को वर्णाधारित प्रक्रिया निर्धारित की गयी।

डॉ० अम्बेदकर आग्रह करते हैं कि शूद्र और अतिशूद्र तो उपनयन संस्कारों से प्रथमतः वंचित ही किये गये, किन्तु जिन्हें इन संस्कारों का अधिकार प्राप्त था, उनमें भी इस तरह के भेद करने के क्या कारण हैं? उनका उत्तर है कि यह हिन्दू मन-मस्तिष्क की उपज है, जो हर वर्ग में भेद उत्पन्न करने और सभी को एक-दूसरे से अलग करने के भाव से रचा गया था। अलगाव तथा स्वयं में ही महफूज़[1] रहने की तीव्र भावना का यह कलुषित रूप है। प्रारम्भ में तो यह वर्ण के नाम से केवल चार था, किन्तु अब गणना के अनुसार दो हजार से तीन हजार के बीच जातियाँ हैं। इस तरह विघटन के भाव ने सामाजिक एक्य जीवन को असंख्य कर दिया है। उन्होंने हिन्दू सामाजिक पद्धति की आलोचना करते हुए आगे कहा है कि चरणबद्ध विषमता इसके ढाँचे का बुनियादी आधार है। चारों वर्ण एक दिशा में एक धरातल पर नहीं हैं। यह खड़ी लकीर रूप में है। सर्वथा एक दूसरे से विषम।

उन्होंने मनुस्मृति, नारदस्मृति, याज्ञवल्क्य स्मृति आदि के उद्धरण देकर यह सिद्ध किया कि सामाजिक, आर्थिक, कृषि व्यापार, उद्यम सभी क्षेत्रों में यह गैर बराबरी आरोपित है और उसकी जड़ें केवल इसलिए गहरी होती गयीं कि उन्हें शास्त्र द्वारा प्रमाणित किया गया, इसलिए उनका निष्कर्ष था कि हिन्दू समाज व्यवस्था व्यक्ति नहीं वर्ण आधारित है। इसमें सभी वर्ग एक दूसरे के ऊपर लदे हुए हैं। इसमें वर्गों के कृत्य और स्तर निश्चित और फिक्स हैं। किसी तरह का परिवर्तन क्यों न हो? समाज में इंसानी[2] हैसियत जन्म द्वारा निर्धारित है, जो समाज में प्रथम श्रेणी का नागरिक पैदा हुआ वह अन्त तक प्रथम रहेगा, जो अन्तिम व्यक्ति के रूप में पैदा है, वह अन्तिम ही रहेगा। इंसानी नियति पूर्वनिर्धारित है,जो दूसरे किसी समाज में नहीं है।

उन्होंने पुनः मनुस्मृति को उद्धृत करते हुए कहा कि ब्राह्मण प्रजापति (ब्रह्मा) के मुख से पैदा हुआ, वह प्रथम अवतार है। इसलिए प्रथमतः वेद को अंगीकार करता है, इसलिए अधिकारिक रूप से इस सम्पूर्ण सृष्टि का वह मालिक है। ब्राह्मण ही सम्पूर्ण सृष्टि का नियन्ता है आदि-आदि। उन्होंने मनु के विचारों की तुलना नीत्से के विचारों[3] से किया, क्योंकि मनु के अनुसार ब्राह्मण सुपरमैन है और शूद्र साधारण प्राणी। नीत्से भी ईमानदारी के साथ मानव की नयी रेस स्थापित करने में विश्वास करता था, जो सुपरमैन की ही रेस हो। उनकी धारणा थी कि भारत के अनेक समाज सुधारक अपने अनन्तकाल के प्रयासों के बावजूद हिन्दुत्व के इस धरातल को तोड़ नहीं सके। उनके अनुसार यह मत अत्यन्त भ्रामक है कि अंग्रेजों के आगमन के साथ विश्व की सुन्दर हवा भारतीय समाज में प्रवेश कर गयी है। मनुस्मृति आदि की बातें अब पुराने योगपंथियों के विचार मानकर नये सभ्य समाज ने उनका तिरस्कार कर दिया है, वे ऐसे विचारों से सहमत नहीं थे। उनकी मान्यता थी कि हिन्दू सामाजिक बनावट हिन्दुओं का स्वभाव बन गयी है और इस धारा को वे अभी भी पूरी ताकत के साथ मान रहे हैं। डाक्टर साहब दृढ़तापूर्वक ऐसा मानकर चलते थे कि जातिगत उच्चता और नीचता स्थायी रूप से समाज में रच-बस गयी है और इसे खत्म कर पाना एक कठिन काम है, किन्तु जिस तरह का

---

1. डॉ० अम्बेदकर राइटिंग एण्ड स्पीचेज़, वाल्यूम 3, पृष्ठ 102।
2. वही, पृष्ठ115।
3. वही, पृष्ठ 123।

भारतीय संविधान उन्होंने बनाने में संविधान सभा का मार्ग दर्शन किया उसके विगत 45-46 वर्षों के काम करने के ढंग से जातियों के बन्धन ढीले पड़े हैं। यह भी दूसरी सच्चाई है।

समाज सुधारक और उनकी नियति

गौतम बुद्ध भारतीय समाज सुधारकों में सर्वश्रेष्ठ और प्रथम पुरुष थे। कोई भी समाज सुधार का इतिहास उन्हीं के नाम से शुरू होगा।[1] उनकी महान उपलब्धियों की उपेक्षा करके कोई सुधार आन्दोलन का इतिहास लिखा ही नहीं जा सकता। उन्होंने आर्य समाज पर गहरा प्रभाव छोड़ा। वे सभी के प्रिय थे। वे बहुतों के हित रक्षा हेतु पैदा हुए थे। बहुतों की खुशी विश्व की बाधाओं से मुक्ति का आसान मार्ग सीखना ही उनका धर्म था। उनके विचार देश की सीमा लाँघकर बाहर गये, क्योंकि उन विचारों में तेजस्विता थी। जब वे पैदा हुए, तो भारतीय समाज आध्यात्मिक, धार्मिक, सामाजिक पतन की ओर था। मद्यपान और जुआ खेलना प्रत्येक प्राणी का नियम सा बन गया था। विराट् नाम के राजा के दरबार के बगल में ही जुआघर था और समाज का प्रबुद्ध व्यक्ति वही माना जाता था, जो इस विद्या में निपुण हो। उनके दरबार में कंक नाम का व्यक्ति सिद्धहस्त जुआड़ी था। वह जुआ में सर्वस्व हारकर अपनी पत्नी दमयन्ती के साथ जंगल में जाकर रहने लगा और भिक्षाटन से जीवन यापन करने को मजबूर था। महाभारत के पाण्डवों के राजा भी जुआ में अपने भाइयों सहित अपनी पत्नी द्रौपदी तक को हार गये थे। जुआ के साथ ही मनुष्य की प्रतिष्ठा और धनशक्ति का माप होता था। इसी तरह मद्यपान भी एक हिस्सा था। ब्राह्मणों के लिए सोमरस का पान करने की अनुमति थी, जो बलिदानी शराब थी। सुरा केवल ब्राह्मण, क्षत्रिय, वैश्यों तक सीमित थी। शूद्रों के लिए इसका पान करना प्रतिबन्धित था। असुरों के देवता शुक्राचार्य एक बार इतना पी लिये कि जीवन दान देने वाला मन्त्र ही भूल गये। देवों द्वारा संग्राम में मारे गये असुरों को वह पुनर्जीवन दिया करते थे।

डॉ० अम्बेदकर के अनुसार आर्य स्त्रियों में सुरापान आम बात थी और इसी तरह वैवाहिक मामले भी विकट स्थिति में थे। उन्होंने हरिवंश पुराण और महाभारत आदि के उद्धरण देकर यह सिद्ध करने की कोशिश की है कि आर्य समाज में पुरुष स्त्री के अयोनि सम्बन्ध भी प्रचलित थे। उनके अनुसार योनि का अर्थ घर के भीतर और अयोनि का अर्थ घर के बाहर से था। ऋषिगण एक प्रकार का यज्ञ करते थे। उसमें यदि स्त्रियाँ पहुँचती थीं और यदि उनमें ऋषियों के साथ साहचर्य की इच्छा हो तो यज्ञ को साक्षी मानकर स्त्रियों के साथ साहचर्य की सामाजिक अनुमति थी। गौतम बुद्ध का सबसे बड़ा योगदान यही है कि आर्यों के इस कलुषित सामाजिक जीवन को शुद्ध किया। वे एक पवित्र निर्दोष जीवन जीकर दूसरे के लिए दृष्टान्त बनकर ऐसा ही जीवन जीने के लिए सभी को तैयार किया और इस तरह एक निर्मल सामाजिक जीवन की शुरुआत हुई। ब्रह्म जल सत्ता के आधार पर जीवन जीने की उन्होंने एक आचार संहिता बनायी और जीवन का एक नया दर्शन खड़ा किया। वे न केवल अपने जीवन को उसी आधार पर जीना चाहते थे, बल्कि समाज के नर-नारी को वैसे ही नैतिक जीवन जीने का आदेश दिया। उनके विचार केवल नकारात्मक और रचनात्मक थे। उन्होंने वेदों की सत्ता पर प्रहार किया। यज्ञ धर्म का माध्यम नहीं है। बुद्ध ने अपने विचारों से

---

1. डॉ० अम्बेदकर राइटिंग एण्ड स्पीचेज, वाल्यूम 3, पृष्ठ 167।

यज्ञों में होने वाले बलिदान पर घोर आक्रमण किया। उन्होंने जातिप्रथा पर मरणान्तक प्रहार किये। आज की तरह जाति प्रथा उन दिनों स्टेटिक नहीं थी। अन्तर्जातीय विवाह अन्तर्जातीय भोजों पर जैसी पाबन्दी नहीं थी, किन्तु विषमता, जातिवाद से ही पैदा हुआ और वह उन दिनों भी काफी रसा-बसा था, इस जातिगत विषमता पर गौतम बुद्ध ने करारा हमला किया। अम्बथ्य सूत्र में उन्होंने ब्राह्मणी सत्ता पर कारगर हमला किया।[1] उन्होंने जिन चीजों का प्रचार किया, उसे व्यवहार में भी उतारा। वे केवल ब्राह्मणों की सत्ता पर हमला ही नहीं करते थे, अपितु अपने छात्र संघ में तमाम शूद्र और अतिशूद्रों को भिक्षु रूप में ग्रहण किया और भिक्षुओं का बुद्ध धर्म में वही स्थान था, जो ब्राह्मणों का हिन्दू धर्म में था। उन्होंने शूद्रों का स्तर ऊँचा करने के साथ महिलाओं के भी स्तर को ऊँचा किया। संन्यास से ही मोक्ष की प्राप्ति होती है। महिला और शूद्र दोनों को संन्यास से रोक थी। उन्होंने भिक्षु की ही तरह स्त्रियों को भी भिक्षुणी का दर्जा देकर उनके लिए भी मोक्ष का मार्ग प्रशस्त किया। आर्य परम्परा में शिक्षण और शैक्षिक कार्य केवल ब्राह्मण, क्षत्रिय, वैश्य तक आरक्षित थे। तोडरीज डेविड्स के शब्दों में—''प्रत्येक व्यक्ति को शिक्षा की अनुमति होगी, प्रत्येक व्यक्ति यदि उसमें थोड़ी भी क्षमता है, तो अध्ययन के लिए स्वतन्त्र होगा। यदि वह अध्यापन करता है, तो सभी को शिक्षा दे, किसी को पीछे न ढकेले और किसी के लिए शिक्षा का द्वार न बन्द करे।'' यह उनके लोहिका सुत्त में लिपिबद्ध है।

डॉक्टर अम्बेदकर को इस बात से काफी पीड़ा थी कि बौद्ध धर्म जैसा जाग्रत धर्म जिसने भारतीय समाज को समता के धरातल पर लाने की कोशिश की वह आस-पास के देशों में तो जिन्दा है, लेकिन उसका प्रभाव भारत में कम हो गया। उनके अनुसार मुसलमानों के आक्रमण के साथ भारत में बुद्ध का प्रभाव जाता रहा। भारत आने से पूर्व वैक्ट्रिया, पार्थिया, अफगानिस्तान, गांधार, चीन, तुर्किस्तान सभी जगह बुद्ध धर्म था। वहाँ मुसलमानों ने इसे खत्म किया। इस्लाम धर्म के साथ ही बुत शब्द आया। वे बुत परस्ती के खिलाफ थे। जहाँ कहीं भी बुद्ध प्रतिमाएँ थीं पहले उन्होंने उसको नष्ट किया और वे विन्सेण्ट स्मिथ को उद्धृत करते हुए कहते हैं—''मुसलमानों के उग्र प्रहार से, जो अन्धविश्वासी हिन्दुओं के मुकाबले ज्यादा बर्बर था, भारत के अनेक राज्यों से बुद्ध धर्म का अवसान हो गया।'' किन्तु वे स्वयं प्रश्न करते हैं कि बुद्ध और ब्राह्मण धर्म दोनों पर ही मुसलमानों ने समान रूप से प्रहार किया, फिर केवल बौद्ध क्यों नष्ट हुआ और हिन्दू धर्म नहीं हुआ। उनके अनुसार जब मुस्लिम आक्रमणकारी आये, तो भारत में राज्यों की मदद हिन्दू धर्म को थी। बुद्ध धर्म पर मुसलमानों के ही साथ हिन्दू राजाओं ने भी वैसे ही सांघातिक प्रहार किये। इन दोनों के पौरोहित्य पर आक्रमण हुए, परिणामस्वरूप आत्मरक्षार्थ हिन्दू राजाओं के प्रहारों से बचाव हेतु अधिकांश बौद्ध मुसलमान हो गये।

भारतीय राज्यों में सिन्ध पर ही मुसलमानों का प्रथम आधिपत्य हुआ। संयोग से राजा वहाँ शूद्र था, किन्तु उसका मन्त्री, जिसके हाथ में सम्पूर्ण राजशक्ति थी, वह दाहिर नाम का ब्राह्मण था। उसने शूद्र राजा को हटाकर अपनी सत्ता कायम कर ली और 712 ईस्वी में इब्नेकासिम के आक्रमण के समय ब्राह्मण धर्म की आंशिक रक्षा की। ह्वेनसांग के अनुसार, पंजाब पर क्षत्रिय राजा का राज्य था जो बौद्ध था। 880 ईस्वी तक पंजाब पर इस वंश का राज्य

---

1. डॉ० अम्बेदकर राइटिंग एण्ड स्पीचेज, वाल्यूम 3, पृष्ठ 222।

था, किन्तु ब्राह्मण राजा लालिया ने बगावत करके क्षत्रिय बौद्ध राजा से पंजाब का राज्य छीन लिया और 880 से 1021 ईस्वी तक वहाँ का शासक बना रहा। डॉ० अम्बेदकर के अनुसार मुस्लिम आक्रमण के काल में लगभग 800 से 1000 ईस्वी तक बौद्ध क्षत्रिय राजाओं के हाथ से बंगाल से लेकर पंजाब राजस्थान तक राज सत्ता ब्राह्मण धर्मवादी राजाओं के हाथ में आ गई और इस तरह राजसत्ता के लिए ब्राह्मण मतावलम्बी क्षत्रिय राजाओं व मुस्लिम आक्रमणकारियों के बीच जंग तो हुई, किन्तु बौद्ध धर्म पर दोनों ने समान रूप से आक्रमण किया, बल्कि देशी हिन्दू धर्मावलम्बी राजाओं का प्रहार ज्यादा गम्भीर है जिसके कारण बड़ी संख्या में भारत की बौद्ध मतावलम्बी आबादी अपना धर्म त्यागकर इस्लाम धर्म को मानने वाली हो गयी।

राज्यों के भीतर भी बगावतें हुईं। सम्राट अशोक ने बौद्ध धर्म को राज्य धर्म घोषित कर दिया था। मौर्य साम्राज्य के विघटन के दिनों में पुष्यमित्र शुंग नाम के सेनापति ने बगावत की, शुंग गोत्र को लोग सामवेदी ब्राह्मण कहते थे। वे सोम और पशुबलि में विश्वास करते थे। पुष्यमित्र शुंग ने बौद्ध धर्म को राज्य धर्म से च्युत कर ब्राह्मण धर्म स्थापित करने का संकल्प किया। उसने राज्यारोहण के साथ ही अश्वमेध यज्ञ किया तथा वैदिक रीति-रिवाज प्रारम्भ किये, जिनका सर्वथा लोप हो गया था। उसने उस व्यक्ति को 100 स्वर्णमुद्राएँ देने की घोषणा की, जो एक बौद्ध भिक्षु का सर उतारकर उसके दरबार में प्रस्तुत करे। उसने मनुस्मृति को ही अपने राज्य में कानून की संहिता घोषित किया। उसके जमाने में घोषणा हुई कि ब्रह्मा ने स्वयं मनुस्मृति मनु को दिया है, इसलिए यह ब्रह्मा की दी हुई संहिता है और प्रत्येक जन पर लागू है। इस तरह पुष्यमित्र शुंग ने ब्राह्मणवादी व्यवस्था के विपरीत ब्राह्मण भी राजगद्दी पर बैठ सकता है इस सिद्धान्त को प्रतिपादित कर नये सिरे से भारतीय समाज में ब्राह्मणवादी हिन्दू धर्म पुनर्स्थापित किया।

■

गीता : अम्बेदकर की दृष्टि में

उन्होंने विभिन्न विद्वानों के विचारों की समीक्षा की। एक महापण्डित के अनुसार मोक्ष के तीन रास्तों की ओर गीता का सन्देश है। कर्म मार्ग, भक्ति मार्ग और ज्ञान मार्ग गीता के एक अध्याय से 6 तक में कर्म मार्ग का उपदेश है, जबकि 7 से 12 अध्याय तक में ज्ञान मार्ग और अन्त में 18वें अध्याय तक भक्ति मार्ग है। अम्बेदकर के अनुसार परम्परागत विचारकों--तिलक और शंकराचार्य में शंकराचार्य ने कहा—गीता केवल ज्ञान मार्ग का सन्देश देती है, जबकि तिलक ने इसे कर्म मार्ग का श्रेष्ठ सन्देशवाहक कहा। अम्बेदकर ने उक्त सभी विद्वानों की राय को अस्वीकार करते हुए कहा, "यह न तो कर्म की पुस्तक है और न ही दर्शन की कोई पुस्तक है। यह धर्म के कुछ सिद्धान्तों का दार्शनिक आधार पर बचाव करने का एक प्रयास है।"[1] इसमें युद्ध को न्यायोचित कहा गया है। जब अर्जुन युद्ध के द्वारा संहार करने के विरुद्ध हथियार डाल देते हैं, तो कृष्ण युद्ध और युद्ध में संहार की महिमा को दार्शनिक आधारों पर समझाते हैं। किसी तरह मनुष्य नश्वर और आत्मा अमर है। या तो उसे स्वाभाविक मृत्यु मिले अथवा वह हिंसा द्वारा मृत्यु का वरण करे। जीवन तो अवास्तविक है, इसलिए इसके लिए आँसू बहाना व्यर्थ है। आत्मा और शरीर को एक ही मानना भूल है। अनश्वर आत्मा को कोई समाप्त नहीं कर सकता, इसलिए इसकी समाप्ति हेतु दुःख अथवा पश्चाताप व्यर्थ है।

भगवद्गीता में चातुर्वर्ण्य को दार्शनिक वरदान दिया गया है। गीता के चौथे अध्याय के 13वें श्लोक का उद्धरण देकर वे कहते हैं कि जन्मना चातुर्वर्ण्य की स्थापना की गयी है और युक्ति के रूप में यज्ञों के विधान को भी स्थापित किया गया है। डॉक्टर अम्बेदकर के अनुसार गीता में बुद्धियोग कर्मयोग की आवश्यक शर्त है और इसी से स्थितिप्रज्ञ की दशा प्राप्त करने का साधन बताया गया है। वे कर्मकाण्ड को बलवान बनाने के विचार के भी खिलाफ हैं। फल की इच्छा के बिना कर्म करने के सिद्धान्त अर्थात् अनासक्त योग की भी निन्दा की। उसके अनुसार बहुतेरे विद्वान कर्मयोग को क्रिया तथा ज्ञान योग को विद्वता से जोड़ते हैं, जो उनके अनुसार गलत है। वे मानते हैं कि जैमिनी के कर्मकाण्ड को ही गीता ने कर्मयोग कह कर और बादरायण के ब्रह्मसूत्र में वर्णित यज्ञादि को ज्ञान योग बनाकर समस्त कर्मकाण्डों को दार्शनिक शब्दों से मजबूती प्रदान की गयी है। उन्होंने तिलक की इस बात के लिए आलोचना की कि उन्होंने होशियारी से जनता में इस विश्वास पर बल दिया कि गीता अपने आप में एक सम्पूर्ण ग्रन्थ है।

अम्बेदकर के अनुसार, बुद्ध धर्म का भारतवर्ष में इतना विस्तार हो चुका था कि ब्राह्मणों के अतिरिक्त सभी वर्गों ने इसे अपना धर्म स्वीकार कर लिया था। बौद्ध धर्म यज्ञादि के विरुद्ध जनता को जाग्रत कर चुका था। अहिंसा को परम धर्म के रूप मे मान्यता दे चुका था। समाज में स्त्रियों का महत्त्व बढ़ गया था। अन्ततः कर्मकाण्ड समाप्त हो रहे थे और चातुर्वर्ण्य के सभी बंधन कमजोर पड़ गये थे। ऐसे समय में गीता प्रतिक्रान्ति के रूप में समाज के समक्ष प्रस्तुत की

1. डॉ० अम्बेदकर राइटिंग एण्ड स्पीचेज, वाल्यूम 3, पृष्ठ 36।

गयी। यह एक प्रकार से ब्राह्मण धर्म को पुनर्स्थापित करने का प्रयास है। चातुर्वर्ण्य को सांख्य से मिलाकर इसे मान्यता दी गयी, यह कैसे सम्भव है? सांख्यों की गिनती केवल तीन में है, जबकि वर्ण चार हैं। यह इतिहास की सच्चाई है कि अगर ठीक समय पर गीता का प्रवेश न होता, तो इस देश की प्रतिक्रान्ति दब गई होती और ब्राह्मण धर्म का विनाश हो गया होता। वेदों और यज्ञों की महत्ता समाप्त हो गयी होती। गीता भी जैमिनी के पूर्व मीमांसा की तरह प्रतिक्रान्ति की सुरक्षा में आयी एक पुस्तक है। यह कर्मकाण्ड के सिद्धान्तों के खिलाफ लोगों को भड़काने अथवा विरोध करने के लिए उत्तेजित होने से रोकने का ग्रन्थ है। इसमें सभी को अपने वर्णों की सीमा में रहते हुए अपने कार्य करने की बात कही गयी है। पूर्व मीमांसा में शुद्ध और सामान्य कर्म की बात कही गयी है। जबकि गीता के अध्याय तीन में 9–18 श्लोकों में अनासक्त कर्म की बात कही गयी है।[1] उनके अनुसार, गीता में ब्रह्म निर्वाण की बात बौद्ध धर्म के निर्वाण के सिद्धान्त से ली गयी है। गीता में सच्चे भक्त की परिभाषा में कहा गया—जो मैत्री, करुणा, मुदिता, उपेक्षा भाव को सामान्य रूप में ग्रहण करता है वह भक्त है। उन्होंने बौद्ध धर्म ग्रन्थों से उद्धरण देकर इसे सिद्ध करने की कोशिश की है। गीता और कृष्ण के उपदेश के यह अंश बौद्ध धर्म दर्शन से लिये गये हैं।

उनका कहना है कि बुद्ध धर्म के बहुतेरे विचार गीता में भी हैं और उनके इस कथन को बालगंगाधर तिलक भी स्वीकार करते हैं, लेकिन तिलक के अनुसार—गीता महाभारत का ही एक अंग है और इन दोनों ग्रन्थों को महाकवि व्यास ने लिपिबद्ध किया, इसलिए तिलक शक काल से 300 वर्ष पूर्व इस पुस्तक का समय आँकते हैं अर्थात् 422 ईसा पूर्व के आस-पास। इसमें गीता कुछ पहले की रचना है। यद्यपि यह महाभारत की कथा का ही एक अंश है, लेकिन तिलक के अनुसार यह महाभारत से पूर्व ही लिपिबद्ध कर दिया गया था। तिलक सहित सभी विद्वानों के विचारों का खण्डन करते हुए गीता की तिथि के बारे में उनका विचार है कि यह ईशा के पूर्व का ग्रन्थ है और ब्राह्मणवाद ने अपने गिरते खण्डहरों की हिफाजत के लिए एक दार्शनिक ग्रन्थ प्रस्तुत कर दिया, जो बुद्ध धर्म के जवाब में था और भारत में धार्मिक प्रतिक्रान्ति को मजबूत करने के।

इस तरह डॉ० अम्बेदकर एक तत्त्वदर्शी विचारक के रूप में हमें दिखाई देते हैं। उन्होंने समस्त भारतीय धर्मशास्त्रों को और उन शास्त्रों के बारे में विद्वानों की टीका का सांगोपांग अध्ययन किया था। वे वेदों की प्रामाणिकता, वेदांगों के विचारों, ब्राह्मणग्रन्थों, उपनिषदों आदि सभी के सम्बन्ध में अपनी राय रखते हैं। उनके रामायण, महाभारत के सम्बन्ध में विचारों से बहुतों को न केवल विरोध हो सकता है, अपितु गुस्सा भी स्वाभाविक ढंग से आ सकता है, लेकिन मुझे लगता है कि वे अपने विद्यार्थी जीवन में ही यह समझ चुके थे कि जाति-पाँति वर्ण व्यवस्था की देन है और इस व्यवस्था के पोषक हिन्दू धर्म ग्रन्थ रहे हैं। उसकी प्रतिक्रियास्वरूप उन्होंने सम्पूर्ण बौद्ध वाङ्मय सहित समस्त भारतीय दर्शन का गम्भीर अध्ययन किया तथा इस बात पर आश्वस्त हो गये। हिन्दू धर्म मूलतः ब्राह्मण धर्म है, इसमें अन्य वर्गों को वह स्थान नहीं, जो होना चाहिए। साथ ही बौद्ध धर्म में सभी वर्गों को आत्मसात करने की ज्यादा सामर्थ्य है और यही धर्म भारत की परिस्थितियों के अनुकूल है। ■

1. डॉ० अम्बेदकर राइटिंग एण्ड स्पीचेज, वाल्यूम3, पृष्ठ 376।

धर्म परिवर्तन

मूलत: बाबा साहेब अम्बेदकर धर्म के पक्षपाती थे लेकिन उनका धर्म विश्वास पाखण्ड, अन्धविश्वास और मानव में आपसी भेदभाव से ऊपर था। उनका पूरा जीवन हिन्दू धर्म की जन्मना जाति प्रथा से उत्पन्न तिरस्कारों से विचलित था। वे जिस वर्ग और जाति के लोगों को आगे कर उन्हें समाज में सम्मान का स्थान दिलाना चाहते थे वे सभी इसी तिरस्कार के भुक्तभोगी थे। इसलिए वे मानवीय गतिविधियों के तीव्रता में सहयोगी होने वाले नैतिक आचरण को ही धर्म की संज्ञा देते थे। समाज की व्यावहारिकता और मनुष्य के जीवन की आधारशिला के लिए कर्म को उपयोगी समझते थे। समाज की नैतिकता और सामाजिक स्तर तथा बनावट से धर्म को तौलना चाहिए। वह धर्म, जो अपने में आस्था रखने वाले दो व्यक्तियों में ही भेदभाव करे तथा अपने करोड़ों समर्थकों को ही कुत्ते और अपराधी से बदतर समझे, अपने ही अनुयायियों पर गन्दी जिन्दगी बसर करने के लिए मजबूर करे, वह धर्म नहीं है। धर्म तो आध्यात्मिक शक्ति है जो व्यक्ति और काल से ऊपर उठकर चिरन्तर भाव से सभी पर सभी नस्लों और देशों में शाश्वत रूप से एक जैसा रमा रहे। धर्म नियमों पर नहीं, सिद्धान्तों पर आधारित होना चाहिए। हमने एक अध्याय में धर्म के बारे में उनके विचारों की चर्चा की है।

सभी धर्मों का निकट से अध्ययन करने के बाद हिन्दू धर्म में उनकी आस्था समाप्त हो गयी। इस धर्म के व्यावहारिक पहलू ने उनको तोड़ दिया। जब वे 16 वर्ष के थे तभी एक विद्वान् ने उन्हें महात्मा बुद्ध की जीवनी से सम्बन्धित पुस्तक दी थी। हिन्दुओं के उत्पीड़न से मुक्ति के लिए ही वे बार-बार पृथक् निर्वाचन के अधिकार की माँग करते रहे। वे हिन्दुत्व में परिवर्तन के सारे रास्तों से निराश होने के बाद 1945 में एक बुद्ध सम्मेलन में सम्मिलित हुए। उन्होंने 1946 में सिद्धार्थ के नाम से एक स्कूल भी प्रारम्भ कर दिया। 1948 में बुद्ध धर्म पर लिखी एक पुस्तक की भूमिका भी लिखी। अपनी पत्नी की मृत्यु के बाद वे 1935 में नासिक जिले के भेवले में आयोजित महार सम्मेलन में गए। यहाँ पर एक प्रस्ताव भी पास हुआ तथा अम्बेदकर ने अपने उत्तेजक भाषण में कहा, "आप लोगों को यह जानकर आश्चर्य होगा कि मैं धर्म परिवर्तन करने जा रहा हूँ। सभी सुनें मैं हिन्दू हूँ और हिन्दू रहूँगा। मैं हिन्दू धर्म में पैदा हुआ लेकिन हिन्दू धर्म में मरना नहीं चाहता। इस धर्म से खराब दुनिया में कोई धर्म नहीं है। इसलिए इसे त्याग दो। इस धर्म में लोग पशुओं से भी गये बीते हैं। सभी धर्मों में लोग अच्छी तरह रहते हैं। लेकिन इस धर्म में अछूत समाज से बाहर हैं। स्वतंत्रता और समानता प्राप्त करने का एक रास्ता है धर्म परिवर्तन। यह सम्मेलन पूरे देश को बतायेगा कि महार जाति के लोग धर्म परिवर्तन के लिए तैयार हैं। महार को चाहिए कि हिन्दू त्यौहारों को मनाना बन्द करें। देवी देवताओं की पूजा बन्द करें। मन्दिर में भी न जायें जहाँ सम्मान न हो उस धर्म को सदा के लिए छोड़ दें।"

उनके इस वक्तव्य से महात्मा गांधी को बड़ा सदमा लगा। उन्होंने अम्बेदकर की हिन्दू धर्म से नाता तोड़ लेने की घोषणा को दुर्भाग्यपूर्ण कहा। उनका विश्वास था कि उसी समय नासिक के आस-पास के इलाकों में दलितों पर जो अत्याचार हुए उसकी प्रतिक्रिया स्वरूप ऐसा कहा गया है। गांधी जी ने कहा, ''कविठा की घटना के बावजूद सच्चाई यह है कि अस्पृश्यता अपनी अन्तिम साँसें गिन रहा है। कविठा के एक युवक ने वहाँ के हरिजनों को पाठशाला में भेजने की हिम्मत दिलाई। किन्तु वहाँ के सवर्णों ने दिखा दिया है कि उन्हें समय के गति की अभी पहचान नहीं है।''

''अगर यह घटना पहले घटी होती तो लोगों का ध्यान उधर नहीं जाता, क्योंकि तब समाज सुधारकों की संख्या बहुत क़म थी। यदि थी भी तो वे बड़े शहरों और कस्बों तक थे। ईश्वर की कृपा से सुधारकों की संख्या बढ़ रही है और लगता है अब प्रत्येक गाँव में एक अपेक्षित संख्या में हो जायेंगे। कुछ साल पहले तक हरिजनों को किसी तरह के अस्पृश्यता के विरुद्ध खड़ा नहीं किया जा सकता था। तब छुआछूत सवर्णों का ही नहीं, हरिजनों के लिए भी धर्म का हिस्सा था। अभी यह आन्दोलन बढ़ रहा है फिर भी कविठा के सवर्णों को यह आन्दोलन प्रभावित नहीं कर सका। यह तथ्य सुधारकों और हरिजनों के लिए चेतावनी है कि सवर्णों के कठोर हृदय को पिघलाने के लिए अभी बहुत कुछ करना शेष है।''

''कविठा की दु:खद घटना को विज्ञापित करने और उसे अखिल भारतीय महत्त्व प्रदान करने का काम भी सवर्ण सुधारकों ने ही किया। इससे हरिजन जितने क्षुब्ध हुए उससे अधिक सवर्णों की अन्तरात्मा जाग्रत हुई। मुझे बड़े दु:ख और लज्जा के साथ लिखना पड़ रहा है कि कविठा के हरिजनों ने सवर्णों के समक्ष दीन बनकर सिर झुका दिए हैं। उनको हर तरह की मदद देने की बात हुई लेकिन वे कविठा छोड़ने को तैयार नहीं हैं। वहाँ जो थोड़े हरिजन बचे हैं उन्हें बाहर जाकर इज्जत के साथ रोटी कमाना आसान है। सुधारक ऐसा चाहते थे किन्तु असफल रहे।''

''यदि उनका धर्म परिवर्तन जिसका कारण उनके वर्तमान धर्म का कोई अपना दोष नहीं, बल्कि उसके बहुत से अनुयायियों का विवेक शून्य पूर्वग्रह है, उचित हो तो भी उसका परिणाम केवल उस प्रयोजन को ही निष्फल करना होगा जिसके लिए धर्म परिवर्तन किया जायेगा। डॉ० अम्बेदकर जैसे दृढ़ और प्रभावशाली व्यक्तियों के हिन्दू धर्म से अलग होने का कोई नतीजा होगा तो यही कि हरिजन चाहे जितने प्रभावशाली हों वे हिन्दू हरिजनों की कोई सहायता नहीं कर पायेंगे। सच है कि जिस धर्म को अपना लिया है उसके अनुयायियों के समाज में भी आज तक उनका वर्ग बना हुआ है। भारत में जिस अंग की अस्पृश्यता है उसकी जकड़ बहुत मजबूत है।''

''मगर डॉ० अम्बेदकर के इस उचित क्रोध से सुधारक लोग हिम्मत नहीं हारें। बल्कि वे इस बात की ओर जुटकर प्रयत्न करने की प्रेरणा लें। कारण यह तो सच है कि अस्पृश्यता के विरुद्ध काम करने वाले कार्यकर्ताओं की संख्या में बहुत वृद्धि हुई है किन्तु इसमें भी कोई सन्देह नहीं कि युगों पुराने पूर्वग्रह को मिटाने की दृष्टि से उनकी संख्या अभी बहुत कम है। फिर भी अस्पृश्यता विरोधी आन्दोलन ने जब इतना व्यापक और प्रभावपूर्ण रूप धारण कर लिया है कि एक छोटी सी अशोभन घटना होते ही उसकी ओर दुनिया का ध्यान खिंच जाता

है। अस्पृश्यता अपनी अन्तिम साँसें गिन रहा है। मानवता अब उसे और ज्यादा बर्दाश्त नहीं करेगी।'' (हरिजन 26 अक्टूबर, 1935)

उन्होंने आगे कहा, ''धर्म एक मकान या अँगरखे की तरह नहीं है कि जब मरजी हो बदला जा सके। यह शरीर से ज्यादा आत्मा का अभिन्न अंग है। धर्म एक ऐसा बन्धन है जो आदमी को ईश्वर से जोड़ता है। शरीर के नष्ट होने के बाद भी आत्मा के साथ जुड़ा रहता है। यदि अम्बेदकर की ईश्वर में आस्था हो तो मैं उनसे कहूँगा कि वे अपने क्रोध को शान्त करें। अपनी स्थिति पर पुनर्विचार करें। अपने पूर्वजों के धर्म पर आस्थाहीन अनुयायियों की कमजोरी के आधार पर नहीं कर्म गुणों के आधार पर पुनर्विचार करें।'' (दि कलेक्टेड वर्क्स आफ महात्मा गांधी खण्ड 62-64-65) गांधी जी ने उन्हें चेताया कि उनकी बात अधिसंख्य हरिजन नहीं मानेंगे। उनका विश्वास था कि सवर्णों की आत्मा जगेगी और हरिजनों पर होने वाले अत्याचार समाप्त होंगे। लेकिन डॉ० अम्बेदकर ने गांधी को उत्तर देते हुए कहा, ''कविठा की घटना छिटपुट नहीं है। इस तरह के अत्याचार हिन्दुओं के पूर्वजों के धर्म में अन्तर्जातीय और अवश्यम्भावी हैं। मैं अपने इरादे पर अटल हूँ, मुझे चिन्ता नहीं कि लोग मेरे पीछे आते हैं या नहीं।''

अम्बेदकर के वक्तव्य को गांधी जी ने कम विस्फोट कहा। इससे कुछ हिन्दू डर गये और उनसे अपील करने लगे कि वे ऐसा न करें। गांधी जी ने पटेल को हिन्दू अस्पृश्यता को समाप्त करने के लिए दृढ़ प्रयास करने के लिए प्रोत्साहित किया। गाँधीजी ने सेवा संघ के कार्यकर्ताओं से कहा कि यदि वे अम्बेदकर की जगह होते तो वे अहिंसा में विश्वास नहीं करते। हिन्दुओं की अपील का अम्बेदकर पर कोई प्रभाव नहीं पड़ा। अम्बेदकर गांधी से इस बात पर सहमत थे कि धर्म जरूरी है लेकिन इस बात से सहमत नहीं थे कि जब पूर्वजों का धर्म उनके धर्म की कल्पना के विपरीत हो तब भी उन्हें इस धर्म से चिपके रहना चाहिए। धर्म का तात्त्विक आधार जो भी हो, नैतिक सिद्धान्त और सामाजिक व्यवहार ही उसकी सही नींव होते हैं। उन्होंने कहा, ''मैं पूरी तरह निराश हो चुका हूँ। हिन्दू समाज कई और बेहतर नींव पर अपना पुनर्निर्माण कर सकती है।''

उन्होंने धर्म परिवर्तन करने का मन 1935-36 में ही बना लिया था लेकिन 1950 में दिल्ली के बौद्धों के एक प्रदर्शन में शरीक हुए और दिसम्बर 1954 में तृतीय विश्व सम्मेलन में हिस्सा लिया तथा 24 मई, 1956 में बुद्ध जयन्ती के अवसर पर बौद्ध धर्म में दीक्षा लेने की घोषणा कर दी और अन्ततः दशहरा के दिन 14 अक्टूबर, 1956 को नागपुर में हजारों शिष्यों के साथ वे बौद्ध धर्म को स्वीकार कर लिये। प्रश्न उठता है कि उन्हें ऐसा करने में 2[illegible] वर्षों का समय क्यों लगा? लोगों का कहना है कि वे जानबूझकर बुद्ध के 2500वें वर्ष [illegible] इन्तजार कर रहे थे। किन्तु कुछ लोगों का कहना है कि सभी धर्मों का अध्ययन करने [illegible] उन्होंने इतना समय लगाया। उन्हें धर्मों के बारे में अस्पृश्यता बहुत दिनों तक बनी रही [illegible] हिन्दू धर्म के तिरस्कार से ऊब गये थे। लेकिन वे इस्लाम, ईसाई और सिख तीनों धर्म [illegible] विशेषताओं पर बहस भी करते थे। वे हिन्दू धर्म में चल रहे परिवर्तनवादी आन्दोलनों [illegible] उदासीन नहीं रहना चाहते थे। हिन्दुओं के हिसाब से सिख धर्म को भी वह अच्छा [illegible] थे। ईसाई और इस्लाम को भी अपनाने पर विचार किया, ''यदि दलित वर्ग ईसाई [illegible] इस्लाम को अपनायेंगे तो वे न केवल हिन्दू धर्म से बाहर चले जायेंगे बल्कि हिन्दू सं[illegible]

भी बाहर चले जायेंगे, किन्तु यदि वे सिख धर्म अपनाएँगे तो वे हिन्दू संस्कृति में बने रहेंगे। हिन्दुओं के लिए यह कम लाभदायक बात नहीं है।''

''यह बात ध्यान रखने योग्य है कि धर्म परिवर्तन से सारे देश पर क्या असर होगा? इस्लाम या ईसाई धर्म अपनाने पर दलित वर्ग अपनी राष्ट्रीयता खो देंगे। अगर वे इस्लाम में जायेंगे तो मुसलमानों की संख्या दो गुनी हो जायेगी और मुसलमानों का प्रभुत्व का खतरा भी वास्तविक हो जायेगा। यदि वे ईसाई धर्म स्वीकार कर लेंगे तो ईसाइयों की संख्या 5 से 6 करोड़ हो जायेगी। इससे अंग्रेजों को देश पर कब्जा जमाये रखने में बड़ी सहायता मिलेगी। इसके विपरीत यदि वे सिख धर्म स्वीकार करेंगे तो देश की नियति पर कोई विपरीत प्रभाव नहीं पड़ेगा बल्कि उसमें वे सहायक ही होंगे। दलित वर्गों का निराष्ट्रीयकरण नहीं होगा।'' (मधुलिमये—डॉ० अम्बेदकर एक चिन्तन, पृष्ठ-102)

उक्त उद्धरण से स्पष्ट है कि वे जहाँ एक तरफ हिन्दू समाज से खिन्न थे वहीं वह देश के भविष्य के भी बारे में चिन्तित थे। उन्हें धार्मिक तिरस्कार और देश का भविष्य दोनों में रास्ता चुनने का सवाल था इसलिए उन्हें अपने निर्णय को करने में काफी समय लगाना पड़ा। वे समझते थे कि जाति ईसाई धर्म का भी उतना ही हिस्सा बन गया है जितना हिन्दू धर्म का। इस्लाम भी उसी समतापूर्वक कल्पना की तुला पर ठीक नहीं उतरता था इसलिए वे अन्ततः दलित समुदाय के भविष्य को ध्यान में रखते हुए बौद्ध धर्म में ही प्रवेश करना उचित समझे। उनके शब्दों में, ''इस्लाम में भी वैवाहिक मामलों में तंगदिली थी। हिन्दू-मुसलमान दोनों में मिश्र विवाह की मनचाही थी। बाल विवाह के मामले में मुसलमान और हिन्दू समान थे। वे मुस्लिम समाज में स्त्रियों की दशा पर चिन्तित थे। दहेज, रीति-रिवाज के मामले में मुस्लिम समाज में स्त्रियों की स्थिति हिन्दुओं के मुकाबले जरूर अच्छी थी किन्तु तलाक और बहुविवाह जैसी कुप्रथा से वे परेशान थे।'' उन्होंने आगे कहा, ''इस्लाम ने महिलाओं की निम्न स्थिति पर मुहर लगा दी है। उन्होंने जिस तरह के रीति-रिवाजों को मान्यता दी है उससे महिलाओं को विकास के अवसर वंचित करते हैं। गुलामी की प्रथा कानूनी तौर पर समाप्त है किन्तु मुसलमान छुआछूत और जाति प्रथा को भी मानने लगे हैं। उन्होंने बंगाल की जनगणना से निष्कर्ष निकाला कि मुसलमान अशरफ, अजलफ और कहीं-कहीं अर्जल इन तीन श्रेणियों में बँटे हुए हैं। उन्होंने मुस्लिम तथा हिन्दू महिलाओं में प्रचलित पर्दा प्रथा की भी आलोचना की। उन्होंने मुस्लिम राजनीति को मुल्ला मौलवियों का खेले बताया। उन्हें इस बात की चिन्ता थी कि मुसलमानों में सुधारवादी आन्दोलन का सर्वथा अभाव है। हिन्दू वातावरण ही उन्हें अपरिवर्तनीयता की ओर ले जा रहा है। इसीलिए भारत का मुस्लिम समाज विश्व के दूसरे देशों के मुस्लिम समाज के मुकाबले पिछड़ा है। मुसलमानों की सारी शक्ति हिन्दुओं से लड़ने और पुराने समाज को बनाये रखने में खर्च होती है।

ब्राह्मणवाद ने बौद्ध धर्म के साथ समायोजन और समझौता करने का अभियान बहुत कुशलता के साथ चलाया। इसके फलस्वरूप जनसाधारण का बौद्ध धर्म से हिन्दू धर्म में वापस आना आसान हो गया। गोवध बुद्ध ने बन्द करा दिया, ब्राह्मणों ने इस सिद्धान्त को स्वीकार किया और गाय को पवित्र घोषित कर दिया। शंकराचार्य को परोक्ष बौद्ध कहा जाता था उस समय जो अस्पृश्य कहलाते थे वे बहुत लम्बे समय तक बुद्ध धर्म को अपनाये रहे। उन्हें वापस लाने के भारी प्रयास हुए। जब किसी और तरीके से सफलता नहीं मिली तो सामाजिक

बहिष्कार और अस्पृश्यता का उपयोग किया गया। जिन्होंने कालान्तर में बौद्ध धर्म त्याग दिया उन्हें भी घोर अपमान का दण्ड दिया गया।

अम्बेदकर के शब्दों में, "ब्राह्मण धर्म बहुत धूर्त था। वह परिस्थितियों के अनुरूप अपने को ढालता था। वह केवल समानता की कल्पना को नहीं स्वीकार कर पाता था।" वे हिन्दू धर्म की गहराई से परीक्षा किये जिसका दूसरे अध्याय में वर्णन किया गया है। दुनिया के सारे धर्मों की बौद्धिक यात्रा करने के बाद वे इस निष्कर्ष पर पहुँचे कि न तो यहूदी मूल का धर्म और न तो इस उप महाद्वीप का वर्तमान हिन्दू धर्म उनकी कसौटी पर खरा उतरता है। इसलिए वे अपनी पुरानी प्राथमिकता बौद्ध धर्म की ओर मुड़े।

उनका विश्वास था कि धर्म समाज को बनाये रखने और उसे अनुशासित करने के लिए जरूरी तत्त्व है। धर्म के बिना नैतिक जीवन असम्भव है। उन्होंने मार्क्स के इस विचार को नहीं माना कि धर्म मनुष्य के लिए अफीम हैं। उन्होंने पिछड़े और अनुसूचित वर्गों की उन्नति के महत्त्व को कम करके नहीं आँका। वे शरीर के साथ मन के विकास को भी चाहते थे। उबाऊ स्थिति थी। असमानता और अन्याय पर आधारित हिन्दू धर्म ने खुशी और उत्साह की सारी सम्भावनाओं को खत्म कर दिया था।

आशा मनुष्य के जीवन की प्रेरक शक्ति है और धर्म आशा का संचार करता है। आशा आत्मवंचना से भिन्न है। मनुष्य को धर्म में शान्ति मिलती है। इसीलिए गरीब लोग धर्म से चिपके रहना चाहते हैं।

बौद्ध धर्म की लोकप्रियता का कारण उसमें महाजन का प्रवेश हुआ। इस धर्म ने भी अपनी आन्तरिक शुद्धता के साथ कई समझौते किये। बुद्ध ने अन्तिम सत्य, ईश्वर, आत्मा, अमरत्व आदि में वितण्डावादी विवादों में पड़ने से इनकार किया। किन्तु महायान धारा में बुद्ध की कथाओं को लेकर जातक कहानियाँ लिखी गयीं और बुद्ध को भी ईश्वर की श्रेणी में लाने की कोशिश हुई। यद्यपि बुद्ध ने ब्राह्मणवाद के खिलाफ झण्डा उठा लिया। जाति प्रथा की कठोरता को कम करने में उनके ऐतिहासिक दायित्व को कभी कम करके नहीं आँका जा सकता। किन्तु वे भी मोक्ष के सिद्धान्त के प्रतिपादक थे। उन्होंने जन साधारण को संघ से अलग रखा और जन्म, मृत्यु, विवाह आदि के कर्मकाण्डों पर कोई हमला नहीं किया। यह भी एक कारण हो सकता है कि उनके सारे प्रयासों के बावजूद जाति प्रथा घायल तो हुई, लेकिन समाप्त नहीं हुई।

डॉ० अम्बेदकर ने गौतम बुद्ध को एक सामाजिक क्रान्तिकारी के रूप में चित्रित किया। यद्यपि बुद्ध ने कर्म और पुनर्जन्म के सिद्धान्त को अस्वीकार नहीं किया जिससे उनके शिष्यों ने बाद में पुनर्जन्म को पूरे तौर पर प्रचारित किया और तिब्बत में तो प्रथा है कि [illegible] दलाईलामा का बार-बार जन्म होता है। उनके जन्म की पूरी कथा पूर्ववर्ती दलाईलामा कह कर जाते हैं और उसी आधार पर नये अवतार की तलाश होती है। मुझे ऐसा लगता है कि बुद्ध ने जिस कुरीति के खिलाफ जंग का ऐलान किया वह इन्हीं सब चोर दरवाजों से पुनः हमारे समाज में प्रवेश कर गयी। इसलिए डॉ० अम्बेदकर के बौद्ध होने पर उनके द्वारा यह घोषणा करने की, वे भारत के 7 करोड़ दलितों को भी बौद्ध बनायेंगे, क्या इससे समता का समाज बनाने की उनकी कोशिश को कोई बल मिला। क्या सचमुच हिन्दू समाज [illegible] की जाति प्रथा और जातीयता के बन्धन ढीले पड़े? यह अलग से विचार का प्रश्न है।

अन्ततः मुझे लगता है कि बुद्ध धर्म आरम्भिक दिनों की जातिप्रथा के विद्रोह में पैदा हुआ, लेकिन कालान्तर में समाज में व्याप्त अन्धविश्वास जाति प्रथा का शिकार हो गया। उसी तरह बाबा साहेब की हिन्दू धर्म के प्रति अपनी खीझ गुस्सा धर्म परिवर्तन के रूप में अन्तिम परिणति को पहुँची, लेकिन इस प्रयास का भी निर्णायक और अन्तिम रूप वही हुआ जो आदिकाल में बौद्ध धर्म का हुआ। वे भारत के बहुसंख्यक दलित समाज को न तो अपने संकल्प के अनुरूप बौद्ध बना सके, न तो भारत के ब्राह्मणवाद के शिकंजों में कोई ढील आयी। ■